諏訪信仰の歴史と伝承

二本松康宏 編

三弥井書店

諏訪信仰の歴史と伝承　目　次

諏訪学への道しるべ……二本松康宏　1

遺跡と寺院創建伝承にみる中世前期の諏訪地方……柳川　英司　3
はじめに／一　中世前期の文献資料／二　中世前期の遺跡／三　中世前期の寺院／おわりに

『広疑瑞決集』と殺生功徳論……中澤　克昭　36
はじめに／一　『広疑瑞決集』の成立をめぐって／二　和光同塵の結縁を説く信瑞／三　殺生功徳論とは何か／おわりに

細川氏内衆丹波上原氏と諏訪信仰―諏方同名氏族の一族分業論……村石　正行　60
はじめに／一　「別本神氏系図」について／二　丹波上原氏・播磨上原氏の政治史的地位／三　上原氏の諏訪社秘技／おわりに

『諏訪大明神絵詞』成立についての試論―室町幕府奉行人諏訪円忠の絵巻制作―……石井裕一朗　82

はじめに／一　室町幕府奉行人諏訪円忠／二　諏訪円忠の諏訪信仰と『諏訪大明神絵詞』／三　延文元年『諏訪大明神絵詞』の成立／おわりに

『諏訪信重解状』の新出本と『諏方講之式』—大祝家文書の中の諏訪縁起—……二本松泰子　117

はじめに／一　大祝家文書『宝治年中　書上扣之写』／二　大祝家文書『諏方講之式』／三　大祝家文書の諏訪縁起／おわりに

諏訪縁起の再創生—『伊那古大松原大明神縁起』の情景—……二本松康宏　162

はじめに／一『伊那古大松原大明神縁起』を読む／二「松原縁起」の制作をめぐって／三「松原縁起」の風景／おわりに

諏訪信仰における野焼きと集団狩猟……永松　敦　198

はじめに／一　中世諏訪狩猟神事／二　カヤと野火／三　諏訪神事におけるススキとアシ／おわりに

資料紹介　諏訪市博物館所蔵大祝家文書『神氏系図』影印……二本松康宏　221

あとがき……251

諏訪学への道しるべ

二本松康宏

たった今、この書籍を手に取りつつ、買おうか買うまいか迷っている方には、あえて問いたい。

たとえば嘉禎四年（一二三八）の奥書を記す『諏訪上社物忌令』には、諏訪大明神の前生が天竺・波提国の王であったと説かれている。後に波斯国へ渡り、悪龍を降伏させて民を救済し、「陬波皇帝」と称してその地を治めたという。あるいは宝治三年（一二四九）の奥書を記す『諏訪信重解状』には、諏訪大明神が諏訪の守屋山に垂迹し、守屋大臣と領地を争った神話が記されている。鎌倉時代末期に制作された『陬波私注』によれば、諏訪大明神の前生は天竺の「陬波大王」であったと明かされる。陬波大王は叔父の続旦大臣をともなって日本国へやってきて、諏訪大明神として垂迹したという。大明神はみずからの装束を脱いで続旦大臣に着せて「大祝」とし、我が身は大祝と一体であることを誓う。「嘉禎四年」や「宝治三年」の真偽は扨置くとしても、建御名方神とはまったく違う垂迹の神話が、中世の諏訪に満ち溢れていた。こうした中世神話の奔流を諏訪信仰の研究においてどう位置付けるのか。

諏訪を代表する神事といえば、現代では「御柱」が有名である。しかし『諏訪大明神画詞』を読んでも、あるいはそれにさかのぼる（とされる）『諏訪上社物忌令』や『陬波御記文』を読んでも、中世の諏訪信仰において最重要かつ最盛大だったのは七月の御射山神事である。それに次ぐのは五月の押立御狩神事（五月会）、そして一二月の御室神事であろう。かつて大祝たちによって継承された信仰と神事は、明治における神道の復古によって変容し、あるいは脇に押しやられ、現在では往古の面影を窺うことさえ難しい。御柱がはるか縄文に繫がるとか繫がらないとか太古のロマンに想いを巡らせるのも「諏訪学」の楽しみ方の一つではある。謎のミシャグジ神、生贄の神使、果てはユダヤ聖地説まで、諏訪にはある種の魅力的なパワーワードが散りばめられている。しかし、我々が目指すのは虚実皮膜のそこではない。まずはもう一度、御射山を中心とした中世の諏訪信仰をきちんと再検討すべきときではないか。

それでもまだ、この書籍を買おうか買うまいか迷っている方は、次に目次をご覧いただきたい。

前述のような課題に挑み、新たなる「諏訪学」を世に問うために、七人の研究者が本書に集結した。日本史学や伝承文学にとどまらず、中世考古学や民俗学の成果まで収めたのが本書のこだわりである。さらに、このたびは諏訪市博物館のご厚意により、同館が所蔵する『神氏系図』の新出写本の影印を掲載している。また二本松泰子の掲載論文の中にも同館が所蔵する『諏訪信重解状』の新出写本や『諏方講之式』の全文翻刻、二本松康宏の掲載論文には松原諏方神社（長野県小海町）に伝来した『伊那古大松原大明神縁起』の全文翻刻を収載している。いずれもこれからの「諏訪学」にはきっと必要な資料である。

まずは本書を読んでみてほしい。そしてこれからの「諏訪学」について、熱く語りあおう。

遺跡と寺院創建伝承にみる中世前期の諏訪地方

柳川　英司

はじめに

諏訪地方には、諏訪上社の神長官を務めていた守矢家に、鎌倉時代から明治時代までの主に諏訪上社に関する古文書が数多く所蔵されている。しかし、鎌倉時代から室町時代前半までの記録には、地元、諏訪に関する記述はほとんどなく、当時の様相を知ることは文献から研究することができない状況にある。

諏訪神社に関して著名な遺跡として、古くから知られているのは、旧御射山遺跡で、金井典美「長野県霧ヶ峰旧御射山祭祀遺跡調査概報」(1)の考察を初めとして注目を集めていた。その後、中世遺跡の発掘の成果はなかったが、昭和四十九年（一九七四）から昭和五十三年（一九七八）までの中央自動車道の発掘調査が行われ、御社宮司遺跡などの中世遺跡が明らかになり、諏訪地方の中世遺跡の認識が高まった。

昭和五十八年（一九八三）に茅野市で磯並遺跡の発掘が行われ、旧御射山遺跡以外に、諏訪神社に関係する遺跡の存在が確認された。以後、諏訪大社上社本宮境内遺跡や干沢城下町遺跡、荒玉社周辺遺跡の発掘が行われ、中世の諏訪上社周辺の様相が、考古学的に明らかになりつつある。

本稿の前半では中世前期の諏訪地方の遺跡を中心に考察する。中世前期を平安時代末から鎌倉時代とし、南北朝時代から戦国時代までを中世後期としている。

後半では、中世前期に創建され諏訪地方に存在している、もしくは存在していた寺院について取り上げる。神社については、諏訪大社上社・下社をはじめ成立が明確な神社はない。寺院には古代から中世前期にかけて創建された伝承があるので、伝承や遺されている文化財を中心に考察していく。

なお、遺跡・遺構の時期については、諏訪地方で明確な文字資料の出土がないため、陶磁器の編年による。陶器については藤沢良祐氏、磁器については小野正敏氏・守矢昌文氏の鑑定による。

一　中世前期の文献資料

中世前期の諏訪地方の状況を記した文献資料は少ないが、嘉禎三年（一二三七）六月「祝詞段」[2]と、承久元年（一二一九）八月十五日「諏訪十郷日記」[3]が挙げられる。本稿では「諏訪十郷日記」を考察する。

一、諏方十郷日記田地町并在家
□□十五丁 □□　田澤九間 □□　青柳四間　矢﨑十五丁 四十二間
栗林（朱筆書足）□□丁 南方五間半 北方九間半 合十五間　上桑原三十七丁小 十六間　神戸二間　合十八間
下桑原三十七丁大 十一間半　福嶋廿丁　金子三十丁 廿間　大熊廿八丁 廿間

真志野四十八丁　　有賀十四丁　　小坂三十丁廿七間
合廿五間之内二間供僧二間神主
平井弖四十二丁　宮所八十丁　　座光寺四十八丁
承久元年八月十五日

「十郷日記」とあるが、十七郷記されている。このうち、十四郷は諏訪郡、三郷が上下伊那郡である。

推定文和三年（一三五四）一月「年内神事次第旧記」[4]には、次の記述がある。

一、同廿七日矢崎祭、大歳神田五反二立、赤御穀也、
うつらの御贄参、神田今ハ三反有、

馬場犬日記
二疋　矢崎　　　二疋　粟澤
三疋　千野　　　五疋　武井条
五疋　栗林両条　二疋　上原
一疋　金子　　　二疋　真志野
二疋　有賀　　　一疋　桑原の神戸
二疋　上桑原　　二疋　下桑原
二疋　小坂郷　　一疋　諏方四郎福嶋惣領満疋
已上三十二疋

矢之次第
小坂十　有賀ニ六　真志野ニ六
上桑原ニ六　下桑原ニ六　上原ニ四
矢崎ニ四　栗林ニ四　金子ニ一
千野青柳木ニ二
一、御最所神田五反二立、今ハ皆流河成也、
人八十八人　馬八十八疋　楯之板八十八枚、
此木ハ三月栗林湛へ千野神主かまいらする木残なり、
御狩之事中立

前半の「馬場犬日記」に記されている郷の中で、「十郷日記」と対応するのが、矢崎・栗林・金子・真志野・有賀・神戸・上桑原・下桑原・小坂・福嶋の十郷である。後半の「矢之次第」では、「千野青柳木」で青柳が見られる。

「十郷日記」では、諏訪上社で重要な位置を占める上原・千野（茅野）が見られず、代わりに田沢・大熊が見られる。

いずれにせよ、「十郷日記」に見られる郷は、その後も諏訪上社においては重要な位置を占める郷であり、鎌倉時代には、成立していたことが考えられる。

二　中世前期の遺跡

中世前期の遺跡には、神長官邸遺跡・礒並遺跡・荒玉社周辺遺跡・干沢城下町遺跡・干沢城跡・御社宮司遺跡・上原城下町遺跡・永明寺遺跡・八幡坂遺跡・師岡平遺跡・神垣外遺跡がある。出土遺物の組成については、表1・2に示した。これは、守矢昌文「諏訪地方における中世考古学について―諏訪地方における貿易陶磁器のあり方を通して―」(5)と拙稿「出土遺物から見た茅野市域における中世遺跡の性格」(6)を基にしている。

中世陶器の分類や時期については、藤沢良祐（「中世瀬戸窯の動態」など）に基づいている。(7)

（一）守屋山麓の遺跡

〇神長官邸遺跡（茅野市宮川高部）

諏訪大社上社本宮と前宮の中間に位置し、現在、旧神長官守矢家と神長官守矢史料館の敷地が遺跡となっている。茅野市宮川高部の集落内にあり、守屋山麓の高部扇状地の扇央部に位置する。高部は十郷ではないが、上社には重要な位置を占める集落であったようだ。

神長官（戦国時代までは「神長」）は、明治四年まで諏訪上社にあった神職の一つであるが、大祝諏方氏をはじめ、上社の神職の中では最も中世の古文書を所有している家である。神長官守矢史料館は、もともと守矢家の敷地であったが、発掘調査を行い史料館を建設した。

遺構としては、礎石建物址の礎石を検出しており、礎石の最終時期は十六世紀後半と考えているが、どこまで遡れるかは不明である。

遺物では、陶磁器・土器・瓦器等が出土した。貿易陶磁器では、十二世紀後半の龍泉窯系青磁碗や、十三世紀

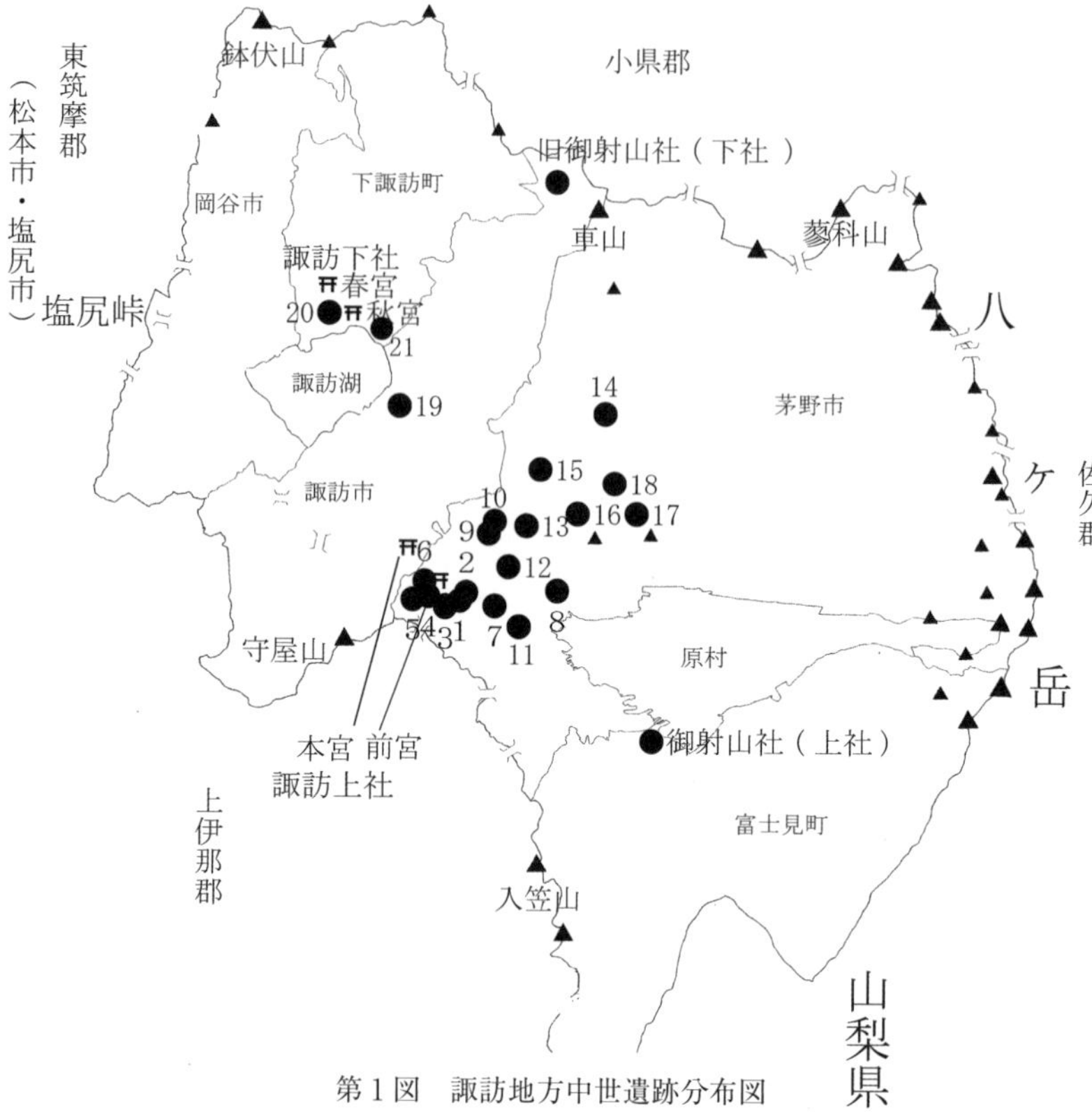

第１図　諏訪地方中世遺跡分布図

1．干沢城下町
2．荒王社周辺
3．干沢城跡
4．高部
5．磯並
6．神長官邸
7．御社宮司
8．神垣外
9．上原城下町
10．永明寺
11．蟹畑
12．阿弥陀堂
13．一本樾
14．八幡坂
15．棚畑
16．梨ノ木
17．師岡平
18．山寺
19．高島一丁目
20．四王前田
21．殿村・東照寺

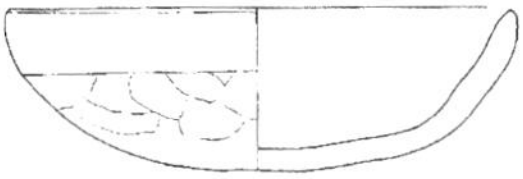
1 手捏ねかわらけ(磯並遺跡)

2 白磁碗Ⅱ類(上原城下町遺跡)

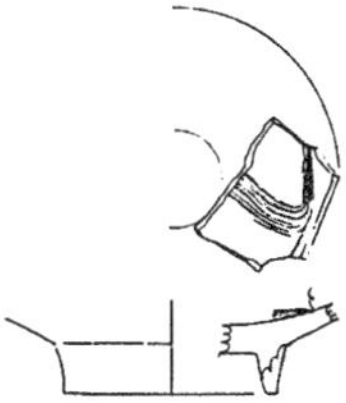
3 白磁碗Ⅲ類(高部遺跡)

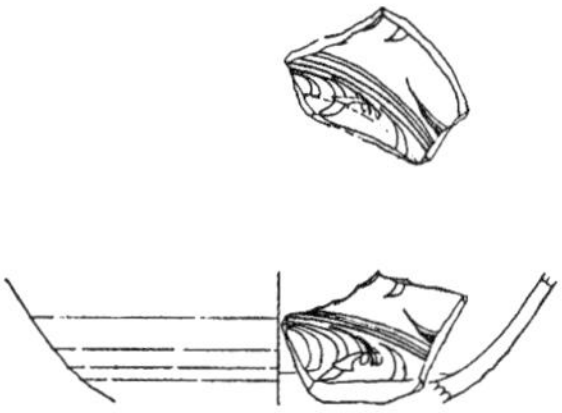
4 青磁碗Ⅰ類(御社宮司遺跡)

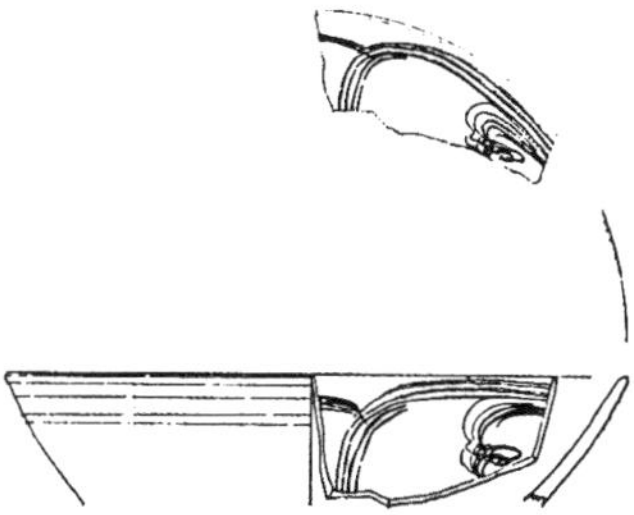
5 青磁碗Ⅱ類(高部遺跡)

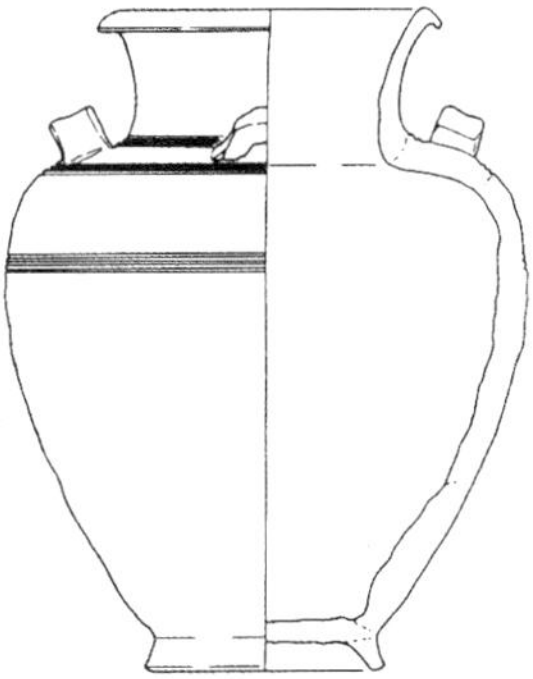
6 古瀬戸四耳壺(殿村・東照寺址遺跡)

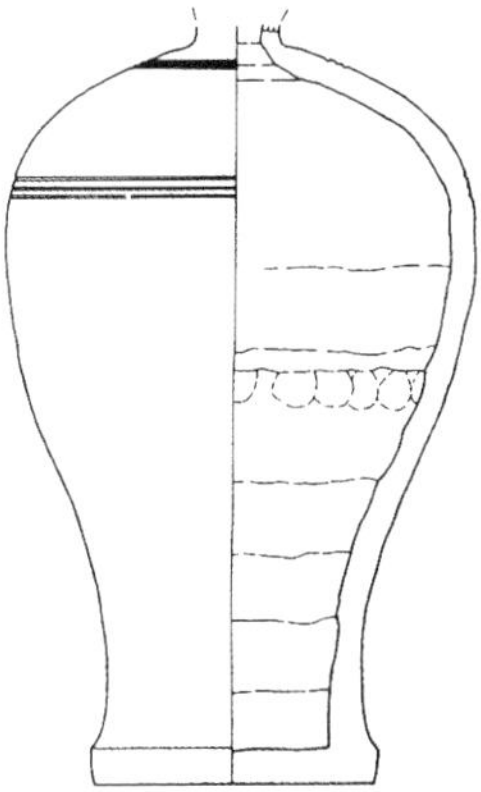
7 古瀬戸瓶子(殿村・東照寺址遺跡)

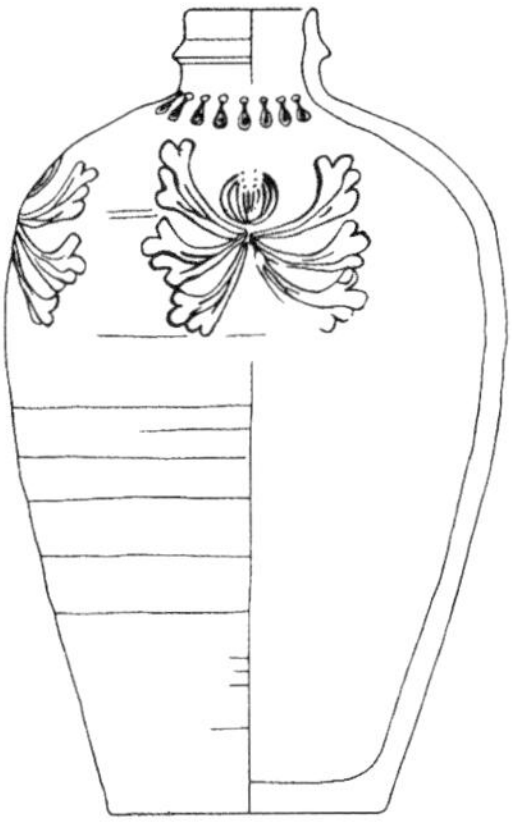
8 古瀬戸瓶子(殿村・東照寺址遺跡)

第2図　中世前期陶磁器（縮尺不同）

前期				中Ⅰ					中Ⅰか Ⅱ					中Ⅰ～Ⅲ	中Ⅱ		
荒玉社周辺	干沢城下町	干沢城跡	御社宮司	神長官邸	荒玉社周辺	干沢城下町	御社宮司	四王前田	上原城下町	荒玉社周辺	干沢城下町	御社宮司	師岡平	荒玉社周辺	荒玉社周辺	干沢城下町	御社宮司
						1											
															1		
					1					1	3				1		
														1			
										2							
										1					3		
															1		
														1			
					5					1	1				10		
				1							2				6		3
											1						
			2		5			1	1	1	3				3	2	
										3		1					
		1															
	1									1							
	1																
										2							
	1									8	2	7					
1						2				4				2			
2	5										1	4		1			
										1							
										2		1					
											3		1				
						1				2							
										3							
														1			
											4						
										1	1						
											1						
							1										
										1	3	1					
										1	1						
										1							
										1							
3	8	1	2	1	11	4	1	1	1	37	26	14	1	6	25	2	3

表1　中世前期瀬戸美濃系陶器組成表

器種／時期・産地		前Ⅰ	前Ⅰb	前ⅠかⅡ		前Ⅱ		前Ⅲ	前ⅢかⅣ			前Ⅲ～中Ⅱ		前Ⅳ	前Ⅳ～中Ⅱ
		荒玉社周辺	荒玉社周辺	荒玉社周辺	千沢城下町	荒玉社周辺	千沢城下町	荒玉社周辺	荒玉社周辺	千沢城下町	四王前田	荒玉社周辺	千沢城下町	荒玉社周辺	千沢城下町
碗類	平碗														
	天目														
皿類	底卸目皿														
	丸皿														
	折縁小皿														
	折縁中皿								1						
	緑釉中皿														
盤類	盤														
	洗		1												
	折縁深皿														
鉢類	柄付片口														
	飴釉片口														
卸皿	卸皿							9		2	1			2	1
瓶・壺類	四耳壺		1	3	3	6	3		3	1					
	瓶	1													
	瓶子								3						
	締腰形瓶子						1								
	梅瓶か瓶子								2						
	梅瓶			2			1		4						
	水注						0								
	壺か瓶								11	3					
	広口壺														
神仏具	花瓶													1	
	仏花瓶								1	1					
	香炉　袴腰形														
	香炉　筒形														
	仏供								2						
	花盆														
その他	入子											6	4		
	合子														
	合子壺														
	水滴														
	小壺														
	小壺か小瓶														
	小瓶														
	片口小瓶					1									
	不明														
		1	2	5	3	7	5	9	27	7	1	6	4	3	1

高部	磯並	神長官邸	御社宮司（第1次）	上原城下町	永明寺	阿弥陀堂	神垣外	八幡坂	棚畑	師岡平	山寺	高島一丁目	四王前田
破片数	破片数	破片数	破片数	破片数	破片数	破片数	破片数	破片数	破片数	破片数	破片数	破片数	破片数
						2				2			1
			1										
2			2										2
1													
3			3										3
			1										
	1	1	4								1		1
			2			1							1
2	1	1	22	6	1	2	3		1	3	1		7
												1	
										1			
							2						
				1									
				1		2							
						1							
1			2										
			1										
			1										
			1										
			1										
1													
1													
					1								
	1						1				1		

表２　中世前期貿易陶磁組成表

貿易陶磁一覧

分類					年代	荒玉社周辺（７区）	荒玉社周辺(１～５区)	干沢城跡
種別	器種	窯	型式			破片数	破片数	破片数
青磁	碗類	同安窯系	B類	(森田Ⅰ－１)				
		龍泉窯系	A類	Ⅰ－１ (無文)	13C			
				Ⅰ－２	12C後半～13C前葉			
				Ⅰ－３	12C後半～13C前葉			
				Ⅰ－４	12C後半～13C前葉			
				Ⅰ－６				
				不明			1	
			B類（蓮弁文）	B－０（Ⅲ）	14C前半	2	9	
				B－１ (Ⅰ－５)	13C後半～14C前半	4	34	1
				不明				
			D類（端反碗）	D－１（古）	14C前半	1	1	
			碗		13C後半～14C			
			小碗Ⅲ類					
			青磁碗不明			1	38	
	皿類	同安窯系	櫛描文（Ⅰ類）		12C後半～13C前半			
		龍泉窯系	無文折縁Ⅲ類		13～14C		6	
			端折皿Ｄ２					
			折縁小皿				1	
			皿Ａ類					
			折縁皿Ⅲ類			1		
			折縁大皿Ⅲ類				1	
			大皿Ⅲ類					
			大皿				1	
			不明				2	
	盤類		不明				14	
	壺・瓶類		酒会壺				12	
			酒会壺蓋				1	
			梅瓶					
			壺蓋					
			小壺か盤			3		
	その他		花生				3	
			花瓶				1	
			香炉				2	1

高部	磯並	神長官邸	御社宮司（第1次）	上原城下町	永明寺	阿弥陀堂	神垣外	八幡坂	棚畑	師岡平	山寺	高島一丁目	四王前田
破片数	破片数	破片数	破片数	破片数	破片数	破片数	破片数	破片数	破片数	破片数	破片数	破片数	破片数
							1						
				2									
2						2							
						3							2
6								1					4
1													
						1							2
2						1							1
				1									
1			8										1
1						1							2
													2
			1										1
			1										
													1
1													2
													1
													1
						1							
25	3	2	51	11	2	17	7	1	1	6	3	1	35

分類				年代	荒玉社周辺（７区）	荒玉社周辺（１～５区）	干沢城跡
種別	器種	窯	型式		*破片数*	*破片数*	破片数
			鉢			1	
			水滴			1	
			その他			3	
	不明					1	1
白磁	碗類		Ⅱ類（玉縁）	12C			
			Ⅳ類（玉縁）	12C	1		
			Ⅴ類（端反）	12C			
			Ⅷ類（端反）	12C ～ 13C初頭			
			Ⅱ～Ⅴ類	12C			
			Ⅴ～Ⅷ類	12C ～13C初頭			
			Ⅸ類			1	
			碗	13C 初頭			
			小碗Ⅵ類		1		
			白磁碗不明				
	皿類		Ⅳ類	12C		4	
			Ⅵ類	12C			
			Ⅳ～Ⅷ類	12C			
			Ⅷ類	12C 中葉～後葉		1	
			枢府				1
	腰折杯					1	
	四耳壺（壺か水注）						1
	小壺						
	型物小壺			13～14C		5	
	梅瓶				1	26	
	注口					1	
	合子蓋						
	不明					14	
青白磁	その他		梅瓶				
			合子			1	
不明					2	14	
合　計					17	201	5

後半から十四世紀前半の龍泉窯系青磁碗が二点ずつ見られる。瀬戸美濃系陶器では古瀬戸中Ⅰ期の柄付片口が出土しているが、その後、後Ⅰ期までの遺物がなく、不明である。茅野市内では出土事例が少ない渥美窯四〜五形式の鉢があり、十二世紀後半から十四世紀前半の遺物が出土している。

古瀬戸柄付片口と渥美窯鉢は、出土事例の少ない遺物であるため、神長官邸遺跡は特殊な遺跡であることが考えられ、諏訪上社の神長官を務めていた神長官の屋敷跡が古くからあった可能性がある。

○高部遺跡（茅野市宮川高部）

神長官邸遺跡の、南側上方にある遺跡である。基本的には、高部扇状地全域が高部遺跡だったが、後に、遺跡の特殊性から、神長官邸遺跡と磯並遺跡が独立した遺跡となった。

中世前期と明確に判断できる遺構は確認されていない。遺物としては、貿易陶磁器が多く出土しており、十二世紀から十三世紀初頭の白磁碗、白磁皿、十二世紀後半から十三世紀前葉の龍泉窯青磁碗、同蓮弁文青磁碗、同皿の出土が見られる。

○磯並遺跡（茅野市宮川高部）

高部扇状地の南側上部に位置する遺跡である。遺跡は、二面の段状造成と礎石建物址、かわらけ溜まり(8)が検出されている。遺物では、かわらけ九一七〇点、陶磁器六点と、圧倒的にかわらけの出土量の多い遺跡である。貿易陶磁器は、時期のわかる物で、十三世紀後半から十四世紀前半の龍泉窯系蓮弁文青磁碗一点が出土している。瀬戸美濃系陶器はいずれも古瀬戸後Ⅰ期であり、これ以前の遺物の出土はなかった。

かわらけのうち、手捏ねかわらけについては、十三世紀中葉から後半のものと考えられる(9)。この手捏ねかわら

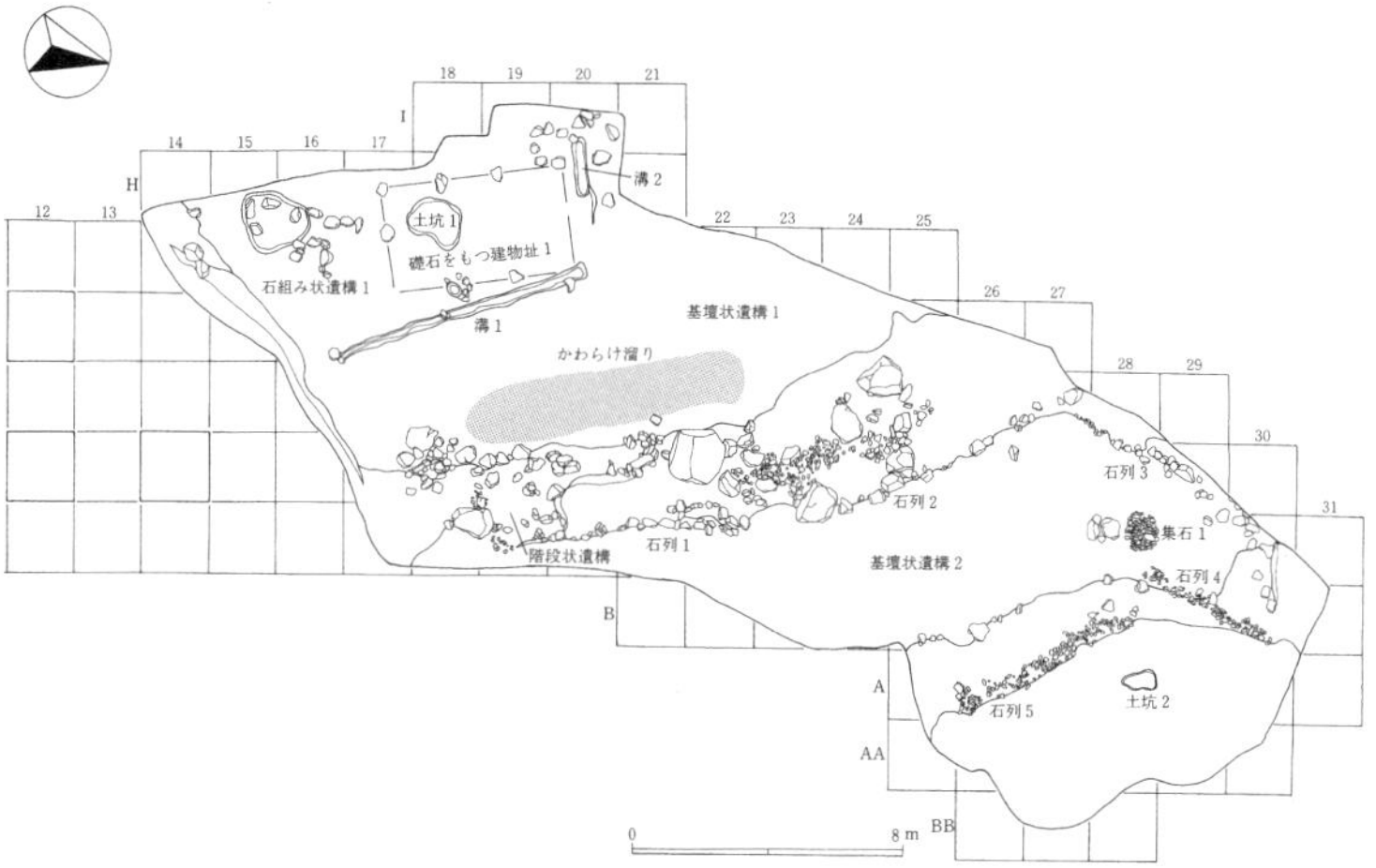

第3図　磯並遺跡全体図

けは、内型成形で作られており、鎌倉の影響を受けたかわらけであると考えられる[10]。基壇状遺構1の土中から疑似高台かわらけが出土している。十二世紀末から十三世紀初頭のものと考えられ、基壇状遺構の造成は十三世紀初頭以降と考えられる。かわらけは、他にロクロ挽きのかわらけも多数出土しており、中世後期のものと考えられるので、十三世紀初頭以降、中世を通じて磯並遺跡が存在していたと考えられる。

　磯並遺跡は、諏訪上社の重要な摂社の一つである磯並社が遺跡範囲内にあり、現在の磯並社境内に隣接する場所であり、基壇状遺構1にある礎石建物址やかわらけ溜まりは、磯並社に関連する遺構であろう。

○荒玉社周辺遺跡（茅野市宮川安国寺）[11]

　諏訪大社上社前宮下方の宮川の氾濫原に位置する遺跡である。検出された遺構は、礎石建物址九棟をはじめとして、様々な遺構がある。現在のところ時期が確定できる遺構は少ない。

　貿易陶磁器では十二世紀後半の白磁碗の出土があり、古くから存在していた遺跡である。また、十三世紀後半から十四世紀前半の龍泉窯系青磁碗が多く見られ、中世前半期の一つの画期がこの時期に見られると考えられる。
瀬戸美濃系陶器は、古瀬戸前Ⅰ期から後期が出土しており、十二世紀末からの遺物が出土している。かわらけは、磯並遺跡で出土している内型成形のかわらけは見られず、鎌倉期に神事や宴会が行われる場所ではなかったと見られる。

遺構のほとんどは中世後期が中心となると思われるが、8区の下層から、火葬遺構と、それに伴って尾張型の甕の破片が出し、その他の遺構の検出は見られなかった。そのため、荒玉社周辺遺跡の中世前期は、後期に較べて狭い範囲であった可能性がある。しかし、古瀬戸前・中期の遺物は遺跡全体に分布しているので、さらなる分析が必要であろう。

○干沢城下町遺跡（茅野市宮川安国寺）

干沢城の麓にあり、荒玉社周辺遺跡に隣接する遺跡であり、一部、内容が同じところがある。出土している瀬戸美濃系陶器は、古瀬戸前Ⅰ期から後期まで出土しており、遺物の量が多く、種類も多様である。本遺跡の調査を行った守矢昌文は、遺構の時期をⅠ期からⅥ期の変遷があったことを考察している(12)。

Ⅰ期を十三世紀中頃以降の成立とし、A区三号掘立柱建物址と七号井戸址、一号柱穴列を中心として構成している。B区には該当する時期の遺構は存在していない。この遺跡の最大の画期となったのは、Ⅱ期で、B区に寺院址らしき遺構が作られてからである（第4図）。Ⅱ期は十四世紀前半と考えられる。干沢城下町遺跡は、信濃安国寺推定地の一部と考えられ、十四世紀前半は、信濃安国寺が作られた時期とも重なっており、干沢城下町遺跡の拡大は、信濃安国寺の創建に求められそうである。

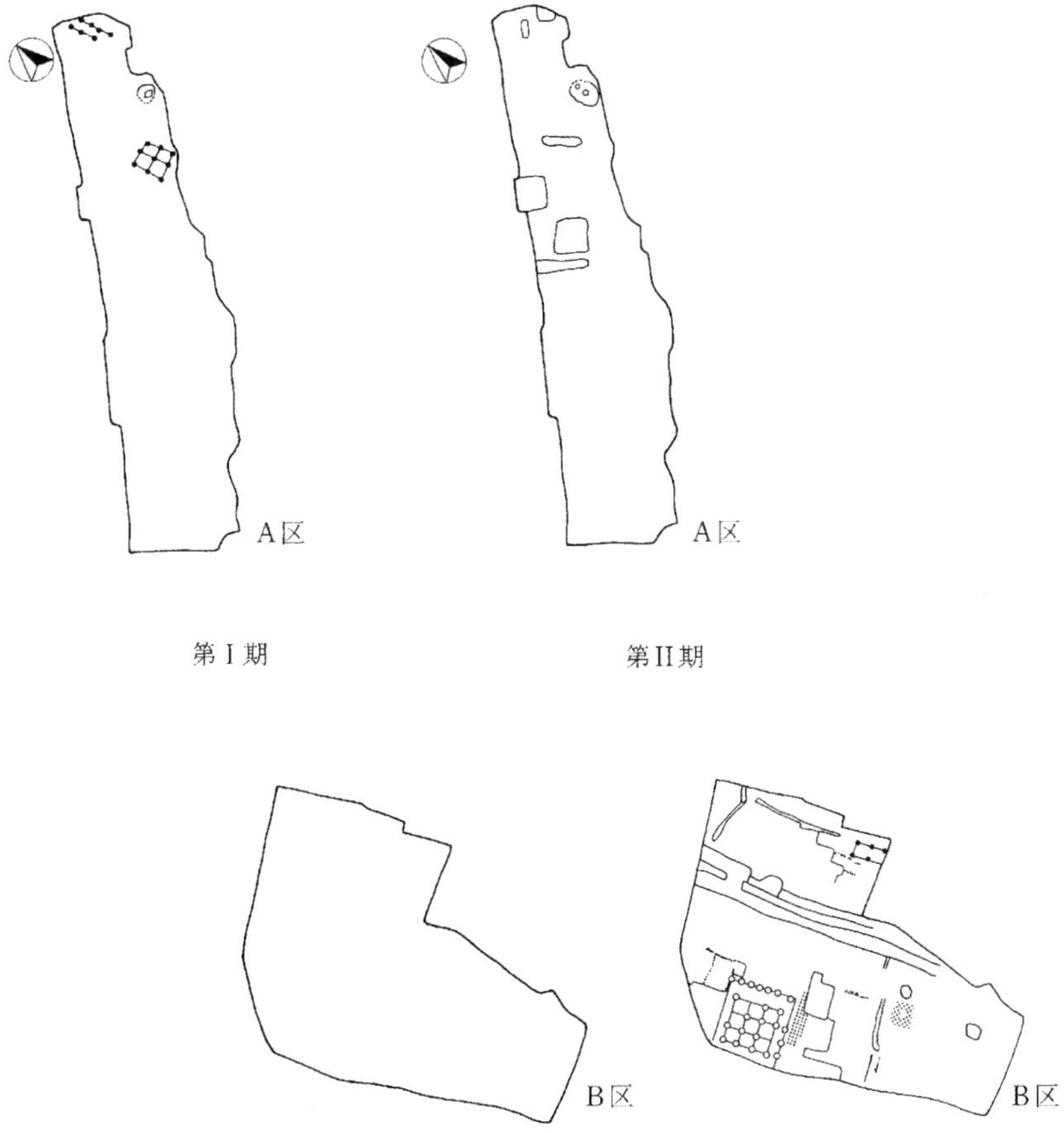

第4図　干沢城下町遺跡遺構変遷図

Ⅰ期は中世前期末の状況でありⅡ期は中世後期初頭（14世紀前半）と考えられる。中世後期になると、干沢城下町遺跡の様相は一変する。

干沢城下町遺跡と荒玉社周辺遺跡の遺構の多くは、中世後期に成立したものと思われる。中世前期の遺構としては、干沢城下町A区に掘立柱建物址と井戸址と柵列、荒玉社周辺遺跡8区に火葬遺構が検出されている。あまり、大きな集落とは言えない景観である。

出土遺物としては、貿易陶磁器では白磁碗や龍泉窯系の青磁碗の他、酒会壺、青白磁梅瓶など、他の諏訪地方の遺跡では見られない遺物の出土が見られる。

古瀬戸前・中期の瓶・壺類、洗、神仏具が出土している。茅野市内で見ると、この時期の遺物の出土例はほとんど無く、瓶・壺類などはほぼ出土していない。このように考えると、干沢城下町遺跡Ⅰ期以前から、特殊な場所であったことが考えられるが、現在の調査の成果では、中世前期の干沢城下町遺跡、荒玉社周辺遺跡は、後期に較べると、遺跡の範囲は狭かった可能性が考えられる。

○干沢城跡（茅野市宮川安国寺）(13)

干沢城は、諏訪上社前宮の南側の尾根状台地にある。中世前期の遺構は確認されていない。

遺物は、貿易陶磁器では十三世紀後半から十四世紀前半の蓮弁文龍泉窯系青磁碗と中世前期の瓶が出土しているので、城郭として使用されていたかは不明だが、中世前期に干沢城のある尾根状台地が利用されていたことが考えられる。

○前宮境内五輪塔・多宝塔（茅野市宮川安国寺）

諏訪大社上社前宮境内に、五輪塔二基と多宝塔一基がある。明治二十二年（一八八九）八月二十七日に、前宮境内にある鶏冠社付近から塔三個ほどが掘り出され、そのうち、一つの五輪塔の笠に「照雲」という字が掘られていたという。[14] 照雲は、建武二年（一三三五）に中先代の乱を起こした諏訪頼重のことと考えられる。しかし、現在安置されている五輪塔と多宝塔を見ると、照雲の時代より古い、十三世紀の石造塔であると考えられ、別人物の墓石、あるいは供養塔であると考えられる。[15]

諏訪地方には本項資料以外の古い石造資料はないが、前宮境内には存在していたことがわかる。

○御社宮司遺跡（茅野市宮川茅野）[16]

諏訪大社上社前宮から一・八五km離れた場所にあるが、上社御射山（諏訪郡原村・富士見町）へ向かう御射山道と推定される道の途上にある遺跡である。「諏訪十郷日記」には記述がないが、古くから重要であった千野郷にある。

貿易陶磁器では、十二世紀中葉から後葉の白磁皿、十二世紀後半から十三世紀前葉の龍泉窯系青磁碗、十三世紀後半から十四世紀前半の龍泉窯系蓮弁文青磁碗が多く出土している。瀬戸美濃系陶器では、古瀬戸前期から中Ⅱ期までの遺物が見られるが、中Ⅲ・Ⅳ期の遺物が見られなくなる。貿易陶磁器と瀬戸美濃系陶器を見てみると、諏訪上社前宮周辺の遺跡とは異なり、中世前期の遺物が長期継続して多く見られるという特色がある。

(二)　永明寺山麓の遺跡

○上原城下町遺跡（茅野市ちの上原[17]**）**

永明寺山西側の山腹にある小山に上原城があり、上原城の西麓、上川の河岸段丘上にある遺跡。「諏訪十郷日記」には記述がないが、古くから重要であった上原郷にある。基本的には中世後期の遺物が多いが、少量ながら古瀬戸中Ⅰ期や、十三世紀初頭の白磁碗、十三世紀後半から十四世紀前半の龍泉窯系蓮弁文青磁碗が出土し、中世前期の遺物が見られる。

上原城下町遺跡は、室町時代には諏訪惣領家の屋敷があり、町が形成されていたことが文献資料や発掘調査の成果により判明しているが、中世前期の遺物の出土があり、室町時代に先行して集落の形成があったと考えられる。

茅野市ちの上原は、ほとんどが上原城下町遺跡となっている。特に戦国時代は、武田氏の拠点の一つである上原城の城下町として発展した。天正十八年（一五九〇）以降、高島城築城に伴い、上原に居住していた人々は高島城下町に移住させられたと言われている[18]。

○阿弥陀堂遺跡（茅野市ちの塚原）[19]

永明寺山の南麓にある遺跡。「諏訪十郷日記」に記述がある矢崎にある。中世の遺構は不明であるが、十二世紀から十三世紀前半の貿易陶磁器が多く出土しているのが特徴的である。阿弥陀堂遺跡は、古代の集落遺跡から続くと思われる遺跡であることが関係しているか。

（三）霧ヶ峰・霧ヶ峰山麓の遺跡

○旧御射山遺跡（諏訪市霧ヶ峰）[20]

霧ヶ峰にある諏訪下社御射山社周辺の遺跡である。江戸初期に標高の低い現在地に移転し、それまでの御射山社は旧御射山社となる。

旧御射山社のある場所の地形は、擂り鉢状になっており、鎌倉時代に武士たちがこの場所に集まり、流鏑馬や犬追物を競ったと言われている。この伝承を裏付けるように、この遺跡から大量のかわらけが出土している。かわらけのほとんどは内型成形のものなので、鎌倉との関連が考えられる。四耳壺、瓶子、梅瓶、水注が見られるが、四耳壺の量は減少する。花瓶や香炉といった神仏具の出土も多い。

○殿村・東照寺址遺跡（下諏訪町高木）

東照寺の伝承は不明な点が多いが、諏訪下社神宮寺の末寺であるとされている。天正三年（一五七五）「諏訪下社千手堂棟札写[21]」には「東照寺」、天正五年（一五七七）「諏訪下社三重塔棟札写[22]」には「東照寺　盛長」とあり、戦国時代までは存在していたと考えられる。その後、東筑摩郡に移転し、現在、松本市にある桃昌寺となったと考えられている[23]。

第5図　東照寺址寺院址

調査の結果、遺構では寺院址と思われる区画と石垣、礎石、集石土壙墓群が検出された。このうち、寺院址は第Ⅱ区と第Ⅲ区の二ヶ所で確認され、第Ⅱ区西半寺院址は、十三世紀代以降に埋め立てられた谷間の上部に作られたことが判明した。

遺物は十三世紀から十六世紀にわたる、ほぼ中世全般の遺物が出土した。宮坂清は、これを二期に分け、Ⅰ期を十三世紀から十四世紀としている[24]。Ⅰ期はさらに前半と後半に分かれ、前半を十三世紀前半から後半、後半を十三世紀末葉から十四世紀代としている。

Ⅰ期前半の遺物の状況は、少量の貿易陶磁器と古瀬戸四耳壺が出土する。後半になると、龍泉窯系青磁蓮弁文碗が増加し、古瀬戸では、四耳壺、瓶子とともに花瓶、卸皿の出土も見られる。他に山茶碗系捏ね鉢、常滑窯甕、壺類、珠洲窯の鉢なども出土している。

かわらけでは内型成形のかわらけの出土が見られる。

大竹幸恵は、集石墓群の造営は十三世紀から十四世紀代に行われ、寺院がこれらの集石墓群を造営、管理していたとしている。[25]

○四王前田遺跡（下諏訪町四王[26]）

下諏訪町の四王前田遺跡は、諏訪下社秋宮近くにあり、下諏訪駅の脇にある。遺構は、火災のあった方形竪穴や人間の首のだけが投げ込まれていた井戸址などが検出された。

遺物は、陶磁器は七十二点出土しており、古瀬戸前Ⅲか Ⅳ期から古瀬戸後Ⅲ期まで見られる。

貿易陶磁器は三十九点と遺物の半数以上を占め、保有率は大きい。同安窯の青磁碗から見られ、青磁・白磁とも十二〜十三世紀のものがほとんどである。

現在のところ、下社の町場であることを考えているが、干沢城下町・荒玉社周辺遺跡に較べると遺物の出土量はきわめて少ない。

(四) 出土遺物から見える中世前期の諏訪地方の遺跡の様相

○貿易陶磁器

貿易陶磁器について、守矢昌文が4期に分けて概観している。[27] 中世前期に相当するのは、第2期と第3期である。第2期と3期を次に引用する。

第2期　白磁碗Ⅱ・Ⅲ類が主体であるが、青磁碗Ⅰ・Ⅱ類が新たに加わる。本期は十一世紀後半より十二世紀で、第1期に比較すると貿易陶磁器の量は増加する。

第3期　本期は十三世紀～十四世紀前半で、白磁碗と青磁碗の検出比率が逆転する段階である。青磁碗Ⅲ・Ⅳ・Ⅶ類が主体となり、白磁碗Ⅳ類が若干みられる。

第2期に該当する遺跡は、高部、阿弥陀堂、御社宮司、殿村・東照寺遺跡、四王前田遺跡である。

第3期に該当する遺跡は、事例として挙げたほとんどの遺跡が該当する。

○国産陶器

国産陶器は、瀬戸美濃系陶器がほとんどである。古瀬戸前期と中期の前半がだいたい中世前期に該当すると考えられる。前期はⅣ期に分かれ、前Ⅰ期は一二〇〇年前後で、古瀬戸Ⅱ期は一三三〇年頃だろうか。

遺跡毎の様相は前述したが、それぞれの遺跡を比較した状況で見てみると、次の通りである。

前期は荒玉社周辺、干沢城下町遺跡、干沢城跡、御社宮司遺跡でしか遺物の出土は見られない。

古瀬戸前Ⅰ期からⅡ期　この時期の荒玉社周辺、干沢城下町遺跡は、碗・皿の出土は見られない。出土量が多いのは四耳壺であり、その他は洗、瓶、瓶子と梅瓶が少量出土するのみである。殿村・東照寺遺跡からは、かなり古い時期の四耳壺が出土している。この四耳壺は骨蔵器の可能性が考えられる。遺物は特殊な器種が主体である。

前Ⅲ期からⅣ期　荒玉社周辺・干沢城下町遺跡はこの時期でも碗の出土はない。皿類が若干出土するのみである。卸皿の出土が見られるようになる。最も多く出土するのは、前Ⅰ・Ⅱ期と同様で四耳壺、瓶子、梅瓶、水注、花瓶、仏供といった特殊な器種が多い。四王前田遺跡でも卸皿一点のみの出土が見られる。

時期は明確にはわからないが、御社宮司遺跡でも前期の遺物が出土しており、卸皿が検出されている。殿村・東照寺遺跡の第Ⅰ期後半は、だいたいこの時期に該当すると思われる。この頃から、花瓶などの神仏具が出土するようになる。

中期以降になると出土する遺跡と遺物が増加し始める。前期で出土が見られた荒玉社周辺、干沢城下町遺跡、御社宮司遺跡の他に、神長官邸、師岡平遺跡でも見られるようになる。碗類の出土はほとんど見られない。皿類は数は少ないものの増加傾向にある。折縁深皿が多く出土している。

古瀬戸前期から中Ⅱ期にかけて碗・皿類の出土がほとんどないのは、貿易陶磁器の碗・皿類が主体として使用されていたからだと考えられる。

中世前期の遺跡として遺物が出土する遺跡は、かなり限定的であると思われる。特に、十一世紀後半より十三世紀中頃、貿易陶磁器の第2期と、古瀬戸前Ⅰ・Ⅱ期に該当する時期は、高部、阿弥陀堂、御社宮司、殿村・東照寺遺跡、四王前田遺跡といった、古代から継続する遺跡が主体である。

貿易陶磁器第3期と古瀬戸前Ⅲ～中Ⅱ期といった、十三世紀後半から十四世紀前半は、遺跡や遺物の出土量が増加する。神仏具の出土が目立ち始める。

○かわらけ

中世前期の諏訪地方で出土するかわらけの特徴は、手捏ねかわらけで内型成形のものである。このかわらけは、諏訪地方では、磯並遺跡、諏訪市十二后遺跡、旧御射山遺跡、殿村・東照寺遺跡で見られる。このようなかわらけは、神奈川県鎌倉市でも出土しており、服部実喜は、十三世紀中葉から十三世紀後半に出土する特徴的なものとしている(28)。このことは、鎌倉幕府と諏訪地方の関係を物語る出土事例ではないかと考えられる。

三　中世前期の寺院

諏訪地方には、中世前期に存在、もしくは創建されたという伝承をもつ寺院が多く存在する。神社については、諏訪上下社を中心として古くからあったとされる神社は多く存在するが、創建時期が明確ではない。また、前述のとおり、鎌倉時代の諏訪地方を物語る文献や石造物がほとんどないため、寺院の伝承や遺された文化財から、本項では中世前期の諏訪地方の様相を考えていきたい。なお、他にも古代・中世前期に創建されたとされる寺院は他にもあるが、あまり明確でないものは省略した。

○上社神宮寺（諏訪市中洲神宮寺）(29)

創建年代は不明だが、諏訪上社の別当寺として古くからあったと思われる。神宮寺は普賢神変山神宮寺（大坊）、秘密山如法院（上坊）、七嶋山蓮池院（下坊）が中心となる寺院である。神宮寺で建立年代が判明する建物に、普賢堂、鐘楼、五重塔がある。

諏訪上社の本地仏である普賢菩薩を祀る普賢堂は、正応五年（一二九二）に下伊那の豪族　知久敦幸を施主として建てられた。知久氏はもともと現在の長野県上伊那郡箕輪町を発祥とする諏訪氏の一族と言われている。大工は南都東大寺藤原肥後守である。

鐘楼も知久氏を施主として永仁四年（一二九六）に建立された。梵鐘は永仁五年九月二日に施入した。大工は上野国住人江上入道心仏。

五重塔も知久氏が施主となり、延慶元年（一三〇八）に建立された。現在、露盤残闕が遺されており、これには「延慶元戊申年十一月　大工甲斐国志太郡　入道」とある。

神宮寺の建造物については、明治維新の廃仏毀釈ですべて破壊され、仏像は他の寺院へ移された。

○**法華寺（諏訪市中洲神宮寺）**(30)

鷲峰山。臨済宗。もとは天台宗であったが、寛元・宝治（一二四三―一二四九）の頃に、諏訪盛重が蘭渓道隆に帰依し、臨済宗に改宗したという。諏訪盛重は大祝を下位した後、鎌倉幕府に仕え、鎌倉幕府執権北条泰時の御内人となったとされる人物である。出家して蓮仏と号した。

本尊は釈迦牟尼仏であり、永仁二年（一二九四）の胎内銘がある。胎内銘には、次の銘文が記されていた。

御頭中　八月八日造始

奉納如法経一刀　大仏師周防法橋長賢

釈迦三尊造立之　永仁二年十月　日

御腹中　大勧進　僧勧海

奉納仏舎利十粒　十月十八日供粮

○**善光寺（諏訪市湖南南真志野）**(31)

松尾山。真言宗。「諏訪十郷日記」の真志野にある。大化元年（六四五）に諏訪明神の神勅により、本田善光が、寂光寺（現在の座光寺）から諏訪の現在地に寺を移したという伝承がある。しかし、大化七年（白雉二―六五一年の間違いか）に、現在の長野市に移転したと言われている。

大安寺（諏訪市湖南北真志野）(32)

金洞山。「諏訪十郷日記」の真志野にあった。元亨の初め（一三二一）頃、通翁鏡円大和尚（普照大光国士）が開山したとされている寺院。永禄八年（一五六五）五月に大雨による出水により破壊され廃寺になる。後に場所を西側へ移動して江音寺となる。

○極楽寺（茅野市ちの上原）(33)

真言宗。開基は諏訪盛重入道蓮仏で、上原八幡宮の別当寺であったと伝わる。

○仏法寺（諏訪市四賀桑原）(34)

鼈澤荘厳山仏法紹隆寺。真言宗。「諏訪十郷日記」の上桑原にある。大同二年（八〇七）に創建され、開基は坂上田村麻呂、開山は弘法大師と伝わる。もともとは、神宮寺にあり、慈眼寺と称していた。本尊は大日如来で、弘法大師作と伝えられる。また、所蔵する不動明王像であるが、近年、運慶作であることが有力視されている。

永保元年（一〇八一）を最古とする経典も数多く所蔵している。延応二年（一二四〇）の「大般若経」六百巻も所蔵している（『諏訪市史　上巻』諏訪市文化財専門審議会　一九九七『諏訪市の文化財』諏訪市教育委員会）。

○万福寺（諏訪市四賀普門寺）(35)

岩窪山普門院万福寺。真言宗。「諏訪十郷日記」の上桑原にある。諏訪上社大祝初代といわれる有員を祀る御曽儀社前に、かつて、普門院という寺院があったという。創建年代は不明。その後、近隣に移転し、万福寺となったという。万福寺は、その後、中洲神宮寺に移転している。

○**真徳寺**（**茅野市豊平下古田**(36)）
長河山。真言宗。仏像に「正治元年四月十八日安置也　長河山開基源義重」の背銘がある。正治元年（一一九九）に開基を源義重として創建されたという。源義重は新田氏の祖であるが、古田との関連性は不明である。
山寺（**茅野市豊平山寺**(37)）
伝承のみで存在が不明な寺院。もとは天台宗で、伝教大師最澄が平安時代に創建されたとされる。山寺推定地の一部の発掘調査が行なわれ、寺院址らしき掘立柱建物址が検出された。いずれも戦国期の遺構と考えられ、伝承を裏付ける遺構・遺物は出土しなかった。中心部分は、現在白山社となっている場所とも考えられているが、発掘地点は、白山社境内からかずれているため、違う時期の遺構が検出された可能性がある。山寺は新光寺という寺だったといわれているが、南大塩に移転して、現在ある心光寺となったと伝えられる。
○**昌林寺**（**茅野市玉川神之原**(38)）
薬王山。真言宗。嘉禄二年（一二二六）に法印権大僧都道範の開基と伝えられる。もともとは荒神山松林寺という寺号だったが、現在の荒神区薬師堂の位置から、南村に移転したと言われている。この時に、現在の寺号に改められたという。
○**下社神宮寺**（**下諏訪町**(39)）
海岸孤絶山。真言宗。創建年代は不明である。下社の別当寺。鎌倉時代には隆盛を極めたという。その後、戦国時代に放火され、明治維新時には廃仏毀釈により破却された。
○**慈雲寺**（**下諏訪町**(40)）

白華山。臨済宗。開基は下社大祝金刺満貞（文永二―一二六五～元徳二―一三三二）。開山は一山一寧。創建は正安二年（一三〇〇）。

以上、古代から中世前期に創建されたと考えられる寺院を列挙したが、古代に創建されたとされる、神宮寺、善光寺、仏法寺、普門院、真徳寺、山寺の明確な創建時期が不明である。山寺に関しては存在自体が確認できない。

寺院に現存している最も古いものに、仏法寺の永保元年（一〇八一）の古写経がある。少なくとも、諏訪地方の仏教導入は、十一世紀の終わり頃には行われていたことがわかる。十三世紀中頃には、諏訪盛重により法華寺が天台宗に改宗し、極楽寺が創建された。これを行ったのは諏訪盛重である。

諏訪盛重は、寛喜二年（一二三〇）から弘長元年（一二六一）の三十年間、『吾妻鏡』に活動が見られる人物で、北条泰時、経時、時頼、長時の四代の執権に仕えたようだ。諏訪盛重の屋敷は北条泰時の南の角にあり、北条氏の被官である御内人であった(41)。

正安二年（一三〇〇）に金刺満貞によって慈雲寺が創建された。一山一寧を招いてのことで、法華寺・極楽寺同様、鎌倉に直結する内容である。

おわりに

発掘調査の成果と寺院により、中世前期の諏訪地方について考えてきた。

中世前期の遺跡は数が少なく、また、遺構が判明するものがほとんどないが、次のことが言えるのではないだろうか。

遺構が不明であるので、遺物による分析が主になるが、前半は、碗・皿類といった日常的に使用されていたと思われる道具は貿易陶磁器が主体である。古代から続く集落址から出土していることが多いと思われる。国産陶器は四耳壺や瓶、梅瓶という特殊な遺物が主体となる。

これらの遺物は、荒玉社周辺・干沢城下町遺跡という諏訪上社前宮周辺の遺跡から出土している。しかし、遺跡の規模は、南北朝時代よりは、小規模なものだったと思われる。前宮周辺から離れた御社宮司遺跡の貿易陶磁器の出土量が多く、この遺跡が非常に特殊な遺跡であることがわかるが、どのような場所だったかが不明である。

後半は遺跡数と遺物量が増加する。十三世紀前半頃から神仏具が見られるようになる。諏訪地方の寺院の動向を併せてみると、諏訪盛重による法華寺改宗と極楽寺創建の時期と重なる。

かわらけは、鎌倉と関連する手捏ねかわらけが、旧御射山遺跡、磯並遺跡、殿村・東照寺遺跡、十二ノ后遺跡から出土している。旧御射山遺跡と磯並遺跡は、諏訪上下社関連遺跡であり、殿村・東照寺遺跡は寺院遺跡といった、宗教関連遺跡から出土する傾向にある。特に旧御射山遺跡には、鎌倉武士が集った場所である伝承があり、諏訪盛重と鎌倉幕府との関係もあるところから、諏訪地方は、鎌倉と密接な関係を持つ地域であることが明らかである。

前述したとおり、中世前期の遺構の把握が難しいが、今後、再検討をしていかなければならない。また、冒頭に「諏訪十郷日記」についてふれたが、当時の諏訪地方の集落の構造なども遺跡などから復元していきたい。

注

（1）金井典美「長野県霧ヶ峯旧御射山祭祀遺跡調査概報」『考古学雑誌』第四六巻第一号　一九六五年。
（2）『諏訪史料叢書』巻八。日本の諸神や諏訪地方の神々について、神楽歌として書き記した書。本史料については、検討が必要と考えられるので本稿では扱わない。茅野家は諏訪上社の神楽役を務めていた家で、「外記大夫」を代々名乗っていた。
（3）『信濃史料』第三巻　五五九頁。『茅野市史』中巻　一八～一九頁。『茅野市史』では、冒頭の不明部分を「千野」としている。
（4）『新編信濃史料叢書』第七巻　一一四～一一五頁。
（5）『会報』二三　諏訪考古学研究会　一九九三年。
（6）『尖石縄文考古館開館一〇周年記念論文集』（尖石縄文考古館　二〇一一年）。
（7）『財団法人瀬戸市埋蔵文化財センター設立五周年記念シンポジウム　古瀬戸をめぐる中世陶器の世界～その生産と流通～資料集』（(財) 瀬戸市埋蔵文化財センター　一九九六年）、愛知県史編さん委員会『愛知県史　中世・近世　瀬戸系』（愛知県　二〇〇七年）など。
（8）「かわらけ」は素焼の器で神前の供物や神事後の直会、宴会などに使用された。使用後は廃棄される使い捨てられる器。
（9）「第一節　磯並遺跡出土のかわらけについて」（『磯並遺跡』茅野市教育委員会　一九八七年）。
（10）服部実喜「中世都市鎌倉における出土かわらけの編年的位置づけについて」（『神奈川県考古』第一九号　一九八四年）　諏訪地方で出土する内型成形の手捏ねかわらけが鎌倉と直結する遺物であることは、守矢昌文氏の教示による。
（11）『荒玉社周辺遺跡Ⅱ』（茅野市教育委員会　二〇〇五年）、『荒玉社周辺遺跡』（茅野市教育委員会　二〇〇六年）。
（12）守矢昌文「第三節　Ａ区、Ｂ区調査区に検出された遺構の構成」（『干沢城下町遺跡』茅野市教育委員会　二〇〇六年）。

(13)『干沢城跡』(茅野市教育委員会　一九九八年)。
(14)守矢実顕『雑記』(守矢文書)明治二一年(一八八八年)八月二七日条に、小町屋(前宮と周辺の地域)から塔三個が掘り出され、そのうちの一個の笠に「照雲」と彫られていたと記されている。
(15)狭川真一氏の教示による。
(16)長野県中央道遺跡調査会調査団『長野県中央道埋蔵文化財包蔵地発掘調査報告書　茅野市その五　昭和五二・五三年度〈御社宮司遺跡〉』日本道路公団名古屋建設局・長野県教育委員会　一九八二年)。
(17)『上原城下町遺跡』(茅野市教育委員会　二〇〇五年)、『上原城下町遺跡Ⅲ』(茅野市教育委員会　二〇〇九年)。
(18)『茅野市史』中巻　三四〇～三四一頁。
(19)『構井・阿弥陀堂遺跡』(茅野市教育委員会　一九八三年)。
(20)宮坂光昭「第三章　第二節　多彩な生活用品」『諏訪市史』上巻　一九九五年。
(21)『諏訪史料叢書』巻二九　六六頁。
(22)『諏訪史料叢書』巻二九　六八頁。
(23)古屋芳憲「文献史料からみた殿村・東照寺址」(『殿村・東照寺址遺跡』下諏訪町教育委員会　一九九〇年)。
(24)宮坂清「殿村・東照寺址遺跡の中世陶磁器・土器類について」(前掲注(23)と同じ)。
(25)大竹幸恵「殿村・東照寺址遺跡の地形と集落の変遷」(前掲注(23)と同じ)。
(26)『四王前田遺跡』(下諏訪町教育委員会　二〇〇九年)。
(27)前掲注(5)と同じ。
(28)前掲注(8)と同じ。
(29)『諏訪市史』上巻　七三二～七三四頁、『諏訪市史』中巻。
(30)『諏訪市史』中巻　七八一～七八二頁。
(31)『諏訪市史』中巻　七八四～七八五頁。

(32)『諏訪市史』中巻　七八六頁。
(33)『茅野市史』中巻　一〇二四頁。
(34)『諏訪市史』中巻　七八〇頁。
(35)『諏訪市史』中巻　七八〇〜七八一頁。
(36)『茅野市史』中巻　一〇二九頁。
(37)『茅野市史』中巻　一〇二九頁。
(38)『茅野市史』中巻　一〇三一〜一〇三二頁。
(39)『諏訪史蹟要項五　下諏訪篇』（諏訪史談会　一九五三年）。
(40)下諏訪町文化財専門委員会『改訂　下諏訪町の文化財』（下諏訪町教育委員会　二〇〇三年）。
(41)『諏訪市史』上巻　八九九〜九〇八頁。

『広疑瑞決集』と殺生功徳論

中澤　克昭

はじめに

狩猟神事と動物供犠を行なっていた諏訪社が、それを正当化するために形成した殺生功徳論は、「業尽有情、雖放不生、故宿人身、同証仏果」の四句となって流布した。[1] 所謂「諏訪の勘文」である。諏訪の殺生功徳論が、いつ頃どのようにして形成されたかについて考える際、法然坊源空の門弟信空の弟子である敬西房信瑞が建長八年（一二五六）にまとめた『広疑瑞決集』を見のがすことはできない。諏訪氏の一族上原敦広が発した疑問を信瑞が解決する問答集で、[2] 浄土宗史や思想史の研究においてはよくとりあげられ、いくつも論考が発表されてきた。[3] 歴史学の立場からの論及は少ないが、[4] 到達点は二〇〇九年に再論された祢津宗伸氏の「中世諏訪信仰成立史料としての『広疑瑞決集』とその意義」であろう。[5] 祢津氏は、同書の考察を通して以下の結論を導き出した。

㈠　大正大学附属図書館所蔵『広疑瑞決集』複写本は、第二次世界大戦中の名古屋空襲で焼失した関通手沢の「円輪寺本」に現在のところ最も近いテキストである可能性が高い。

(二)　敬西房信瑞はその著書から比叡山を共通項とする様ざまな人的な繋がりのなかで活動していたのであろうと思われ、称名念仏によりながらも戒律を重視する立場であったと思われる。また信瑞の『明義進行集』によれば、聖覚は源空から円頓戒を相承していた。

(三)　上原敦広は信濃に居住する人物で、諏訪社の社人として狩猟祭祀を勤めつつも殺生を否定する仏教思想から堕地獄への恐怖に怯え、その最大の関心は狩猟祭祀の是非であった。しかし信瑞からは、たとえ祭祀のためであろうとも殺生を明確に否定されている。狩猟祭祀にともなう殺生の是非が『広疑瑞決集』における問答の核心部分である。

(四)　『広疑瑞決集』は信瑞と上原敦広との書簡のやりとりを信瑞が編集してあたかも対面して問答しているように構成して成立したと思われる。

(五)　建長八年（一二五六）に成立した『広疑瑞決集』に中世諏訪社独特の殺生功徳論が一切触れられていないことから、この時点では諏訪社の殺生功徳論は成立していなかったと判断できる。したがって嘉禎三年（一二三七）の『諏訪上社物忌令』および宝治三年（一二四九）の『大祝信重解状』は、そのなかに諏訪社独特の殺生功徳論を含むゆえに、偽撰である可能性が非常に高いという結論が導き出され得る。

(六)　建長八年（一二五六）には蛇神を祀る実社で殺生功徳論ももたなかった諏訪社は、正和二年（一三一三）には権社として殺生功徳論を中核とする中世諏訪信仰を確立していたことが確認できる。この中世諏訪信仰の成立時期は弘長元年（一二六一）の幕府における鹿食禁忌徹底から蒙古襲来の前後と考えられる。

祢津氏の考察は丁寧で、結論は説得力に富む。(五)の、『諏訪上社物忌令』および「大祝信重解状」は「偽撰である可能性が非常に高い」という見解も首肯できるが、『広疑瑞決集』成立の背景や、同書が諏訪社の殺生功徳論の成立と如何に関わっているかについては、再考の余地があるように思われる。祢津氏は、信瑞が和光同塵思想に基づき諏訪社の殺生功徳論の萌芽を用意していたとする金光哲氏の見解について[6]、「首肯しがたい」と批判しているが、その点にも論及してみたい。

一　『広疑瑞決集』の成立をめぐって

(1) 戒律護持へ

祢津氏は、信瑞が狩猟祭祀を否定するのは専修念仏の神祇不拝の立場によるものではなく、彼が持戒堅固であるのみならず戒律復興にも同調し、賛同した念仏者であったからだと論じている。卓見というべきであろう。そして、信瑞が展開したような殺生罪業論が東国へどのように波及としたかという問題については、つぎのような平雅行氏の所論を引用している。

平氏は、狩猟による獣肉への穢れ思想は鹿食禁忌として十二世紀の貴族社会で本格化し、東国武士社会へは皇族将軍宗尊親王によって強行的に導入されたとみる。その例証として『吾妻鏡』弘長元年（一二六一）八月一三日・一四日条をあげ、その頃まで東国武士社会では鹿食が一般的であったが、この年に二〇歳を迎え供奉人選定権を掌握した将軍宗尊の主導で、鹿食禁忌が徹底されたという[7]。

祢津氏はこの説をふまえて、建長四年（一二五二）の宗尊親王鎌倉下向前後から、貴族社会の鹿食禁忌は仏教の殺生罪業論と結びついて徐々に東国へもおよびはじめたのであろうとみている。しかし、『広疑瑞決集』が成立したこの時代の思潮、さらに諏訪社の殺生功徳論が形成される背景を考える際には、同じく平雅行氏が論じている、執権北条時頼による宗教政策の転換が重要だろう(8)。

時頼は、顕密仏教に代わる新たな仏教を保護・育成しようとした。選ばれたのは禅律僧である。建長元年（一二四九）から建長寺の創建にとりかかり、同五年（一二五三）に落成。蘭渓道隆を開山に迎える。建長寺は、臨済禅が幕府に受容されたことを象徴していた。真言律宗の叡尊と弟子の忍性が幕府に認められ、鎌倉の極楽寺を拠点として西大寺流の律宗が発展するようになったのも、この頃からである。忍性は、建長四年（一二五二）に関東に下り、まず常陸国三村寺に入り、真言律宗を関東にひろめる足場を築く。弘長元年（一二六一）には鎌倉へ入り、やがて極楽寺の常住となった。時頼の招きに応じた叡尊は、弘長二年（一二六二）、鎌倉へ入る。叡尊は、連署として時頼を支えた重鎮北条重時にも影響を与えた。律宗寺院となる極楽寺を再興した重時は、弘長元年に死去したが、重時の葬儀の導師をつとめたのは忍性であった。金沢称名寺などいくつもの寺院が律宗化され、極楽寺は幕府から様々な公的権限を与えられる。

臨済禅と真言律宗に共通しているのは、戒律の護持であった。親王将軍の成人をまたず、殺生の忌避や六斎日の精進などを当然視する雰囲気が幕府首脳や有力御家人の間にも強まってゆく。親王将軍の供奉人たちの精進が厳格化されたのも、武家新制の殺生禁断条項がそれまで以上に厳格になったのも(9)、これと軌を一にする出来事であったし、北条重時が殺生を避け、六斎日の精進を遵守するよう家訓に記したのも、この頃のことだった(10)。

法然・親鸞らの専修念仏の教えは、社会的にはきわめてラディカルで、その門流にある人々は弾圧された。『広疑瑞決集』が成立した建長八年には、初期浄土真宗における大事件として知られる、いわゆる善鸞義絶事件が起っている。幕府が禅律を保護する政策へと転換し、戒律護持の風潮が強まると、戒律を遵守する持戒念仏がブームとなった。それを拒否する親鸞門徒は造悪無碍の徒と非難され、迫害されたが[11]、持戒念仏という形をとれば、念仏の教えを安定して布教することができたから、法然門下の大勢は、この流れに乗ったと見られている[12]。

祢津氏が指摘したとおり、信瑞は天台円頓戒の相承を重視する門流であったが、戒律護持の風潮が強まったこの時期だったからこそ、信瑞は持戒念仏の立場で敦広の疑問に答える『広疑瑞決集』を著すことになったのであろう[13]。

(2) 隆弁の時代

この時期の鎌倉幕府の宗教政策について、平雅行氏があきらかにしたもうひとつの重要な事実は、幕府による園城寺の優遇である。北条時頼は、鎌倉の顕密仏教を削減、再編した。摂家将軍九条頼経およびその父九条道家の影響力を排除して、鎌倉の顕密仏教界を組み替えようとするもので、この再編は園城寺（寺門）の隆弁を軸に進められた。隆弁は宝治合戦の折に、北条時頼のために祈祷した唯一の僧侶で、勝利した時頼は隆弁に絶大な信頼を寄せ、鶴岡八幡宮の別当に隆弁を迎える。鶴岡八幡宮の供僧職はこれまで師資相承されてきたが、別当となった隆弁に補任権が与えられた。

隆弁は、園城寺の興隆を悲願としており、この隆弁の意向が幕府の政策に影響を及ぼす。幕府は園城寺の戒壇独立を支援し、隆弁の文永元年（一二六四）園城寺別当への就任、および文永四年の園城寺長吏への就任の際にも、園城寺で授戒が強行された。さらに、延暦寺が反対する中、四天王寺別当職が幕府の意向によって園城寺に移り、幕府の延暦寺政策は厳しさを増す。幕府は園城寺を露骨に支援し、門跡の没収を断行して延暦寺を威嚇した。隆弁の意向と、幕府の対延暦寺・園城寺政策とが一体化しており、弘安六年（一二八三）に死没するまでの四十年近くは、「隆弁の時代」であったという。[14]

隆弁は、諏訪信仰の研究においても注目されてきた。神奈川県立金沢文庫所蔵の『陬波御記文』と『陬波私注』は、どちらも一三一〇年前後に書写されたものとみられるが、[15]それら金沢文庫にのこる諏訪信仰の史料は、隆弁に関係するものとみられている。また、『園太暦』延文元年（一三五六）八月三日条によれば、『諏訪大明神絵詞』が依拠した文献は、南家の儒者藤原仲範の『仲範朝臣記』、そして隆弁の『隆弁私記』であった。隆弁は、文永八年（一二七一）には善光寺再建供養の導師をつとめ、信濃にも下向している。時頼の被官である諏訪盛重とも親しかった。そもそも、隆弁の兄の四条隆衡・隆仲は信濃の知行国主・国務であって、隆弁が信濃の善光寺や諏訪社と深く結び付いたことも、兄たちの立場と無関係ではないと考えられている。[16]

『広疑瑞決集』は、この「隆弁の時代」の真っただ中で成立した。祢津氏は、「信瑞は比叡山を共通項とする様ざまな人的な繫がりのなかで活動していた」と指摘している。たしかに信瑞は、比叡山で受戒して修学した可能性が高く、彼が説く念仏も当時の延暦寺の教学と大きく乖離したものではなかったのだろう。しかし、『広疑瑞決集』の中には、比叡山と熾烈なかけひきをくりかえした園城寺に関する言説がめだつ。

例えば、『広疑瑞決集』第二四疑で、敦広から「神職に居ん人、いかゞ相並べて仏事をいとなまんや」と問われた信瑞は、日本では仏法の何たるかを理解し得ない衆生のために、仏菩薩は神という姿をとって顕現したのであり、神への奉仕においても、本地を意識するか否かが問題だ、と答えている。信瑞は、神に奉仕する者でも仏教に帰依していた実例に続けて、神々は仏法を信奉する者をよろこんで守護するのだと説く。その際に、新羅明神について詳述していることを見のがせない。

信瑞は、新羅明神が新羅国から日本に渡ってきたのは、「出離生死の心」ある者を守護するためであるとする説話を引用し、新羅明神が園城寺の守護神であり、智証大師＝円珍の仏法を守護しているのだと説く。そして、「新羅明神のみならず、諸の神明の発心の者を随喜擁護し玉ふことこれ多し」と述べて、法楽のためには念仏をせよと勧める。「発心の者」を「随喜擁護」する神は少なくない、と言いながら、その代表例として、日吉山王でもなければ、春日でも八幡でもない、新羅明神について詳述していることをどのように考えればよいのだろうか。幕府の園城寺優遇策の影響は無かったのだろうか。

二　和光同塵の結縁を説く信瑞

（1）「三種の浄肉」と殺生功徳論

建長八年（一二五六）に成立した『広疑瑞決集』に中世諏訪社独特の殺生功徳論が一切触れられていないことから、この時点では諏訪社の殺生功徳論は成立していなかったとみる祢津氏は、諏訪社の殺生功徳論の形成過程について、つぎのように見とおしている。幕府で鹿食禁忌が本格化する弘長元年（一二六一）前後に、喫緊の課題として殺生功徳論をともなう新たな仏教としての中世諏訪信仰の創成が始まった。『発心集』や『古今著聞集』などに見られるような説話か、そのもとになったかもしれない唱道や談義所の説話などを援用し、狩猟祭祀が可能となる殺生功徳論をともなう新たな中世諏訪信仰をつくり出した可能性が高いという。

十三世紀、神前に捧げられた生類を僧侶が放したところ、その生類が夢に現れ、神供の贄となることにより解脱の機会が与えられたと喜んでいたのにそれが果たされなかったことを恨む、という説話が流布していた。鴨長明の『発心集』八―十三「或る上人、生ける神供の鯉を放ち、夢中に怨みらるる事」や建長六年（一二五四）成立の橘成季『古今著聞集』巻二〇（魚虫禽獣）第六九二段などがその典型で、神に供えられることが生類にとって解脱の機会となるという諏訪信仰の殺生功徳論と同様の論理であることから、金光哲氏も着目した。金氏は、『発心集』・『古今著聞集』だけでなく、『広疑瑞決集』にも論及し、信瑞は和光同塵の思想に基づき、諏訪社独特の殺生功徳論の萌芽を用意したとする。(17) それに対して祢津氏は、信瑞は殺生を一貫して全面的に否定しているのであって、金氏の見解は「首肯しがたい」とした。

金氏が『広疑瑞決集』についてまず指摘していたのは、信瑞が「三種の浄肉」論を述べていることであった。信瑞は第二十五疑の回答で、「供えている酒肉が大量であっても、全く神のためにはなっておらず、神職たちの宴会に過ぎない」と断じるが、「もし肉を供えなかったために祟りがあるようなら、「三種の浄肉」を用いよ」と妥協策も提示している。「三種の浄肉」は、この頃必ずしも一般的ではなかったらしく、信瑞はつぎのように解説している。「三種の浄肉とは」、「見、聞、疑」すなわち、自分のために殺されるところを見ていない、自分のために殺されたと聞いていない、自分のために殺された疑いがない、そのような生類の肉のことで、それは「市町で買へる肉」だと言う。

一度ではない。敦広は、「親族追善の堂塔建立・造仏・写経などの仏事に際して、俗人の客をもてなすために、狩猟によって多くの生類を殺して、その獲物を積み置いて酒宴を催すが、これはどうか」とも問うた。信瑞の答えは、もちろん「その事甚だ然るべからず」で、「國王大臣」でも寺社参詣の時には「清浄の備にして肉味をまじへず」として、「追善の日も又然べし」と寺社参詣と同様の清浄さが必要だという。ところがここで、「なをかたく肉味をもちて饗應すべくば、市町に売る三種の浄肉をもちゆべき歟」、すなわち「どうしても肉料理でもてなしたいのであれば、市町で売っている三種の浄肉を」と、またしても「三種の浄肉」を提案している。

このように、信瑞は「三種の浄肉」を許容しており、必ずしも全面的に殺生・肉食を否定しているわけではなかった。しかし、金氏の論の展開には問題がある。次節でみるとおり、『広疑瑞決集』のなかには、「三種の浄肉」論だけでなく、「殺生は生類を仏道に結縁させる功徳である」という殺生功徳論のプロトタイプとでも言うべき説話も引用されている。「三種の浄肉」と殺生功徳論は、どちらも肉食を許容しているということにはなるだろうが、論理としては大きく異なる。にもかかわらず金氏は、「三種の浄肉」論と殺生功徳論とを一括りにして、「三種の浄肉」論が発展して、殺生功徳論の根拠となったかのように論じてしまっている。それは、筆者（中澤）も「首肯しがたい」。

(2) 教待和尚の説話

『広疑瑞決集』第二十五疑で敦広は、「殺生神」すなわち狩猟神事・動物供儀を必要とする祭祀の是非について問うた。これに対して信瑞は、「甚だしかるべからず」と断じて、「愚かな者は、仏と神が通底し、一つであることを知らずに、よくこのような疑問をいだく」と敦広を見下し、本地垂迹説に基づいて、「殺生神だと思われている神々も、みな本地は仏菩薩なので、生類の肉を供えられたとしても、実は食べていない」とくりかえす。信瑞は、様々な例え話や説話をくり出すが、その中に教待和尚の説話がある。

三井寺の教待和尚は弥勒の後身也。世人見るところ魚にあらざれば食せず。酒にあらざればのまず。常に湖の辺りに遊行して、魚鼈をとりて斎食の菜とす。然るを和尚行年百六十二にして忽に隠れ去り。又大衆悲嘆してその住坊をみれば、年来つもりて魚鼈の骨と見へし物は、みな蓮花となりぬと云々。

三井寺（園城寺）の教待和尚は、弥勒菩薩の生まれ変わりだった。教待和尚は、魚のみを食べ、酒だけを飲み、いつも琵琶湖の辺りで魚やスッポンを獲って斎食の菜としているようだった。和尚は一六二歳で亡くなったが、その後、人々がその住坊を見てみたら、それまで和尚が食べた魚やスッポンの骨に見えていたものが全て蓮華であったということだ。

本地をきゝて今のふるまひを思ふに、只是等覚の菩薩、観機三昧の眼をもちて、湖中浮沈の果報転じがたき魚鼈の或は自死、或は只今命つきたるをみつめ玉ひて、自是を取りて食まねして、和光同塵のいさゝかの結縁を初として、八相成道のをはりに、皆悉く済度せんとなり。

その本地を知って今のふるまいを考えてみれば、湖中で浮き沈みしているだけで生まれ変わることもできない魚やスッポンが、ただ死んでしまうのを見て、獲って食べるまねをして、生死の苦海から救って、悟りの彼岸に導こうとしているのである。『発心集』や『古今著聞集』にみえる、神に供えるのは「結縁の方便」、「解脱の好機」とする説話と全く同じ話形である。さらに、信瑞はつぎのように続けた。

餘の一同の和光神明の義、亦復是の如し。所謂かの神明等、跡をたれ居をしめ玉ひし初め、愚痴闇鈍にして、畜生の報改めがたき鹿鳥等の或は自死、或は命尽たるを照見して、実には食することなしといへども、教待和尚のごとくに、縁をむすばしめんが為に、この神明等もしは示現し、もしは託宣して、自（おのが）社壇にそなへたりけるなるべし。一定仏菩薩の権化たらん。神明はこと更に殺生食肉の儀有べからす。其義さきにのぶるが如し。

神々は、前世の報いをあらためることもできない鹿や鳥などが、ただ死んでしまうところを見て、本当に食べるわけではないが、教待和尚のように縁を結んで救うために、姿を示したりお告げをくだしたりして、社壇に生類を供えさせているのだ。このように述べた上で、それが理解できていない神職をくりかえし非難する。

教待は、貞観元年（八五九）、伽藍建立の適地をもとめていた智証大師円珍をまちうけ、寺の再興を委嘱し、姿を消したと伝えられる。[18] その説話は十二世紀初めの『今昔物語集』「智證大師初めて門徒三井寺を立つる語」（十一巻二十八話）や『打聞集』「三井寺事」などにみえる。信瑞の引用は、それらとほぼ同話で、教待が食べていたように見えていた魚が蓮華と化したこと、そして教待が弥勒菩薩だということも、そのままである。

しかし、信瑞が省略した記述もある。『今昔物語集』や『打聞集』には、老僧が姿を消したので不審に思った円珍が別の人に「今のはどなたか」と尋ねると、「三尾明神です」と答えた、という件があった。つまり、姿を消した教待は、弥勒菩薩の生まれ変わりであるだけでなく、園城寺の地主神である三尾明神の化身だったというのである。

十二世紀の初めには、すでに「仏菩薩の権化である神が生類を供えさせている（食べているように見える）のは、結縁して解脱させる（蓮華と化す）ためだ」という論理が語られていた。金氏が指摘したとおり、信瑞はこうした説話も学んでいたわけだが、それを殺生・肉食の正当化のためではなく、「仏菩薩の権化である神は実際には殺生・肉食をしていない」と説く、すなわち殺生・肉食を否定するために用いていることに注意が必要だろう。

もう一つ確認しておかなければならないのは、またしても園城寺だということである。『広疑瑞決集』には、守護神新羅明神だけでなく、地主神の三尾明神＝教待和尚の説話まで織り込まれていた。ここに、幕府の園城寺優遇策そして隆弁の影響はなかったのだろうか。

三　殺生功徳論とは何か

（1）「入我我入」をめぐって

『陬波御記文』には、「鳥鹿を殺して自ら贄祭に用ふること、懺悔して浄土に帰する善巧なり」と、狩猟神事・動物供儀を正当化する言説がみえる。祢津氏は、『広疑瑞決集』と『陬波御記文』の間には、きわめて大きな思想史上の間隙があると指摘した。前者においては、諏訪信仰狩猟祭祀は信瑞により完全に否定されるが、後者では、諏訪社狩猟祭祀は狩られる生類に成仏の機会を与える善功として肯定されている。この両者の懸隔を架橋する論理として殺生功徳論が創出されたことこそが、中世諏訪信仰の成立であったという。

確かに、『広疑瑞決集』の中に「諏訪の勘文」は見えないし、それに類する論理を上原敦広が述べている形跡もない。しかし、『陬波御記文』にも、「業尽有情、雖放不生、故宿人身、同証仏果」の四句は見えないのである。「鳥鹿を殺して自ら贄祭に用ふること、懺悔して浄土に帰する善巧なり」は、『発心集』や『古今著聞集』の殺生功徳論と同じ論法で、既存の論理を諏訪社に適用しただけだと言えよう。

諏訪社の殺生功徳論とは何だろうか。『発心集』や『古今著聞集』にみえる神に供えられることが仏道に入るという方便という論理を諏訪社にも適用したことをもって、諏訪社独特の殺生功徳論が成立したと言うのであれば、『陬波御記文』にそれをみることができる。しかし、祢津氏も「諏訪社独特の殺生功徳論」を「生類は食されることにより成仏の機会を与えられる」と説明しているとおり、神に供えられるというだけでなく、「故宿人身、同証仏果」すなわち人に食べられることで成仏できると説いているところが、諏訪社に特有の論理だと考えるならば、人が食べることについて言及が無い『陬波御記文』をもって、諏訪社独特の殺生功徳論の成立を示す史料とすることは妥当だろうか。

「食べることで生類を解脱させる」という論理の形成過程を考える上で興味深い史料が『沙石集』の拾遺である。その五－(二二)には、比叡山あるいは園城寺の僧が、琵琶湖で船に飛び込んで来た鮒に、「入我我入」すなわち「おまえは放ってやっても死んでしまう。おまえの身が私の腹に入れば、私の心はおまえの身に入る。だから、私の行業はおまえの行業ともなって、必ず出離できる。だからおまえを喰って菩提をとむらってやる」と言って、その鮒を打ち殺したという説話がみえる。「業尽有情、雖放不生、故宿人身、同証仏果」と全く同じ論理と言ってよいだろう。かつて、この「入我我入」は密教の観法のひとつであるから、「業尽有情、雖放不生、故宿人身、同証仏果」という「諏訪の勘文」も、こうした観法を使う僧侶によって生成されたのかもしれないと指摘したことがある。[19]この拙稿をふまえた祢津氏は、『沙石集』成立の弘安六年(一二八三)には諏訪社の殺生功徳論が形成されていた可能性もあると指摘するが、どうだろうか。

十二世紀の教待和尚の説話では、教待＝弥勒菩薩＝三尾明神であったし、実は食べていなかったという話になっていた。十三世紀前半に成立したことが確実な『発心集』や『古今著聞集』には、生類を神に供えるというだけで、それを人が食べるという表現は無かった。実際の神事は、供物を下ろして人が食べること(神人共食)で完結したはずだが、それは言説化されていない。しかし、『沙石集』拾遺五－(二二)には、明確に「食べてやるのが生類のため」という言説が見え、こうした説話が、「故宿人身、同証仏果」を考案する際に参照されたのかもしれないと思わせる。

ところが、『沙石集』拾遺は、『沙石集』の神宮文庫本や慶長古活字十二行本に見えるもので、神宮文庫本の場合、巻末「裏書之條々」の中に記載されているという。[20] この「裏書之條々」がいつ記されたものかが問題だろう。神宮文庫本の書写は、江戸時代の初期とみられており、[21] この裏書もそれに近い時期のものかもしれない。もし、この拾遺五ー（二）が、『沙石集』の古写本には見られず、慶長古活字十二行本や神宮文庫本の裏書にのみ見られるものだとすれば、「入我我入」の論理が見える説話は、『沙石集』が成立した弘安六年にまでさかのぼるものではなく、後世、加筆されたものかもしれない。どこまでさかのぼらせることができるかは、今後、慎重に見極める必要があるだろう。

（2）『陬波御記文』まで

諏訪社独特の殺生功徳論は、いつ頃、どのように出現したと考えられるだろうか。『陬波御記文』があらわれる十四世紀初頭までの流れを整理してみたい。

十二世紀、教待和尚の説話のような、本地仏＝地主神に食べられているように見えた生類が、実は蓮華と化（成仏）している、といった殺生功徳論のプロトタイプが語られていた。園城寺だけで語られていたわけではなく、十三世紀を迎えると、『発心集』や『古今著聞集』にみられるように、顕密諸宗の僧侶によって、賀茂社や伊勢社をはじめとする、諸社の供物に即して語られるようになる。しかし、人に食べられることで成仏できるという「諏訪の勘文」とはかなり距離があると言わざるをえない。

『諏訪上社物忌令』は、嘉禎三年（一二三八）に将軍九条頼経の諮問により、伊豆山の別当・衆徒らが制定したとされるもので、翌年、北条氏によって諏訪社に伝達されたとある。諏訪の贄懸は「慈悲の御殺生、業尽有情のゆえなり」と説明されており、「業尽有情」で始まる「諏訪の勘文」の初見史料とされている。[22] この『諏訪上社物忌令』が嘉禎四年、一二三八年に本社に伝達されていたならば、そしてその内容が、実際に諏訪社の神事に奉仕する諏訪の一族に伝わっていたなら、一二五六年成立の『広疑瑞決集』で、上原敦広は「慈悲の御殺生」、「業尽有情」の論理を持ち出して、信瑞に質問をぶつけたのではないか。しかし、祢津氏が指摘するとおり、そうした問答は無い。信瑞がくりだす説話や「三種の浄肉」論に対して、あれだけ執拗に質問をくりかえし、時には抵抗している敦広が、「慈悲の御殺生」、「業尽有情」も、それに類似する殺生・肉食を正当化する論理も口にしていないのである。たとえ、『諏訪上社物忌令』の一部分が嘉禎年間に成立したものだったとしても、その段階では「諏訪の勘文」は成立していなかった可能性が高い。

『諏訪上社物忌令』は、最奥に「嘉禎」の年次と神官の署判があって、全体が嘉禎のものであるかのような体裁になっているが、当初からこうだったとは考えられない。後世の写本しか伝わっていないのだが、全体を見ると、途中に文保元年（一三一七）三月十五日、諏訪信時の二男盛重の代に、諏方宮内の令に不審があり、その異なるものを焼き棄て、この物忌令を用いるよう、御判を据えられたものだ、という事情が記述されている。加筆と合成（編集）を経て、現在のかたちになったものとみるべきで、嘉禎に成立した部分を含んでいるのであろうが、全体が現在伝わっている体裁に整えられたのは、文保元年以降のことだと考えられる。

祢津氏は、宝治三年（一二四九）とされる「大祝信重解状」についても、『広疑瑞決集』にはみられない殺生功徳論が展開されているが故に、宝治三年に書かれたものではないとみる。そのとおりであろう。殺生功徳論だけではない。「大祝信重解状」は、原本は見当たらず、近世の写本しか知られていないが、それにしても内容や形式に不可解な点が多い。これまでも問題とされてきたように[23]、この解状の充所（提出先）は「御奉行所」である。しかし、宝治年間以前に「御奉行所」を充所とする訴状は例が無い。管見の限り、箇条書きで祭祀の由来を書き上げる訴状（解）も見当たらず、その説明の饒舌さは鎌倉時代の訴状としてきわめて不自然である。また、説明されている内容が、『諏訪大明神画詞』など十四世紀以降の史料と合致する部分が多いのも、後世、おそらく『諏訪大明神画詞』や『諏訪大明神講式』が成立した後、それらを参照して偽作されたからだろう。正本・案文あるいは鎌倉時代の写でも発見されない限り、現段階では「大祝信重解状」を宝治三年の史料として用いることはできない。

先述のとおり、一二五〇年代、北条時頼によって幕府の宗教政策は転換し、禅宗や真言律宗が大きな影響力を持つようになり、戒律護持の風潮が強まった。『広疑瑞決集』が、この時代ならではの著作であったことも、すでに確認したとおりである。一方、東国を代表する軍神になった諏訪社への尊崇は高まり、分祀も増えた[24]。時頼は、諏訪盛重（蓮仏）を近臣とし、園城寺の隆弁を重用した。この両名を中心にして、諏訪社の狩猟神事・動物供儀を正当化する論理の構築が始められたのかもしれない。

金氏や祢津氏が想定しているとおり、まずは既存の殺生功徳論を諏訪社に応用したのであろう。『沙石集』巻一―八「生類ヲ神ニ供ズル不審ノ事」には、厳島神社社頭の魚類は神に供えられることで仏道に入るのだという「結縁の方便」の論理が展開され、さらにこの段の末尾に「信州ノ諏方、下州ノ宇都宮、狩ヲ宗トシテ、鹿・鳥ナムド取ルモコノヨシニヤ」と記されている。よく知られている部分だが、これだけでは諏訪社独特の殺生功徳論が成立していたかどうかはわからない。無住は、諏訪社や宇都宮社に独特な殺生功徳論があるとは認識していないようだが、「コノヨシニヤ」（こうした理由によるのだろうか）と述べられているのは、このような「結縁の方便」説が諏訪社にも応用されたことを示唆するものと言えよう。

この応用は、モンゴル襲来の頃には完了していたのだろう。十四世紀初頭の『陬波御記文』に、諏訪社の狩猟神事と動物供儀が「浄土に帰する善行なり」と正当化されていることを確認できる。諏訪社独特な殺生功徳論が、「食べること」にあるとすれば、その形成もモンゴル襲来以降だったと思われるが、先述のとおり、『陬波御記文』の段階ではまだ「業尽有情、雖放不生、故宿人身、同証仏果」は見えず、人の身に宿す（食べる）ことで、解脱の好機とするという論理が見当たらないことに注意が必要だろう。

(3)「三斎山」説の出現と流布

『陬波御記文』は、「鳥鹿を殺して、自ら贄祭に用ふること、懺悔して浄土に帰する善巧なり」と説くが、それに続けて、狩猟神事をおこなう御射山について、「三業の作罪を断ちて尽くすが故に、此の蜜会を三斎山と名づく」と述べている。三業とは、身・口・意の働き、すなわち身体の動作、口で言うこと、心で思うこと、後の報いの因となる人間のすべての行為をいう。狩猟を伴う御射山の神事は、この「三業の作罪を断ち尽すが故」に「三斎山」だというのである。御射山という一つの神事についてのみではあるが、それを「三業の作罪を断つ」と説いているのは、「結縁の方便」の応用である「浄土に帰する善巧」とは異なる、諏訪社独特の殺生正当化と言えよう。

のちにあらわれる「諏訪の勘文」の存在があまりにも大きく、忘れ去れてしまった感があるものの、「諏訪の勘文」成立以前に、この御射山の狩猟神事を「三斎山」として正当化する説がよく流布していたらしい。十三世紀から十四世紀に分祀された分社にも「三斎山」説が伝播していたようで、そのことをを伝える地名が各地にのこっている。長野県松本市の「三才山《みさやま》」、長野市北部の「三才《さんさい》」など、長野県内はもとより、茨城県常陸太田市の三才《さんざい》町のように、関東北部にも「三斎山」説が受容されていたことを示唆する地名がある。島津氏が諏訪社を分祀した影響で、旧薩摩・大隅から日向南部にかけては諏訪社（南方社）が濃密に分布するが、日向南部には「三才」「三財」といった地名も分布している。これらは、「三斎山」の「三斎」が、「三才」あるいは「三財」と表記され、それが地名としてのこったものにほかならない(25)。

『諏訪大明神画詞』も巻第一で「御射山」を「三斎山」と記している。天竺波提国の王が七月二十七日〜三十日まで鹿野苑で狩を行った時、美教という乱臣が軍を率いて王を害しようとした。その時、王が金の鈴を振って「狩る所の畜類は全く自欲の為にあらず。仏道を成せしめむが為也。是若天意にかなはば梵天我をすくひ給へ」と叫んだので、梵天は四天王に勅して群党を誅した。「三斎山の儀」（＝御射山の御狩）はこれを移したものだと述べている。『諏訪大明神画詞』だけでなく、同じ頃に成立したとみられる『諏訪大明神講式』にも「三斎山」が見える。その後も、「三斎山」は散見され、例えば、天文二二年（一五五三）の武田晴信（信玄）寄進状（小池文書）によれば、晴信は伊那郡攻略の際に「三斎山大明神」に祈願し、神領七貫二〇〇文を寄進した。近世の『上社社例記』も、御射山を「三斎山」と記している。

「三斎山」説は、御射山に特化した正当化の言説であって、汎用性を持たない。しかし、諏訪社独特の殺生正当化の論理だったことはあきらかで、それが十四世紀初頭の『陬波御記文』において初めて確認できるのは、やはり十三世紀の後半に、諏訪社の狩猟神事の正当化が推し進められていたことを示唆する。

おわりに

『広疑瑞決集』は、故事・先例の列挙、註釈、譬喩を次々にくり出す。上原敦広が執拗に質問をしたためかもしれないが、信瑞がこれほどまでに熱弁をふるうのは、東国の武家社会において狩猟や肉食が根強く続けられており、神事はもとより追善仏事にも必要とされるほど、狩猟・肉食が信仰と結び付いていたからであろう。『広疑瑞決集』は、そうした東国社会に向けて著されたテキストだったはずで、殺生を否定し、持戒念仏を説き、やむを得ない場合には、「三種の浄肉」を許容した。

十四世紀中頃に成立した『神道集』と『諏訪大明神画詞』に、ようやく「業尽有情、雖放不生、故宿人身、同証仏果」の四句が見える。[26] これ以前、どこで誰がこの四句を成立させたのか、それは今後の課題だが、比叡山竹林坊（竹林院）の里坊で唱導の拠点となる安居院の『神道集』と、室町幕府の奉行人である円忠が北朝の支援のもとで編纂した『諏訪大明神画詞』。どちらも、読者・鑑賞者としてまず想定されているのは、京都の僧俗であろう。ここには、『広疑瑞決集』とは逆の構図があったと考えられる。

すなわち、すでに強固な殺生罪業観・肉食穢れ観をもち、みずから鹿を狩ることも無く、その肉の食用も忌避する人々に対し、諏訪社の狩猟神事と動物供儀の意義を説く。諏訪社の狩猟神事・動物供儀を挙行する人々が、それに対する罪悪感・罪悪視を解消、軽減しようとしたのであろうが、「業尽有情、雖放不生、故宿人身、同証仏果」でその目的が達成されたかと言えば、否である。

最終巻で「諏訪の勘文」の四句を説く『神道集』だが、その冒頭巻一の「神道由来之事」では、神は実際には食べておらず、「結縁の方便」であると説く。さらに、「三種の浄肉」説も引用しており、殺生・肉食を許容する説がいわば二重三重に説かれている。もし、「業尽有情、雖放不生、故宿人天、同証仏果」の論理が有効なら、「結縁の方便」も「三種の浄肉」も説く必要はないはずである。

同じことは、『諏訪大明神画詞』についても指摘できる。正月の蛙狩神事の後に、「諏訪の勘文」をあげるが、同時に勝手な狩猟を誡めているのは、諏訪社が無節操に狩猟を認めるわけではないことを示したいのだろう。同祭絵の巻第三（夏上）では、五月会の狩について説明し、「数百騎」の「堪能の輩」が狩猟をくりひろげるのだと、その盛大なことを誇っているが、「矢にあたる鹿は両三頭に過ぎず」、つまり鹿は二・三頭しか捕獲されないと記す。これも、この絵巻を見る貴人たちに、諏訪の狩猟神事が多数の鳥獣を殺すものではないと思ってほしかったからだろう。(27)最も盛大な狩猟神事であった御射山の狩の由来について詳述する祭絵の巻第六（秋下）では、釈迦が初めて説法をしたと伝えられる聖地「鹿野苑」の説話が利用され、「狩る所の畜類、全く自欲のためにあらず。仏道を成せしめんがためなり」という「結縁の方便」が語られ、御射山＝「三斎山」は鹿野苑の狩猟をうつしたものだと説き、「神明慈悲の畋猟は群類済度の方便」と、狩猟を正当化するための説明がくりかえされる。さらに、御射山の狩から間もない八月十五日に行なわれた放生会について記述し、「当社の放生の儀式ことに厳重なり。善巧方便の殺生は、凡慮の測るところにあらざるをや」と、放生の厳重さを強調し、「善巧方便の殺生」が一般に理解され難いことを危惧している。

「諏訪の勘文」は、いわば最も発達した殺生・肉食を正当化する論理として知られ、「極北」の思想なども評されるが、[28] 円忠や『神道集』の編者たちは、「業尽有情、雖放不生、故宿人身、同証仏果」だけで殺生・肉食を正当化しきれるものではないとわかっていた。それ故、「結縁の方便」や「三種の浄肉」、あるいは放生などとあわせて説くことで、少しでも殺生・肉食の正当化を補強しようとしたのだろう。

注

(1) 千葉徳爾『狩猟伝承研究』（風間書房、一九六九年）。「諏訪の勘文」に論及した著作・論文は、河田光夫「殺生・肉食を善とする説話の成立」『説話文学研究』二一（のち『中世被差別民の装い』所収、一九八六年）など多数ある。

(2) 書名は、敦広の疑問を信瑞が解決するところから。『国文東方仏教叢書』所収。

(3) 伊藤唯真「専修念仏者の神概観と治世論」（『浄土宗の成立と展開』、吉川弘文館、一九八一年）、今堀太逸『神祇信仰の展開と仏教』（吉川弘文館、一九九〇年）、佐々木瑞雲「中世真宗教学と『広疑瑞決集』」（『印度学仏教学研究』四八－二、二〇〇〇年）、前島信也「『広疑瑞決集』の書誌的整理—諸本の比較検討—」（『仏教文化学会紀要』二五、二〇一六年）、同「『広疑瑞決集』における往生の定・不定」（『仏教文化学会紀要』二六、二〇一七年）など。

(4) 松井輝昭「鎌倉時代における仏教受容の問題点—信瑞著『広疑瑞決集』の史的位置をめぐって—」（『史学研究』第一六七号、一九八五年）、金光哲「殺生と和光同塵と諏訪大明神と神功皇后と」（『鷹陵史学』第二〇号、一九九五年、のち同『中近世における朝鮮観の創出』校倉書房、一九九九年）、本郷恵子「鎌倉期の撫民思想について」（『鎌倉遺文研究』、二〇〇二年）、井原今朝男「鎌倉期の諏訪神社関係史料にみる神道と仏道—中世御記文の時代的特質について—」（『国立歴史民俗博物館研究報告』一四八集、二〇〇八年）。

(5) 祢津宗伸「歴史資料としての『広疑瑞決集』—敬西房信瑞、上原馬允敦廣の背景と諏訪信仰—」（『信濃』三－五四

一五、二〇〇二年)。のち改題・加筆して、同「中世諏訪信仰成立史料としての『広疑瑞決集』とその意義」『中世地域社会と仏教文化』(法蔵館、二〇〇九年)。本稿で引用する祢津氏の見解は全てこれによる。
(6) 前掲注(4)金「殺生と和光同塵と諏訪大明神と神功皇后と」。
(7) 平雅行「日本の肉食慣行と肉食禁忌」(脇田晴子・アンヌ ブッシィ編『アイデンティティ・周縁・媒介』吉川弘文館、二〇〇〇年)。
(8) 平雅行「鎌倉における顕密仏教の展開」『日本仏教の形成と展開』(法蔵館、二〇〇二年)、同『鎌倉仏教と専修念仏』(法蔵館、二〇一七年)。
(9) 拙稿「殺生と新制―狩猟と肉食をめぐる幕府の葛藤―」赤坂憲雄編『東北学』三(作品社、二〇〇〇年)。
(10) この『極楽寺殿御消息(北条重時家訓)』については、拙稿「武家の狩猟と矢開の変化」井原今朝男・牛山佳幸編『論集東国信濃の古代中世史』(岩田書院、二〇〇八年)でもふれた。
(11) 平雅行『歴史のなかに見る親鸞』(法蔵館、二〇一一年)。
(12) 前掲注(8)平『鎌倉仏教と専修念仏』。平氏によれば、然阿良忠(浄土宗鎮西派)は、建長の初め頃に東国へ赴き、北条朝直の帰依を受けて鎌倉の悟真寺に迎えられた。また、建長三年に北条長時が開創した浄光明寺は「持戒念仏」の寺であり、真阿や行敏が活動している。諸行本願義の道阿道教は、鎌倉を訪れた叡尊に会いに行く。道教が叡尊に親近感をいだいていたことが分かるが、『関東往還記』に「新善光寺別当〈道教、念仏者主領云々〉」とあり、道教は名越の新善光寺別当で、鎌倉の念仏者の中心的存在であった。さらに隆寛の弟子の智慶も鎌倉に長楽寺を開いており、鎌倉でかなりの勢力をもっていたらしい。法然門下のなかでも彼らは保守派・穏健派に属する人々であるが、正元元年(一二五九)、日蓮は法然門下が「恣に関東近住を企つ」と非難しているが、それは建長以降、持戒念仏派が鎌倉や関東で急速に勢力を伸ばしていたことを指すという。
(13) 祢津氏も指摘するとおり、北条時頼は叡尊に帰依する一方で信瑞とも交流があった。信瑞は、幕府に接近して戒律重視の波に乗ろうとしていたのだろう。弘長二年(一二六二)、鎌倉に下向した信瑞は、北条時頼に法然坊源空の伝記

『黒谷上人伝』一巻（散逸）を贈っている。これに対して時頼は、信瑞に念仏について尋ねており、翌三年、時頼が没すると、時頼の近臣であった諏訪入道蓮仏が書状でその模様を信瑞に報じている。信瑞は時頼に接近することに成功していた。

（14）前掲注（8）平雅行『鎌倉仏教と専修念仏』。

（15）金井典美「金沢文庫古書『陬波御記文』と『陬波私注』」（『金沢文庫研究』一三八号・一六一号、一九六七・六九年）によって紹介された史料。のち『諏訪信仰史』（名著出版、一九八二年）に収録。

（16）前掲注（4）井原「鎌倉期の諏訪神社関係史料にみる神道と仏道」。

（17）前掲注（4）金「殺生と和光同塵と諏訪大明神と神功皇后と」。平雅行「殺生堕地獄観と動物供犠」部落問題研究所編『部落史史料選集』第一巻（部落問題研究所出版部、一九八八年）も、信瑞は殺生を功徳とする論理を前提にしながら、殺生祭神を批判しているとみる。

（18）現在も金堂の傍らに教待堂があり、十一月十一日に教待会がおこなわれている。

（19）拙稿「中世寺院の暴力」（小野正敏・五味文彦ほか編『中世寺院 暴力と景観』高志書院、二〇〇七年）。

（20）渡邊綱也「解説」『日本古典文学大系八五・沙石集』（岩波書店、一九六六年）。

（21）小島孝之「解説」『新編 日本古典文学全集五二・沙石集』（小学館、二〇〇一年）。

（22）物忌令については、鈴木善幸「中世殺生観と諏訪信仰―殺生禁断社会における『諏方上社物忌令』の意義―」（『大谷大学大学院研究紀要』二一、二〇〇四年）も参照。

（23）石井進「大祝信重解状のこと」（『諏訪市史研究紀要』第五号、一九九三年）、前掲註④井原「鎌倉期の諏訪神社関係史料にみる神道と仏道」。

（24）拙稿「諏訪信仰と狩猟文化」（『諏訪市博物館研究紀要』第五号、二〇一〇年）。祢津氏は、軍事訓練としての狩猟には諏訪社の勧請が必要になったと考えられ、信濃一宮に過ぎない諏訪社が全国に広がる大きな原因として、蒙古襲来に備えておこなう軍事訓練としての狩猟があったのではなかろうかとみる。しかし、諏訪社は東国を代表する軍神として各地に勧請・分祀されたのであって、狩猟をしたいから諏訪社を勧請したとは考えられない。モンゴル襲来により、さらに軍神として崇敬され、分祀も増えたが、戒律護持の風潮も強まったから、諏訪社の神事の正当化が推進されたのだろう。

(25) 拙稿「諏訪社の分祀とその神事」科学研究費補助金 基盤(B)(代表者:中村生雄)「東アジアにおける人と自然の対抗/親和の諸関係にかんする宗教民俗学的研究」成果報告書(二〇〇七年)。

(26)『神道集』は「故宿人身」ではなく「故宿人天」とする。「身」と「天」の差異は大きく、今後の課題である。

(27) ここで語られる「鹿穴」については、拙稿「狩猟神事の盛衰」湯本貴和・須賀丈編『信州の草原—その歴史をさぐる—』(ほおずき書籍、二〇一一年)を参照。

(28) 苅米一志『殺生と往生のあいだ—中世仏教と民衆生活—』(吉川弘文館、二〇一五年)。

細川氏内衆丹波上原氏と諏訪信仰
―諏方同名氏族の一族分業論―

村石　正行

はじめに

室町幕府が室町殿を頂点とし、守護を通じた支配体制であったとする守護領国体制論は、室町幕府論のひとつの到達点であるといってよい。しかしいっぽうで領国支配体制そのものについては、守護による様々な勢力との連携によって完遂されていることも事実で、諸勢力の具体相を検出する作業が近年さかんに進められてきている。さらに在地における対立構造が中央の政治動向に影響を与える、例えば守護を介さずに諸勢力が室町殿との接点を持ち、守護と対抗していく姿も明らかにされている。このように室町期の地域支配は在地の事情によって場合分けして検討することが必要であろう。

近年、室町幕府の地域支配に関わる研究によって、都鄙間における人的物的結びつきの緊密さが明らかになりつつある。室町幕府の奉公衆や奉行人が地域の国人層から輩出している「同名」であることも注目すべき事実である。筆者は前稿で京都と信濃の両諏方氏の同族意識という観点で、室町殿周辺の諏訪信仰を奉行人家と大祝家によって流布させ共同執行していることを明らかにした。[1] 奉行人諏方円忠が諏方大明神画詞を制作し、京都における諏訪信仰の浸透と「神」氏復興の端緒を開いたことは疑いなく、またそれを確立したのが奉行人貞通であったことも明らかであろう。京都諏方氏は大祝家との間に「同名」意識を有していたのである。

諏方氏が諏訪信仰の流布を梃子に「神」氏という擬制的氏族（氏子）を創出したことは中澤克昭氏により着目された。[2]「神」氏は室町期になると信濃国よりもむしろ京都および京郊地域に分布している。本稿では奉行人家とともに京郊地域における「神」氏の代表例である上原氏を例とし、「神」姓を称した在京氏族が諏訪信仰の流布に果たした役割の一端を明らかにしたい。

一　「別本神氏系図」について

戦前、諏訪教育会で編纂された『諏訪史料叢書』のうち、巻二八には「諏訪上下宮社家系図」と題し数家の系図が掲載されている。[3] このうち「神家系図」（千野氏蔵　以下「千野氏本」）と「神氏系図　称一族系図」（諏訪教育会蔵　以下「教育会本」）は前田家本「神氏系図」に記載されない情報が盛り込まれているため「別本神氏系図」とも言えるものである。[4]

ここで注目したいのはこれら別本のなかで詳細に記されている神氏庶子家の記載である。とくに上原氏関係系図については丹波国へ移住したあと、室町幕府内で活躍する記述を載せていることから、丹波上原氏に近い系図を底本にしていることがうかがえる（系図1・2）。

これらの系図をまとめてみると、以下の通りである。

【系図1　千野氏本】

- 祝 敦貞
  - 大検校 敦家
    - 栗原四郎 家貞
    - 上原五郎 敦成（建久四年丹波国守物部郷并西籌火補地頭職令拝領畢、在京人事被仰下畢）
      - 上原九郎 成政
        - 成範（小次郎、法名信阿 無辺光院為父建立）
          - 左衛門次郎 成信（成朝弟也）
            - 成清（神八郎備中国アナタ郷賜）
              - 孫次郎
              - 五郎
              - 三郎
            - 神四郎 信忠
          - 九郎 成朝
            - 成基（自得寺高屋寺官常寺建立 豊前守）
              - 成房（新左衛門尉）
                - 成家（豊前守 弥次郎）
                  - 千豊（秀基妻 法名見阿 比丘尼 端谷真應）
            - 成澄（神五郎入道）
              - 重兼（神次）
                - 成重（宮内右衛門尉）
          - 成秀（十郎改敦考 地蔵堂為父建立）
            - 義隆（神太 観音堂建立）
        - 五郎
        - 政盛
        - 宮王
        - 又王
    - 矢崎神太 家直（安元二年死）
      - 信直
      - 風間神荘司 忠直
      - 若尾神四郎 直家
      - 神五郎 家仲
      - 神六 師直
      - 十郎 時直
      - 金 盛忠
    - 栗沢七郎 敦賢
    - 向山八郎別当 敦高
    - 中村與一 敦綱
    - 西條與一 敦頼

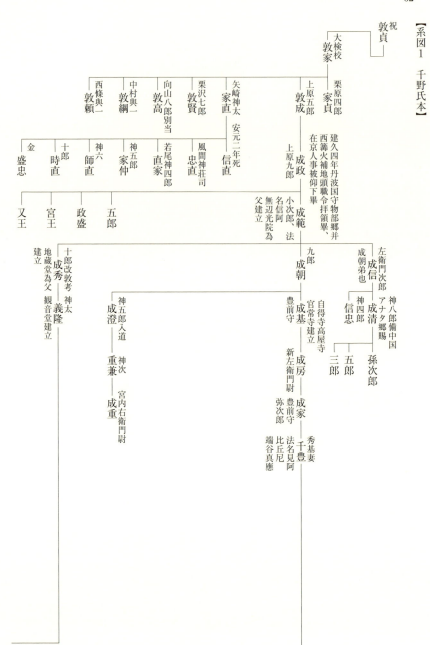

- 九郎 政義
  - 孫神太 秀基　尊氏御代於御前被射挟物三度宛仕依御感御腰物賜　孫左衛門尉法名浄信
  - 孫九郎弾正忠 政秀　右衛門尉大江山合戦打死号妙貞
    - 範政　八良左衛門尉
  - 十良 秀隆
- 十郎 範隆
  - 壱岐守 敦範
    - 壱岐四郎参御的 敦利
      - 十郎 重政
        - 新九郎 直政
          - 十郎 継
    - 神四郎 敦貞
      - 小四郎 基貞
      - 神四郎 敦基
    - 彦四郎 貞朝
- 兼義
  - 対馬守 義範　参御的
  - 次郎左衛門尉 貞範　十八年参御的恩賞賜
    - 実貞
- 敦頼

- 神太衛門尉 範基　父秀基 母成家女
  - 小次郎 信濃守 直基　法名心範
    - 九郎新左衛門 成直　信濃守 法名 道（ママ）
      - 新次郎 成継　文安三年三月廿四日於攝州道場河原打死
        - 貞家　応仁元年六月廿六日丹州骨佛打死
          - 石鶴丸
      - 元成　任中務丞　助九郎新左衛門尉
    - 五郎右衛門尉 成縄　萩野式部養子
    - 十郎 成春
  - 神次郎修理亮 實成
    - 神次郎右京亮 益成　實志賀成直弟
      - 神次郎 政直　文安三年丙寅九月廿三日天子有御悩奉勅旨於禁中射野子御悩平癒御感有被任小尉賜御剣等云々
    - 直實　實成養子
  - 明江和尚 聖悟
- 右衛門蔵人 範秀　父母範基同
  - 彦五郎 民部大夫 基泰　實範基子
    - 弾正忠 豊前守 益政　文正元年七月廿八日 七十五卒九良
      - 神五郎 資政　仕民部丞
        - 元家
        - 賢家
      - 景行
    - 新五郎蔵人 直秀
    - 助四郎 成泰

【系図2　教育会本】

- 敦家子　敦成（上原五郎）
  - 成政（上原九郎　建久四年丹後国守護物部郷并西保地頭職令拝領畢）
    - 成範（篝火在京事被仰下畢）
      - 成範（九郎）
        - 成朝
          - 盛基（豊前守　自得寺高屋寺宮常寺建立之）
            - 成房（新左衛門）
              - 成家（豊前弥次郎）
                - 千豊（秀基妻　美信比丘尼）
          - 成澄（神五郎）
            - 重兼（神次）
              - 成重（宮内左衛門）
      - 成秀（十郎改敦考）
        - 義隆
          - 政義（九郎）
            - 秀基（孫神太　孫左衛門尉　法名浄信　尊氏公御代賜御腰物）
            - 政秀（孫九郎弾正忠　右衛門尉　大江合戦討死）
              - 範政（八郎左衛門尉）
            - 秀澄（十郎）
          - 範隆（十郎）
            - 敦範（壱岐守）
              - 敦利（壱岐四郎参御的　左衛門尉）
                - 重政（十郎）
                  - 直政（新九郎）
                    - 経政（十郎）
                - 直利（神三郎）
              - 敦貞（神四郎）
                - 基貞（小四郎）
                - 敦基（神四郎）
              - 貞朝（彦四郎）
            - 義範（対馬守参御的）
            - 貞範（左次郎衛門尉　十八年参御的浴恩賞）
              - 実貞（五郎　左衛門尉）
              - 神四郎
    - 五郎
    - 政盛（余一）
    - 宮王

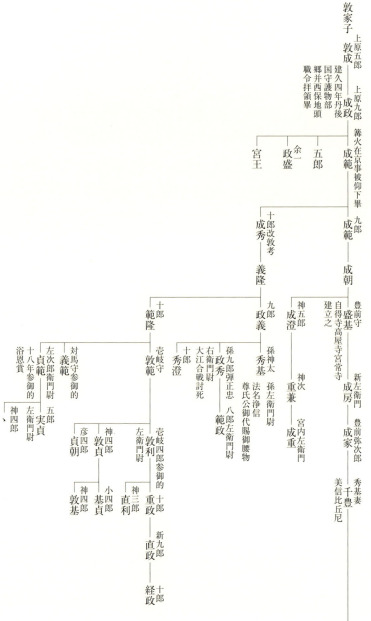

- 範基（父秀基　母成家子）
  - 直基
    - 直成（九郎新左衛門　信濃守）
      - 成継（中務丞　文安三年三月廿四日於摂津道場河原討死）
        - 貞家（応仁元六廿六於丹州骨佛討死）
          - 石鶴丸
      - 元成（助太郎　新左衛門尉　雖直成嫡子早世）
    - 成縄（五郎左衛門尉　萩野式部養子）
    - 成春
  - 実成（神次郎修理亮）
    - 益成（神次郎左京亮）
    - 直実（実成直弟成養子　神六）
      - 政直（文安三年丙寅九月廿二天子御脳アリ奉勅使於禁内射野干御脳使應御惑餘被小尉賜御劒云々）
  - 聖悟（明江和尚）
- 範秀（左衛門蔵人　父母同于範基）
  - 基泰（参五郎　民部大輔　実範基子）
    - 益政（九郎弾正忠　豊前守　文正元七月廿八七十五卒）
      - 資政（神五郎民部丞）
        - 元家
      - 景行
        - 賢家

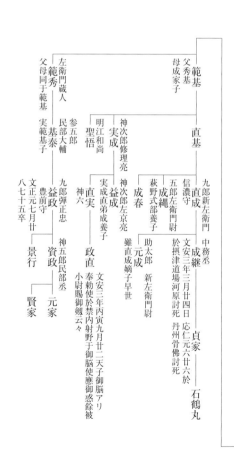

上原敦成の子、上原九郎成政が建久四年（一一九四）丹波国物部郷西保地頭職を拝領したことが丹波上原氏のはじまりであるとする。また成政のとき篝火役として在京を命じられていることも記載されている。洛中警護としての篝屋設置の制度的な淵源が六波羅探題による暦仁元年（一二三八）とすれば[5]、建久四年という年代はいささか時期が早い。ただ篝屋が「以在京武士可守護之由、被下関東御教書[6]」とあるように、在京人によって勤仕された性格を持っていたことから、上原氏が京郊地域に所領を持つ御家人として篝屋守護の番役を負ったとする記述は、おそらく上原氏の歴史的な記憶を伝えるものと見てよいのではなかろうか。

また両系図によれば、「神」を名乗る者が複数存在し、上原元家・賢家の父資政も神五郎を称する。これは諏方の本姓である「神」を意識したものとみてよいだろう。

丹波上原氏の嫡流は豊前守を官途としている。成家の子に男子がなかったとみえ、千豊（法名見阿）に同族秀基を婿として招き家を存続させている。「千野氏本」の記事によれば秀基は「尊氏御代於御前被射挟物三度宛」とあり、流鏑馬騎射である挟物を足利尊氏の御前で披露して腰物を拝領したという。

南北朝期の足利氏一門およびその被官を体系的にまとめた小川信氏は「物部豊前守等のごとき物部（上原）氏」は「或いは三河以来の被官[7]」あるいは「丹波国何鹿郡にも物部氏があり、源頼朝からこの郡を賜った信州上田の上原丞景なるものを祖とし、戦国時代の細川氏部将上原賢家はその子孫であるという[8]」という両説を併記する。文書などの一次的徴証はうかがえないが、後述のように、神長官守矢氏は丹波上原氏を「神」家と認識しており、本論では両系図の記述により、丹波上原氏の本貫は諏訪郡上原郷を出自とする「神」氏であったという立場をここで改めて確認したことにしたい。

二　丹波上原氏・播磨上原氏の政治史的地位

丹波上原氏が史料上みえるのは、管領細川氏内衆としてである。(9) これは細川氏が丹波国守護を兼帯し、国人を積極的に家臣に編成していったことによるといえる。

上原氏の研究については山城国一揆の先鞭をつけた丹波国一揆における守護代上原元秀の動向を細見末雄氏、今谷明氏、石田晴男氏が詳述する。(10) 一五世紀後半の文明一四年（一四八二）には上原元秀が丹波守護代となった徴証があり、(11) 細川氏の家臣として京都での活動が比較的記録上で記されることもあり、元秀および父賢家についての動向は如上の政治史研究で比較的明らかにされている。賢家の官途は豊前守で、元秀の名乗りは神六、紀伊守を官途とする。なお兄弟に神四郎・神五郎がいる。「神」姓を称していることからも諏方氏との精神的な結びつきを意識していたことがわかる。

上原氏が急速に細川内衆のなかで力を持つ画期となったのは、文明一八年七月に細川政元が将軍足利義尚に対面する際の拝賀行列の一番に元秀が列しているなど、(12) 政元時代からである。元秀は政元の偏諱を拝領したものと思われる。長享元年（一四八七）九月の六角征伐では「細川被官物部越湖、渡向世多・大具・志那等焼亡云々」として将軍に従い、湖岸の瀬田（大津市）を渡り・多賀（近江八幡市）・志那（草津市）を焼亡させた。(13) 延徳元年に起こった丹波国一揆は、従来からの国人と内衆との対立要素もあり守護細川氏を苦しめた。明応二年（一四九三）三月に内衆の守護代元秀と賢家により一揆は鎮圧された。こうした一揆対応に決着をつけた政元は、細川氏の内衆による政権強化を目論んで将軍義材を廃嫡し義澄を立てることに成功する（明応の政変）。このとき義材をとらえたのが細川政元内衆の代表ともいうべき賢家・元秀父子であった。(14) こうして丹波上原氏の絶頂期が訪れる。しかしこの年、阿波を出自とする細川内衆長塩弥六との斬り合いがもとで元秀は一一月一九日没する。「上原紀守昨日入滅必定〳〵」、「天罰也、珍重〳〵、難有、物神・三宝・公方之罰也」と大乗院尋尊が述べている。[15] 父賢家も「異例存命不定」だったが、子の逝去により近江国坂本へ没落し明応四年に没する。[16] その後を継承したのが元秀の兄で豊前守高家であった。高家はその後越前国朝倉氏に寄寓し、朝倉氏家臣に故実を伝授するなどした故実家として知られる。[17] そのほか左京亮秀家[18]もおり、神五郎がこれにあたると考えられる。物部豊前守とともに笠懸神事に子として参加する場合、神六と紀伊守は同一人物として見なされており、[19] また神六郎は神四郎の弟と記述されている[20]ので、豊前守の系統をまとめると系図3の如くとなるだろう。

系図3

```
──┬元家
  │
  └豊前守賢家──┬神四郎（豊前守高家？）──
                ├神五郎（左京亮秀家？）──
                └神六郎（紀伊守元秀）
```

いっぽうこの時期、同名で上原対馬守の系統が諸記録上で頻出してくる。上原対馬守祐貞は赤松氏被官で赤松分国播磨国を基盤とし、この一族も「神」姓を名乗っている。[21] 播磨上原氏が「神」氏であるとすると、前掲「千野本神家系図」によれば、丹波上原氏の成範の子十郎成秀の曾孫義範の系統が対馬守を名乗っている。以下子孫が「貞」字を通字として継承し、たびたび「御的」に参加していると記載される。これらの系図の記載がどこまで信頼しうるものかはわからないが、赤松氏雑掌となった一族が丹波上原氏の庶子であったとすると、その隣国である播磨国へ移住していたらしい。貞治三年（一三六四）丹波国守護となった山名氏は明徳の乱（一四九二）で大打撃を蒙り、細川頼之がこれに替わっている。丹波・摂津・播磨各国は京郊の要衝で細川・赤松・山名氏は管領・侍所庶司といった幕府枢要であった。

それぞれの守護分国であり相互が隣接している国であることから、京都における被官関係も一族によって異なった可能性もある。赤松政則は政元の姉を娶り、明応の政変では細川氏に協力した。その直後の五月、細川政元邸で赤松政則らが宴に参上し、上原豊前守らとともに播磨上原氏（祐貞）もここに参加する。[22]翌月には赤松邸に細川政元と内衆が参上し、上原祐貞も参加する宴席となった。そのときの雑説によれば「上原紀伊守、其弟神五郎、同途而参赤松第、蓋以神五郎為赤松之被官兼約也」とあり、上原紀伊守元秀が弟神五郎とともに赤松邸で神五郎を赤松被官とする約諾をしていたというのである。[23]ことの真相は不明であるが、「紀伊守者為右京兆使来也、神五郎者為豊前守使来也」とあるように細川政元の命および上原賢家の意向であったことは確実である。[24]細川内衆体制を作る契機となった明応の政変直後、内衆の代表格である丹波上原氏が一族を赤松氏の被官とさせる工作をしていることがうかがえる。その背後には、宴席に同席していた「神」姓を名乗る同族の播磨上原氏がいたことは想像に難くない。

三　上原氏の諏訪社秘技

丹波上原氏が自家を「神」氏と自己認識していただけでなく、当の諏訪社（上社神長官）も彼らを同族として意識していたことは次の史料から明らかである。

史料一　「守矢満実書状案[25]」

当社神秘無輙出事、雖然御前様神家候間、自御公方様為御尋時懇望認之進候、末代可被食明鏡候、御社参之

時、以面如此神秘可有御聴聞候、　　神長信濃守

文明十九年丁未六月廿日　　満実押判

諏方上原豊前守殿

京物部殿進之候安文

史料一は文明一九年（長享元・一四八七）、上原豊前守賢家が諏訪上社神長官守矢満実に対し、諏訪社の神秘本について借用を依頼したことに対する満実の返書である。満実は諏訪神秘はたやすく持ち出すものでないが、賢家が「神家」であること、将軍足利義尚から諏訪社神秘についてお尋ねがあったときのためにこれを書き写し進上したのだという。くわしくは御社参の折に面前でこの神秘を学んでいただきたい、とする。この文書の宛所は諏方上原とあり、追筆部分に「京物部殿これを進め候安（案）文」とあるから、この文書が諏方一族（神氏）で丹波上原（物部）氏出身の賢家に宛てた神長官守矢満実の案文であることがわかる。京都の「神」氏が諏訪社神秘について信濃国の神長官に問い合わせており、両者が「神」氏意識を通じた都鄙間のネットワークを構築していたことがうかがえる。なお「諏訪大明神神秘御大事之事」とする満実の写本が守矢家所蔵だったことが知られる。[26] おそらくこの系統の秘伝書が丹波上原氏へ伝授されたことが推測される。

室町時代の諏訪信仰は、京都諏訪社神主で奉行人京都諏方氏が幕閣を通じて展開していったことはすでに前稿で述べたとおりである。[27] そしてそれは一方的に京都諏方氏により拡散されたのではなく、大祝諏方氏もしくは神

長官守矢氏を通じたものであった。

史料二「諏方貞通書状」

又乏少之至雖其憚候、筆一対進之候、表祝儀斗候

改年吉兆、雖於于今者□□□尚以千喜萬悦珍重々々、更不可有際限萬幸々々、抑去年冬□（豆か）州在陣候布施方、致上洛之子細候間、進状之處御懇□□（被懸カ）御意、路次無相違京著千萬忝畏入存候由、自彼方□□於身恐悦之至候、可参申□（心）中之處、此方不私不得隙之□□間無其儀候、近日與風以参社旁御礼可申候、好便之間先一筆令啓候、

恐々謹言

三月八日　　　　左近将監（諏方）貞通（花押）

謹上　神長（守矢満実）殿　御宿所

史料二によると、奉行人布施為基が任地の伊豆国堀越公方から信濃国諏訪を通過するとき、神長官守矢満実から京都へ戻る際に便宜をうけたという。京都諏方氏で同じく奉行人であった諏方貞通の依頼だった。貞通は無事に布施が京都に戻れたのは神長官のお陰であると述べ、次回「参社」の際に礼を述べたいと手紙を認めている。史料一で「御社参之時、以面」と確認した点とあわせ、京都の「神」氏による信濃諏訪社への参詣は頻繁におこなわれていたことをうかがわせる史料である。

丹波上原氏の政治的な側面については先述した。いっぽう中世文芸論のなかで上原氏を位置づける研究が国文

学のなかでなされてきた。例えば三条西実隆や飯尾宗祇らの歌学を上原氏が聴聞し歌会や連歌会を催行したことが井上宗雄氏や米原正義氏らによって詳細に分析されている(28)。また米原氏は蹴鞠や笠懸などにも上原氏がほかの細川内衆とともに盛んに参加していることから、斯様な文芸への参加によって族的結合の強化が図られたと帰納しているが(29)、これらの研究はどちらかというと幕府や寺院などとの折衝で必要とされる「素養の摂取」という視点で紹介されている。

上記の研究で丹波上原氏と諏訪信仰について史料をもとに直接言及したものはなく、県内の研究者でも伊藤富雄氏の抄文(30)、信濃武士上原敦広の信仰生活を論じた袮津宗伸氏が伊藤説を引用しながら若干言及しているのが管見されるが(31)、丹波上原氏の動向について必ずしも詳細に論じられてはいない。実際には、一五世紀後半の記録には京都諏訪社の祭礼にしばしば丹波上原氏がみえるので、本稿では以下煩雑であるが一部を掲出することとする。

史料三「実隆公記(32)」

（延徳元年）七月廿六日壬午天晴、諏方社法楽和歌諏方信濃守貞通・上原豊前守賢家等勧進之、各詠遣之、

史料四「蔭凉軒日録(33)」

（長享三年七月廿七日）今日諏方神事、物部豊前守、同息神六勤之、於紫野馬場有笠懸云々、洛中壮観也云々、

史料五「蔭凉軒日録(34)」

（延徳三年七月廿八日）昨日廿七諏方明神祭日也、仍上原豊前守興行笠懸於紫野馬場有之、上野治部少輔殿、天竺孫四郎殿、小笠原備前入道宗信、薬師寺與一、若榊七郎、蓮池小次郎、四宮四郎、同舎弟次郎、上原豊前守、同息神四郎、舎弟神六、舎弟神五郎、以上十二騎、見物衆如堵墻、畠山尾張守殿、一色修理大夫殿皆見

物、見物衆評云、弓馬體蓮池小次郎為第一、ツギハ四宮四郎也云々、一時壮観也云々、

史料六「蔭涼軒日録(35)」

(明応二年七月廿七日)今日諏訪之祭也、以故上原豊前守於紫野馬場、興行笠懸、其衆十員、山名左衛門佐殿、上野三郎殿、小笠原備前入道宗信、上原豊前守、同息紀伊守、其兄神四郎、其弟神五郎、四宮四郎、其弟額田、斎藤藤兵衛尉并十員、看物如堵墻、赤松公亦為一見、早晨被出云々、遣桂蔵主善應老人之攸云、一昨日来降、珍重々々、仍可被講一書由奉之、尤素望也、然者先被講考経可為本懐云々、

史料七「親長卿記(36)」

(明応三年七月廿七日)詣上原豊前守賢家宿所、今日諏訪法楽鞠、并和歌帳行也、妻戸通引注連、奉懸諏訪名号青蓮院尊應僧正筆、次予以下仍准神前、暫及時剋、棟久三位持枝鞠付鞠一、付松枝、入自西屏中門、廻庭上、置東簀子退入兼瓶子一双裏、口在北簀子、次予以下経北座敷之内、自坤角進出、簀子上置祓居衝重、予下簀子、取祓払之、即着座北上西面、次藤中納言入道常祐、次二楽《飛鳥井》院中納言入道宋世、次甘露寺中納言元長、園宰相基富、江南院、右大辨宰相入道龍霄、永康朝臣、雅俊朝臣、實種、藤原資直、次賀茂輩、棟久三位、諸平県主、数久、

武家輩、宗弘《広戸》、上原豊前守賢家亭主、裏打、已下同、四宮四郎長能、上原左京亮秀家賢家子、斎藤々兵衛元右、額田次郎宗朝等也、各着座畢、永康朝臣進出取枝鞠、出座中解之、次予気色飛鳥井中納言入道、中納言入道進木下、次予於樹下蹲居、依為神前也、兼申合中納言了、次藤中納言入道、次元長卿、次園宰相、次龍霄今日指扇、笏指、次雅俊朝臣、次棟久三位兼中納言入道示合予云、上八人之時、可加棟久三位如何、予云、公宴猶以上八人之内、被召加賀茂輩可為勿論次中納言入道進庭中、取鞠逆行二度、暫有祈念之躰、其後気色人数、各答揖、三歩許進出、一足蹴上之、上鞠之躰也、其後次第蹴上如常、始立様、各蹴畢、人々帰着座、

史料三～七までの史料でみえる「諏方神事」「諏訪明神祭」「諏訪法楽」等については七月二七日に開催されていることから、諏訪社御射山祭のことを指す。またこれらは同時期に信濃国の本社と京都でパラレルに催されることから、丹波上原氏の関わる祭礼はいずれも京都におけるものである[37]。

史料三では諏訪法楽和歌が幕府奉行人諏方貞通と上原賢家の二名の勧進によって興行されたことが知られ洛中壮観であったようすが記される。

史料四では賢家が御射山祭に際して紫野馬場で笠懸を興行したことがわかる。一二名のうち四名、史料五も同様に総勢一〇名のうち賢家および同息紀伊守、その兄神四郎、其弟神五郎と丹波上原氏が四名を占める。

なお室町時代の故実書「笠懸記」は京都でおこなわれた笠懸について詳細に記している。

史料八「笠懸記[38]」

（前略）

一　諏訪の笠懸にはにえをかくる。かくる在所、馬場本の馬たつる所のさぐりをこして、射手のむかひにかけ候、同日記付、同在所に有也、にえかくる様、
一とせ於紫野馬場諏訪の笠懸興行には、あゆを十六稲の穂につらぬきて、松の枝にかけて土をさしたりし也、是はまことを秘してか様にしたる也、真実はぬるでの木也、鹿をかけ候様、四の足を常にかけ候ごとくゆひて、ぬるでのおふこ（朸）をつねのごとくゆひたる足のあいへ通してかけべき、あゆをかけ候とも、ぬるでの木を立て枝にかけべし、かた野の御狩のとしはと申とも此ぬるで也、一段秘説也、（中略）

諏訪社法楽和御笠懸射手

正二位尊氏　〇〇〇〇〇〇〇〇〇〇十
命鶴丸　〇〇〇〇〇〇〇〇〇〇十
南次郎兵衛尉宗貞　〇〇〇〇〇〇〇〇〇●九
勝田能登守佐長　〇〇〇〇〇〇〇〇〇〇十（中略）
貞和四年四月五日
依有霊夢告、笠懸十番太刀一振、馬一匹鴇毛駮所被引進也、
此日記慥写置者也、私興行には端書御の字有間敷事也、又当時上京興（原カ）行の諏訪神事笠懸日記は、名字官など取合、かた字づつ二字に書たる也（中略）
右此書者、愚老年月稽古相伝之労所記置也、然家教江令進畢、
永正九年六月日

史料八「笠懸記」は笠懸の作法や要点などを箇条書きにした故実書である。このなかで特別に諏訪社法楽笠懸について別記し、また将軍足利尊氏がみずから参加した諏訪社法楽御笠懸の「笠懸日記」を抄出している。これによれば御射山祭で京都諏方氏や上原氏により執り行われた上京紫野の笠懸は、一六の稲の茎に貫いた鮎を松の枝にかけて挿しているが、本来は白膠木の枝にと四つ脚をしばった鹿を棒に吊して神前に供えたという。本来的を諏訪神事としての笠懸は、「にへをかくる」と記されているように特別に狩猟信仰の側面が強い祭事として認識されていたことがうかがえる。この写本の奥書には永正九年（一五一二）とあり、もとは室町時代中期以降に京都で成立したものと思われる。作者は不明であるが、ひとつの傾向が指摘できる。それは、本書が「稽

古相伝の労」を記録するという目的で記されており、筆者が格別の勉学に励んで摂取した技能であることがうかがえる書という点である。また本文中に「小笠原備州（備前守）」が「心をしづめて人にもたづね、油断なくくふうせよ」と述べていると引用していることから、本書の特徴は奉公衆小笠原備前守流の一子相伝の故実書（の写本）ではなく、それらの書物を収集し書写し学んだ形跡がある一書という点である。米原正義氏は、上原賢家の子高家が永正一三年（一五一六）に小笠原元長撰「神代日記」を書写し、小笠原持長撰「流鏑馬次第」を高家が永正一七年に書写していること、同年「聞書」を書き残している点を指摘している。[39]また、笠懸についても上原高家が「笠懸躰拝射手出立之事」を書写していることが知られる。[40]さらに「笠懸記」の写本（国立公文書館内閣文庫本）の奥書には注目すべき情報が記される。唯一の活字本『群書類従』は「当時上京興行の諏訪神事笠懸日記」（傍点筆写）とするが、写本を確認すると「当時上原興行」と読める（次頁写真）。諏訪法楽笠懸は上原氏が興行していたことが一六世紀最初頭で認識されているのである。

このように本書の底本は諏訪社笠懸について特記し精細に富んだ記録を今に残している点から鑑みて、上原氏が残した笠懸日記をもとにしたものである可能性が高いといえる。

史料六では公家甘露寺親長みずから上原豊前守賢家の宿所に参じ、諏訪法楽鞠および和歌に加わったことが見える。武家の参加者は亭主役の賢家のほか上原秀家、広戸宗弘、[41]四宮四郎長能、[42]京兆家奉行人斎藤元右、[43]額田次郎左衛門尉宗朝[44]であった。赤松被官とおぼしき広戸氏をのぞきいずれも細川氏内衆であった。

以上、一五世紀後半の諏訪社笠懸について簡単にみた。米原政義氏はこの時期の文芸摂取のネットワークは、「一定の範囲を形成する同種類の仲間という意味での族的結合」として位置づけた。[45]参加者がほぼ固定している

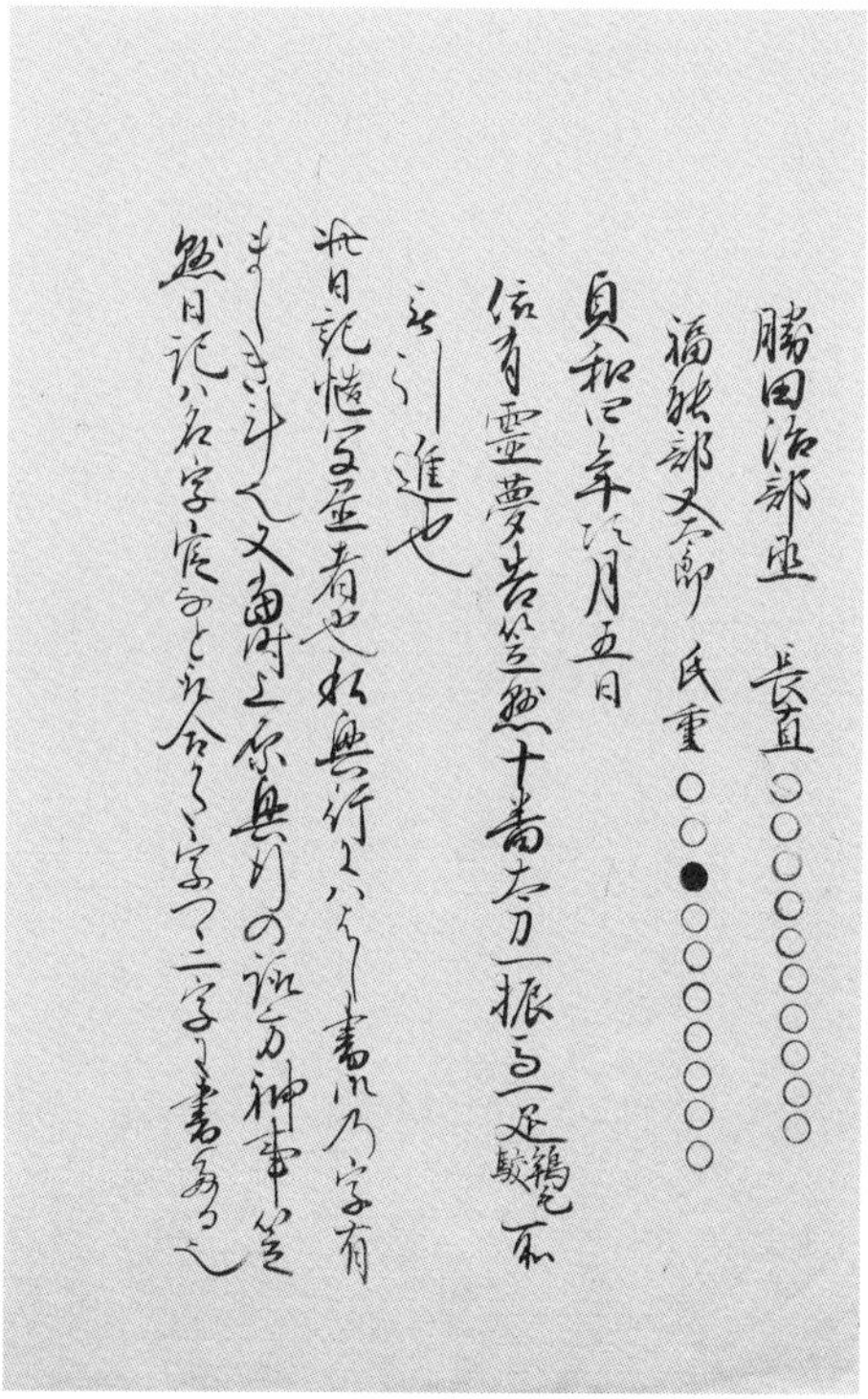

写真　「笠懸記」（国立公文書館内閣文庫蔵）

という実態も米原氏の指摘を裏付ける。

いっぽうで諏訪社笠懸興行についてはまた別の傾向も見て取れる。当初は幕府奉行人としての諏方氏と細川氏の家宰の上原氏とが共同関与していた諏訪社法楽が、上原氏中心の興行になっていったこと、さらに明応の政変前後からはメンバーに細川氏内衆とともに赤松氏被官も多く参加しておりそれを上原賢家・元秀父子が取り仕切っていたことがうかがえる。明応の政変が幕府機構の解体を進ませ細川政元（京兆家）による専制の度合いを強めたとされる。例えば奉行人諏方氏も、諏方長直は将軍足利義材時代に奉行人であったが、明応の政変で義材が追放されると、あとを追って京都を出奔している。この政変で奉行人層の大幅な交代があったのである[46]。とすれば京都諏訪社の祭礼に幕府直臣の奉行人家ではなく細川内衆上原氏の関与が強まっていく様相は、単なる文芸摂取の場としてみるだけでなく、京兆家の専制拡大の動きと軌を一にするものと捉えうる[47]。

おわりに

以上丹波上原氏と諏訪信仰の関わりについて述べた。

丹波上原氏は、京都諏方氏とともに京都における諏訪信仰の広がりに重要な役割を果たした。とくに、諏方社法楽における笠懸神事は丹波上原氏によっておこなわれていたことが明らかになった。

賢家・元秀没落後の上原氏については松原信之氏が故実書の奥書から復原し端的にまとめている。[48]それによれば、豊前守高家が父賢家の没後、旧縁を頼り越前国朝倉氏のもとへ寄寓する。その際父がまとめた故実を受け継ぎ、永正一三年（一五一六）に一乗谷の吉田新助に弓馬術を相伝している。天文一二年（一五四三）には一族の上原神八郎が京都から一乗谷へ下向し、在国している上原左京亮とともに朝倉孝景の朝餉の相伴を勤めているという。同族間の上原氏の故実ネットワークが都鄙間で活きていたのである。そして彼らが「神」姓を用いていることが信濃国諏訪社との血縁を擬制している証左である。中世を戦国期に至るまで、大祝家からみれば庶子（氏子）家の、しかも信濃国を離れた一族が「神」氏として名乗り続け生き延びたことは主従制を中心とするこれまでの武士研究のなかで注目すべき現象と言うべきだろう。室町時代、在国・在京の「同名」が様々な形で連携していたことは興味深いことである。「神」氏については本来ならその思想的文脈からも意味を問わねばならないが、紙幅も尽きたので今後の課題としたい。

注

（1）村石正行「諏方氏の一族分業と諏訪信仰」（福田晃・徳田和夫・二本松康宏『諏訪信仰の中世―神話・伝承・歴史

―』三弥井書店、二〇一五年)。
(2)中澤克昭「神を称した武士たち―諏訪「神氏系図」にみる家系意識―」(歴史学研究会編『系図が語る世界史』青木書店、二〇〇二年)。
(3)『諏訪史料叢書』二八、諏訪教育会、一九三八年。
(4)注(3)前掲書「書目解題」二頁。
(5)井上満郎・川島将生「武家支配の浸透　一　六波羅探題」(京都市『京都の歴史』二、一九七一年)。
(6)寛元四年正月一九日「北条重時書状案」(「東寺百合文書イ」『鎌倉遺文』九、六六〇九)。
(7)小川信「細川氏における内衆の形成」(『足利一門守護発展史の研究』吉川弘文館、一九八〇年、三三三頁)。
(8)前掲書三四八頁。
(9)明徳三年八月二八日「相国寺供養記」(『群書類従』二四)に細川頼元郎等二四騎として「物部九郎成基」がみえる。「千野本神家系図」には豊前守成基とみえる人物だろう。
(10)細見末雄『丹波史を探る』神戸新聞総合出版センター、一九八一年。今谷明「延徳の丹波一揆」(今谷『室町幕府解体過程の研究』岩波書店、一九八五年。初出一九八〇年)、同「室町・戦国期の丹波守護と土豪」(今谷『守護領国支配機構の研究』法政大学出版局、一九八六年。初出一九七八年)。石田晴男「山城国一揆の解体―特に『惣国一揆』の観点から」(『信大史学』六、一九七七年)。
(11)今谷「延徳の丹波一揆」(『室町幕府解体過程の研究』、三〇六頁ほか)。
(12)文明一八年七月二九日条(『大乗院寺社雑事記』八)。
(13)長享元年九月二〇日条「親長卿記」三。
(14)明応二年閏四月二七日条「親長卿記」三。
(15)明応二年一一月二〇日条『大乗院寺社雑事記』一〇。
(16)明応五年正月四日条『実隆公記』。

(17) 松原信之「細川氏被官、上原氏の没落と越前朝倉氏」（『戦国史研究』四一、二〇〇一年）。
(18) 明応三年七月七日条『親長卿記』三など。
(19) 長享三年七月二七日条『蔭凉軒日録』三など。
(20) 延徳三年六月二八日条『蔭凉軒日録』四。松原氏が元秀の弟を神五郎としているが、兄の誤りだろう。
(21) 例えば延徳三年八月二七日条『蔭凉軒日録』四には「赤松代上原対馬守、同息神六、同神十郎」と見える。
(22) 明応二年五月二八日条『蔭凉軒日録』五。
(23) 明応二年六月十一日条『蔭凉軒日録』五。
(24) 明応二年六月十二日条『蔭凉軒日録』五。
(25)『信濃史料』巻九、三八五頁。
(26)『信濃史料』巻九、三八六～四〇九頁。ただし、茅野市・神長官守矢史料館の柳川英司氏によればこの写本は守矢家には現存しないという。
(27) 村石正行「室町幕府奉行人諏訪氏の基礎的考察」（『長野県立歴史館研究紀要』一六、二〇〇五年）。
(28) 井上宗雄『中世歌壇史の研究　室町後期』明治書院、一九七二年。米原正義「細川被官人の文芸―上原・四宮・薬師寺を中心として―」（『国史学』一〇四、一九七八年）。福井毅「上原元秀祈祷千句の経緯―連歌文芸の背景」（『皇學館大学紀要』二四、一九八六年）。稲垣弘明「戦国期蹴鞠伝書の性格と機能」（『藝能史研究』一二〇、一九九三年）。など。
(29) 前掲注(28)米原論文五二頁。
(30)「京都諏訪社の御射山祭」（『伊藤富雄著作集』一、永井企画出版、一九七八年、一一九～一二二頁）。
(31) 袮津宗伸「中世諏訪信仰成立史料としての『広疑瑞決集』とその意義」（『中世地域社会と仏教文化』法蔵館、二〇〇九年）。
(32)『信濃史料』巻九、四八〇頁。

(33) 長享三年七月二七日条『蔭凉軒日録』三。
(34) 延徳三年七月二八日条『蔭凉軒日録』四。
(35) 明応二年七月二七日条『蔭凉軒日録』五。
(36) 明応三年七月二七日条『親長卿記』三。
(37) 前掲注 (27) 出稿。
(38) 「笠懸記」(『群書類従』一五)。
(39) 前掲注 (28) 米原論文五三頁。
(40) 宮内庁書陵部所蔵。『国書総目録』参照。
(41) 広戸氏は美作国人で赤松氏被官の可能性がある。注 (7) 小川前掲書一一〇頁参照。いっぽう丹波国守護代内藤元貞が同国安国寺領課役免除および安堵を広戸九郎左衛門尉に打渡していることから丹波国人の可能性もある (古野貢「室町幕府—守護体制下の分国支配構造—細川京兆家分国丹波国を中心に—」『市大史学』一二、二〇〇九年)。
(42) 文亀元年七月二七日条「実隆公記」によれば「細川被官四宮某」とみえる。
(43) 年欠七月一〇日付斎藤元右書状案 (『九条家文書』一四六) など細川氏内衆としてみえる。
(44) 四宮長能の弟明応二年七月二七日条「蔭凉軒日録」五。「四宮兄弟」。明応二年一〇月二六日条「親長卿記」三。また細川氏本貫三河国額田郡に縁故を持つ可能性もある。
(45) 前掲注 (28) 米原論文五一〜五二頁。
(46) 今谷明「室町幕府奉行人奉書の基礎的研究」(今谷『室町幕府解体過程の研究』岩波書店、一九八二年、二七四頁表1)。
(47) ただし上原氏がその直後に没落し、義材が永正五年に将軍に復帰すると諏方氏も長直と長俊が復帰することから以後の傾向は見てとれない。
(48) 前掲注 (17) 松原論文。

『諏訪大明神絵詞』成立についての試論
―室町幕府奉行人諏訪円忠の絵巻制作―

石井裕一朗

はじめに

東京・サントリー美術館六本木開館十周年記念展「絵巻マニア列伝[1]」は、後白河院に始まる絵巻を愛好した歴代権力者にスポットを当てる試みであった。彼らによって照らし出される絵巻が一堂のもと展観され、周年企画にふさわしい華やかさを呈していた。構成面では、前近代の流れの到達点であると同時に、現代につながる学問的態度による絵巻への接し方の出発点として、江戸時代の松平定信を終章に配する視点の置き方も興味深かったが、展示の中核をなしたのは中世である。後白河以降、鎌倉期の花園院、室町期の後崇光院（伏見宮貞成親王）・後花園院父子、三条西実隆、足利歴代将軍と進む。中世京都の公武の頂点における絵巻制作・享受の歴史が基本線となっているわけである。

さて、本稿が対象とする『諏訪大明神絵詞』（以下『絵詞』と略す）は南北朝時代京都で制作された十巻の絵巻物で、内容は信州諏訪神社の縁起（三巻分）と祭り（七巻分）である。巻数で十巻というのはかなり大部な部類に属する。[2]全巻に後光厳天皇の宸翰外題と将軍足利尊氏の奥書が加えられ、近衛道嗣をはじめとする公家達も詞書筆者として参加。質・量の両側面から規模の大きさを指摘できる。

この大規模絵巻の願主諏訪円忠は、室町幕府官僚である奉行人として尊氏・義詮将軍のもと、初期の足利政権を支えた人物である。[3]円忠は信州諏訪社の大祝家を嫡流とする神氏一族の出身であった。円忠を家祖とし京都に根を張った子孫たち（京都諏訪氏）からは室町幕府の末期に至るまで奉行人を輩出し、[4]絵巻は家督が継承してゆく。円忠の孫、満嗣は二巻を増補し、後小松天皇が奥書を寄せる。[5]『絵詞』は全十二巻となった。満嗣の孫忠郷（忠政）は、絵巻を伏見宮貞成親王・後花園天皇父子に相次いで貸し出し、その際増補分に宸筆外題を賜った。応仁の乱後、忠郷の子貞通は、三条西実隆を介して絵巻を後土御門天皇の上覧に供している。[6]このように『絵詞』は成立以来、天皇との関わりが顕著だが、将軍も絵巻の存在を認識し続けていたものと見られる。十三代将軍義輝は、京都に居をすえ将軍権力回復のため積極的な活動を開始した初めての正月、『絵詞』を取り寄せて読ませている。[7]以上のように、『絵詞』の中世における歩みは、冒頭に示した展示の流れとほとんど重なってくるのである。

近年、美術史の領域では絵巻の持つ政治や権力の表象としての側面が強く照射されており、[8]先般の展示もその流れに掉さすものと言えるが、その方面からの『絵詞』への関心はというと、意外にも、これまでいまひとつ低調であった。現在確認できるのが詞書の写本のみという残存形態に由来するのだろうが、もうひとつ、信濃を中心とする研究上の流れの存在にも理由の一斑があるように思う。[9]

『絵詞』は近世以降、原本絵巻の所在が確認できなくなる。松平定信は老中退任後の雑記録に「諏訪の絵縁起、ことばがきありて、画いまだみず。信州上下のすはの社にはなし」[10]と記している。何事によらず調査研究に余念がない定信の情報収集の網の目にもかからなかったことから、江戸時代後期には行方知れずとなっていたことがわかる。一方詞書写本は遅くとも江戸時代初期には信濃諏訪社神官家に存在していたことが確認され[11]、神官たちの間で転写が繰り返された。それらの写本が近代以降一般に流布する活字本の底本となる。写本伝来のこうした経緯もあり、信濃諏訪社の史料として研究が積み重ねられた結果、『絵詞』は諏訪社・諏訪信仰研究の「聖典」となり、中世後期京都という重要な歴史的地域的文脈は後景に退くこととなったのである[12]。

本稿では、その後景に退いている文脈に照明を当てる一助として、延文元年（一三五六）当時において絵巻物『諏訪大明神絵詞』がどのようなものとして成立したのか考えてゆきたい。

一　室町幕府奉行人諏訪円忠

（1）『絵詞』成立を考える視角

諏訪円忠による『諏訪大明神絵詞』制作動機の説明として間々見られるものに、衰退した諏訪社・諏訪信仰を回復するため、というものがある[13]。鎌倉時代の諏訪社は幕府によって手厚く保護され、諏訪大祝家は数世代にわたって北条得宗家と深く結びつき、その最も有力な被官家の一つとなった。そうした経緯を踏まえれば、鎌倉幕府滅亡後に諏訪社所縁の人物によって作られた絵巻についての説明として、一見わかりやすくもある。ほかには、南北朝期の信濃国をめぐっての政局と絡めて『絵詞』の成立を理解しようとする見解もある[14]。諏訪社を北朝方に帰服させるための室町幕府による働きかけではないかというのである。『絵詞』成立期には南朝勢力による諏訪社への文化的テコ入れが存在していたから、図式的にはそれとの綱引き状況を想定することも不可能ではなく、これも無視はできない(15)。このように、従来からの説はそれぞれに考えるべき余地のある議論とは思う。しかし疑問も残る。

前者については、円忠による信濃諏訪社復興を想定するのであれば、南北朝期に円忠と信濃諏訪社を結ぶ線を確認する必要があると思うが、この点あまり明らかではない。『絵詞』については「失われた『諏方社祭絵』を再興する」と円忠自身が述べており(16)、縁起の典拠資料を円忠が所持していたことも知られる。そのこと自体が、円忠と諏訪社との関係を証明するものと言えるかもしれない。しかし問題は、『諏方社祭絵』紛失や資料入手の時期と経路が明らかでないことである。鎌倉幕府滅亡前に遡ることも可能性としては考えうる(17)。『絵詞』各巻にみえる「願主当社執行法眼円忠」の記載によって円忠が諏訪社の役職である「執行」となっていたことが知られることや、円忠の子孫達が信濃諏訪社と深い関係を有していた事実を考慮すれば、『絵詞』成立に信濃諏訪社が関わった可能性がないとも言えない。だが、「執行」とは言っても、一体いつ、どこで誰から補任されたものかはっきりしないし、京都諏訪氏と諏訪社との密接な関わりについても、円忠後に確認されることである。信濃国をめぐる政局と絡める見解については、京都で絵巻を制作することが、どうして信濃諏訪社を北朝・幕府陣営に引き入れることに繋がるのか、いまひとつ明瞭でない。絵巻を諏訪社に奉納したというのであれば話しはわかりやすいのだが、そうはなっていない。

次に両説を併せ考えてみる。諏訪社懐柔のため、天皇・将軍をはじめとする貴顕によって大規模絵巻が作られたとする後者の説を採ると、諏訪社は信濃国に無視できない勢力を有し続けていたことになり、「衰退した諏訪社・諏訪信仰」という前者の説の前提となる認識自体を考え直さなければならなくなる。そもそも「衰退」の具体的内容は何か等疑問は広がる。

以上のように、信濃諏訪社との関係から『絵詞』成立を考えることは意外に難しい。ここでは従来説に対し、敢えて批判的検討を加えてみたのだが、従来の観点からの追究も継続される価値は十分にあると思う。[18]しかし同時にそれとは別の道筋にピントを合わせて眺め直すことはできないだろうかとも思うのである。

『絵詞』跋文には「伝万孫之家」とあって、絵巻は成立当初より円忠の子孫に継承されることが企図されていた。そして、絵巻はその後も信濃諏訪社へ奉納された形跡はなく、京都で管理された。この成立と伝来の筋道を重視するならば、さしあたっては信濃の問題から離れたところで『絵詞』成立を見直す余地もあると考える。加えて、絵巻制作が、法眼という僧位を持つ円忠の諏訪信仰に発していることは間違いないだろうが、彼は室町幕府奉行人であり、聖と俗とで言えば、俗の世界に軸足を置いて生きた人であった。その円忠自身の問題として『絵詞』成立を考え直してみたい。円忠は何故あのように大規模な絵巻を制作したのか。まずは遠回りのようだが、円忠が生きた時代から百五十年ほど降る十五世紀末ごろに作成された円忠伝を読み、問題発見の糸口としたい。

扱う史料は前田本『神氏系図』（以下『系図』）[19]と『諏訪信濃祖秀実翁居士寿像讃』（以下『寿像讃』）[20]である。前者は、諏訪氏一族の系図で、円忠以降の京都諏訪氏の詳細な系譜を収める。[21]円忠の子孫諏訪貞通によって応仁の乱後の京都で作成されたものと考えられる。[22]後者はその諏訪貞通の肖像画（寿像）に付された讃で、『系図』と同時期の成立と見られる。筆者は建仁寺の僧、天隠龍沢である。

(2) 十五世紀末の円忠伝

まずは『系図』から見てゆこう。

前田本『神氏系図』京都諏訪氏部分

有員……敦忠（大祝）—敦信（大祝）——(以下略)

(二人略)

・助忠（小坂左近将監）—頼忠（左衛門尉）

盛忠（左近将監）—・円忠

円忠
公人奉行　号物奉行
評定衆
引付衆
当社執行
法橋法眼
道号貞叟
諏方大進
大円為猶子
持院殿征夷大将軍之始仰嵯峨開山夢窓正覚国師自信州被召上之為右筆方衆異他奉公之次第別記在之諸国
諸庄園為奉公之賞拝領之地数十ヶ所在之帯数通之　御下文公家一統之時者為記録所寄人
暦応二将軍家奉　勅建天龍寺始末為奉行
祢津神平貞直鷹道一流文書并諏方郡大塩御牧等相伝之
延文比　当社縁起絵令発願　今上皇帝後光厳院忝下外題之宸翰　征夷大将軍記全部奥書親王台司貴種卿士或
録其儀趣書其詞章家督相伝之
将軍家或時指庭下信濃桜有御発句円忠令続之在別兎玖波集作者　新千載新後拾遺集等作者

貞継
左衛門尉
左近将監
童名万歳丸
改嗣
母藤原氏女
兎玖波集作者
天龍寺供養之時為奉行
観応三後二廿京都合戦致軍忠同廿四日馳参江州神妙之旨将軍家　宝篋院
殿御感状南方御進発之時動軍勢若到之役

女子
関東祗候
明子号諏方局

康嗣
次郎
童名松犬丸
鹿苑院殿御字被下之

満嗣
左衛門尉
三郎

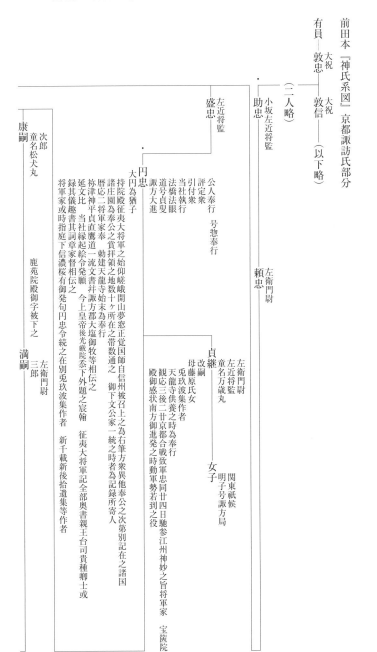

母藤原氏女
左近将監
左衛門少尉
信濃守入道法名信格道号物元
引付衆
文和四十二廿四自江州至京都
令供奉軍忠神妙之旨将軍家宝
篋院殿御感状在之新恩地等拝領

康綱
次郎　左近将監号左近太夫
従五位下
侍所地方寄人

行信
童名松菊丸始忠嗣
母神祇伯家女
次郎
左衛門尉法名常信
道号心元

光継
左衛門尉入道　法名宗泉
大和守
出家
善輪
城州石田実境庵住

信芳
天龍寺僧西堂

得懐西堂
相国寺長得院住
道号亭金

信州舟山郷住
伊勢守

四郎
童名

母康嗣女　吉良殿妻
実者康嗣孫為猶子
家督相続之
大祝頼嗣猶子譲与諏方郡大塩御牧内福沢村以下
法名祐貞道号松雲

新恩地等拝領
評定衆
引付衆
信濃守
左近将監
次郎
童名松名丸

光信
母山徒円明女
改号忠政亦忠郷
慈照院殿御代於御前被鷹仕下給御剱
鷹事雖為天下御禁制於当家者如先々
賛鷹可繋旨蒙　上命矣
法名信功道号徳林

孫次郎

出家法名等芳

兵庫助
童名松虎丸

母依田信濃守女

四郎

禅僧　宗泉

従五位上
従五位下
引付衆
信濃守左近将監
次郎
童名松千代丸
始—郷

貞通
母藤原氏
政所執事代
新恩地等拝領
若狭守
右衛門尉
弥次郎
童名松代丸

長直
母同貞通
大和入道宗泉猶子
政所寄人
赤松佐用伊賀守村家妻

女子
母同

三郎
童名松寿丸　早世

母同

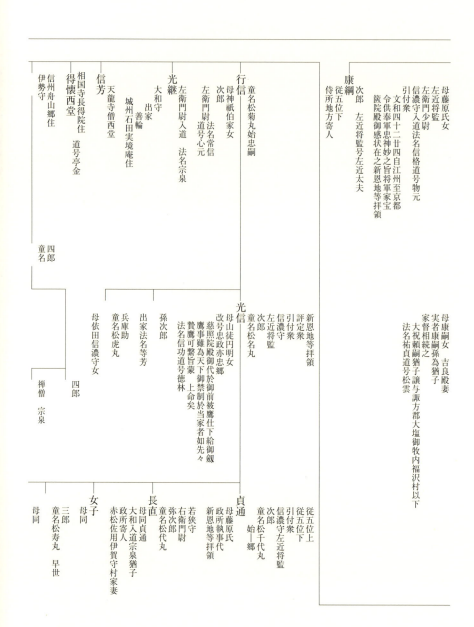

有信　越前国久目田地頭　孫次郎　母同行信
　忠保　越中守　四郎左衛門尉　孫二郎
　　勝忠　四郎左衛門尉　與次　孫二郎
女子　早世　母同
時光　先代為公事奉行　左衛門尉入道法名大円　信州舟山郷内一方地頭
　資光　神六
女子　安威左衛門入道性昭俗名有修　妻有修本安倍氏也依有神告為神家之所縁改姓之為神氏有修者資修之父也
　資修　左衛門尉入道法名始性蓮後性威
　　（以下略）
　秀修　信濃守有子孫

掲出箇所は、有員に始まる大祝の系譜を幹とした長大な系図の最終部分にあたり、注記はここが最も詳細である。全体を一覧すると、円忠の注記の膨大さは明らかで、円忠を家祖とする意識が表れている。内容面の特徴は、御恩と奉公の関係を中心に、将軍と諏訪氏家督との関係を明示することが基調となっている点で、具体的には「諸国諸庄園為奉公之賞拝領之地数十ヶ所在之帯数通之　御下文」（円忠）、「新恩地等拝領」（康嗣・光信・貞通）などの記述として表れる。応仁の乱による幕府権力の縮小は、京都を生活基盤とした奉行人の経済にも大きく影響したものだろう。この時期の京都諏訪氏の困窮状況は史料的に明らかにされており、[23] この系図も将軍との結びつきを再確認するのをひとつの軸とすることから、家産維持の主張を行うための証拠書類として作成されたものであることが推測される。

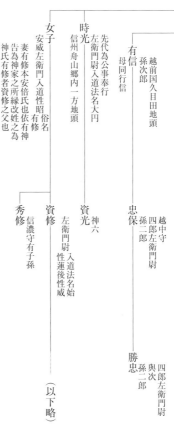

次に円忠部分の注記を見てみよう。項目ごとにⅰ〜ⅴ及びａ〜ｃを振る。

大円為猶子

ⅰａ等持院殿征夷大将軍之始仰嵯峨開山夢窓正覚国師自信州被召上之

ｂ為右筆方衆異他奉公之次第別記在之諸国諸庄園為奉公之賞拝領之地数十ヶ所在之帯数通之　御下文

ｃ公家一統之時者為記録所寄人

ⅱ暦応二将軍家奉　勅建天龍寺始末為奉行

ⅲ祢津神平貞直鷹道一流文書幷諏方郡大塩御牧等相伝之

ⅳ延文比　当社縁起絵令発願　今上皇帝後光厳院忝下外題之宸翰　征夷大将軍記全部奥書親王台司貴種卿士或録

其儀或書其詞章家督相伝之

ⅴ将軍家或時指庭下信濃桜有御発句円忠令続之在別兎玖波集作者　新千載新後拾遺集等作者

骨格を要約的に示すと以下の通りである。

ⅰ、奉行人

ａ登用の経緯

ｂ奉公と御恩

c建武政権における位置

ⅱ、天龍寺造営奉行
ⅲ、鷹道相伝者
ⅳ、『諏訪大明神絵詞』発願者
ⅴ、和歌・連歌の作者

ⅰにみえる「等持院殿」、ⅱの「将軍家」、ⅳの「征夷大将軍」、ⅴの「将軍家」、これらはいずれも尊氏を指す。ⅲを除く全てに尊氏が関わる記述が現れており、尊氏との関係が諸項目を貫くテーマとなっている。これは将軍との関係を強調する京都諏訪氏部分全体の基調と一致する。

個別に内容を見てゆくと、ⅰでは将軍尊氏が夢窓疎石に仰せて円忠を信州から召し出したとする登用の経緯(a)に触れたあと、奉行人としての抜きん出た活躍を強調し、それを証拠立てる「別記」の存在が示される(24)(b)。『信濃史料』に収録された円忠関連諸史料や、林譲氏による筆跡分析によって円忠のものとされた史料からは、「公家・武家・寺家の媒介(25)」としての活動が知られ、同時代の奉行人と比して史料に恵まれているとされること(26)自体が特別な活躍の反映と言える。残存史料から抽出される奉行人としての円忠像と、ここに記された円忠像との間に矛盾はない。最後に公家一統の時＝建武政権の際の記述が配されている(c)。円忠が建武政権に登用されていたことは事実だが、時系列上の順序に首を傾げたくなる。恐らくこれは尊氏との関係を冒頭に配するための作為であろう。ⅱは天龍寺創建に関してで、暦応二年、円忠は高師直らとともに天龍寺造営奉行に任じられている。円忠の活動の中でも独立した一項目として強調すべきものと考えられていたことがわかる。iiiは円忠の同時代史料からは見てとれない。貞通の父忠郷（光信）の注記を見ると鷹についての記載が見え、また忠郷・貞通父子による鷹書作成も確認されているから、(27) 鷹道相伝者としての像はこの系譜が作成された段階で京都諏訪氏としてはクローズアップしたかったのだろう。iv『絵詞』についての注記。天皇や将軍をはじめとした人々が関わったことを示す一方、家を象徴するものとして「家督相伝之」と特記している。vでは円忠の歌が勅撰和歌集に採られていることを明記し、歌人としてのステータスを示す。

次に諏訪貞通の肖像画の讃に見える円忠についての記述を見てみよう。項目ごとに①～④の数字を振った。

①等持院殿仁山将軍握兵馬権。以指揮六十余州。入夢窓正覚国師室。参究宗旨。旁渉廥算。国師曰。信州諏訪神孫。有円忠者。臥龍也。将軍欲治天下。宜召円忠。廻円忠於信州艸盧。因屏人諮之。以興復之道。応対如流。将軍大悦。恨相見之晩。無晨無暮。出入蓮府。其言可采者夥矣。

②将軍創天龍巨刹。請国師為第一祖。命円忠監土木之役。修鳳功成。牧牛衆整。将軍賜手簡以褒之。

③三会塔下立円忠霊牌。約龍華之期也。

④平生最善和歌。其警策之詞。載在千載。後拾遺。菟玖波集等也。柳営春日百花盛開。将軍指庭下信濃桜唱句。以命円忠続之。盖唐文宗柳公権唱酬遺韵也。武弁僉栄之。円忠乃御衣脱木遥々華冑也。

項目ごとに要約すると以下の通りである。

①夢窓の推挙によって尊氏に用いられる
②天龍寺造営に関わる
③三会塔に円忠の霊牌を立てる
④和歌・連歌の活動

ここに『絵詞』に関する記述はないが、別の箇所に「家有十二巻諏訪縁起」と見え、家を象徴するものとして触れられており、『系図』における記述と対応する。『系図』と『寿像讃』を突き合わせると、大まかなところで内容・順序まで一致しているから、枠組としてはほぼ同一のものと見てよく、恐らく『系図』を参照して『寿像讃』が作成されたのだろう。ただし、出入りは見られる。例えば、『系図』に一項目として見える鷹道相伝者としての記述が『寿像讃』にはない。鷹狩は殺生に直結することだから、禅僧である天隠龍沢の立場としては俄かに称揚することはできなかったのだろう。反対に『系図』に見えず『寿像讃』で立項されているのが、③の三会塔に円忠位牌が安置されていることについてである。

三会塔は、夢窓疎石が臨川寺に営んだ塔所で、没後その遺骸が埋葬され、夢窓と弟子たちの位牌が安置された[28]。『系図』と比較した時に際立つ『寿像讃』の特徴は、各項目での夢窓の存在感の大きさで、それが立項基準にも反映している[29]。夢窓疎石が北条高時・後醍醐天皇・足利尊氏・直義兄弟の帰依を受け、政権が変転するなか絶大な影響力を持ち続けた人物であることは言うまでもないが、その夢窓が京都諏訪氏の始祖伝承に大きな意味を持っているのである[30]。『系図』と『寿像讃』の間に見られるこうした色調の差異は、それぞれの作成者が属する社会集団の違い（武家と寺家）に発する視点の差と、両史料の用途の違いに基づいているのだろう。

比較検討を続けたいところだが、ここでは二つの史料から十五世紀末において京都諏訪氏が示そうとした円忠の履歴の範囲を把握し、加えて円忠の活動の出発点として尊氏と夢窓とに大きな位置が与えられていたことを確認するにとどめる。

以上両史料に記述された内容を『絵詞』成立に関連づけて考えれば、ここで示された諸々が円忠に絵巻制作を可能にさせた政治的・社会的背景となったと言える。だが、こうした結果論的なことは以前から確認されており、何ら目新しいものではない[31]。問題にしたいことは別のところにある。章を改めて検討を進めよう。

二　諏訪円忠の諏訪信仰と『諏訪大明神絵詞』

（1）　鎌倉時代の円忠

円忠は永仁三年（一二九五）に生れ、貞治三年（一三六四）七十歳で没している[32]。人生の過半は鎌倉時代である。にもかかわらず、『系図』『寿像讃』にはそこまでの履歴がほぼ全く見られない。この点を問題にしたい。

『系図』によれば、円忠は大円という人物の猶子となっている。大円は実名を時光といい円忠の叔父にあたる。時光の注記を見てみると「先代為公事奉行」とあり、鎌倉幕府奉行人であったという。円忠は建武政権の雑訴決断所寄人であったが、建武以降の活動の基礎は鎌倉時代にあるものと見なければならないから、円忠も鎌倉幕府の奉行人だったのであろう。先行研究でもそのように考えられている[33]。だがそれ以上のことがわからないのである。これは何故だろうか。

一つには、『系図』及び『寿像讃』では、足利将軍家との結びつきのみ示せばよかったのであり、先代鎌倉時代のことには触れる必要がなかったから、という見方があろう。前章で検討を加えた通り、『系図』の史料的性格がそのようなものであったと見なされるから、まずはこの見方が最も素直だろう。そのうえで、別の見方として、意図的に触れずにいたということも考えられる。ここではこの方向で考えを進めてみたい。その際、いくつかの先行研究を参照することで、鎌倉時代における円忠の姿が朧気ながら見えてくる。

まず注目したいのは、林譲氏による研究である。林氏は鎌倉時代における円忠の足跡を示す史料として『円覚寺文書』の「北条貞時十三年忌供養記」を取り上げられた。そこに「建長寺塔供養方山内殿御沙汰之間、諏方大進請取、」という記載がある。林氏はここで請取を行っている「諏方大進」こそが円忠であると指摘された。ここから得宗家の仏事運営実務に携わる得宗被官円忠の姿が浮かび上がる[34]。であれば、得宗被官最上層部を構成した諏訪氏嫡流との関係はどのようなものであったか。系譜上の関係を確認したいところだが、得宗被官諏訪氏嫡流の系譜復元を試みられた細川重男氏によれば、『系図』からはあるべきはずの数世代分が抜けており、世系の一部を無視しているかもしれないという[35]。鎌倉時代分については作為を疑わねばならないのである。そこで搦め手からこの問題を考えてみよう。円忠が得宗被官であったという立脚点に基づき、改めて『系図』を見直してみる。安威氏の記述に注目したい。安威氏は鎌倉・室町両幕府に奉行人を輩出した家で[36]、本姓安倍氏であったものが神氏に改姓したことから、『系図』に系譜が載せられている。これについて触れられた宝月圭吾氏による記述を少し長くなるが引用する。

かくの如き他氏族への改姓は、仮令それが当時如何に珍らしくない事象であつたとは云え、そこには何等かの不自然な感情が附随することは免れ得なかつたらしく、そのために神告・神託の如き方便が講ぜられたこともある。神氏系図に依ると、小坂助忠〔頼〕の女子の条に、「安威左衛門入道性昭俗名有修妻、有修本安倍氏也、依有神告、為神家之所縁改姓之、為神氏」と記されている。元来安威氏は、摂津国の豪族であつて、安倍氏に属する家柄である。然るに有修の時代に室町幕府に出仕して、尊氏の近臣となつたのであるが、彼が神氏を娶った理由に就いて想起されるのは、当時尊氏の奉行人として、政治の枢機に参画した諏訪大進房円忠との関係であつて、両者間の交渉から、かゝる姻戚関係が結ばれたものと考え得られる[37]。

安威有修の婚姻・改姓がここでの焦点だが、問題はその時期である。近年の研究で有修の子資修が円忠とほぼ同世代の人とみられており[38]、鎌倉幕府滅亡時は四十歳ほど。だとすれば、父の有修は幕府滅亡時六十～七十歳だろう。『系図』に改姓の時期は明記されていないので、改姓が行われたのを鎌倉時代と考えることも可能である。改姓に先立つ婚姻の時期は鎌倉時代のことと見るほうが自然だ。そうすると、どうなるか。宝月氏の解説の大枠を生かしつつ、時代を遡らせて読み直せばよい。つまり、鎌倉時代後期に他姓の者が婚姻・改姓を行うだけのメリットがある神氏といえば、長崎氏・尾藤氏と並び得宗家執事として「特権的支配層」を構成した[39]得宗被官諏訪氏を想定するのが無理のないところで、円忠の近親者のうちにそこに強く結びつく者があったのであろう。円忠が猶子となっていること、北条氏の通字「時」が名乗に見え、一字を拝領した可能性があること、奉行人として幕政の実務にあたっていたこと、これらを考えれば円忠の叔父時光こそがその人であったこともあり得る。だが鎌倉時代の系譜に疑問が残る以上、深入りしての詮索は避ける。

以上、鎌倉期における円忠は得宗被官であったことが同時代史料から確認され、『系図』に作為・不作為に残された痕跡からも、政権中枢に近かったと推測される。したがって『系図』及び『寿像讃』にその時期の記述が見えないのは、足利政権下における諏訪氏の系図に載せるには不都合な履歴であったためであると考える。

『系図』『寿像讃』作成から遡ることおよそ百年、応永年間に円忠の孫満嗣によって制作されたと考えられる『絵詞』追加巻では、北条氏関係者が次々と神罰を被り、高時に至って滅亡する様が描かれた。鎌倉時代ならばまず考えられないような縁起が構成されたのであり、歴史の書き換えが行われた[40]。これは足利政権下における諏訪明神の位置づけを明確にするうえで、過去の北条氏との関係を問題視する意識の表れであり、『系図』『寿像讃』における作為の前段として位置づけられる。前代の総括が京都諏訪氏にとって世代を超えての課題であったことを示している。そしてこの課題は円忠自身のものでもあったろうことが予想される。

（2） 円忠の諏訪信仰

さて、こうして考えを進めてきて改めて疑問に思うのは、何故円忠は鎌倉幕府滅亡後に生き残ることができたのかということである[41]。しかし残念ながらその間の事情を客観的に示す史料はない。

得宗被官で鎌倉幕府滅亡後も生き残った者があったことは知られているし[42]、利害得失で離合を繰り返すような時代でもあったのだから、出自など問題にもならなかった、という説明の仕方もあり得るだろう。そもそも実務官僚というのはそのように生き残るものだという一般論にもある程度うなずける。しかし一方で、諏訪氏の場合は他氏とは事情が異なるのではないかとも思う。改めて確認すれば以下の通りである。

諏訪氏は鎌倉時代には北条得宗家と数世代にわたって結びつき、最も有力な得宗被官家の一つとして京都の公家にまで知られており、得宗専制体制下で高い家格を誇った。(43) 北条氏との深い結びつきゆえに、鎌倉幕府滅亡に際しては得宗高時と共に東勝寺で自決した者もあり、高時の遺児を連れ信州に遁れて再起を期し、後に挙兵する者もあった（中先代の乱）。

このように再確認してみると、かつて得宗被官だった諏訪名字の者が、単に生き残るというにとどまらず、建武政権や初期足利政権の中枢に座を占めているというのは、奇異な印象を残すものではなかったろうか。ここから、円忠は何故生き残っているのかという疑問を抱かせる存在だったのではないかと推測する余地が生ずる。(44) そうだとするならば、円忠は自らを正当化し、他を納得させるためのどのような論理を持っていたのかが問題となってくる。

それを考えるうえで注目すべき史料として『諏方大明神講式』がある。諏訪大明神を讃仰する内容で、円忠が『絵詞』を編集して作成したものである。(45) その末尾で円忠は自らについて述べ、更に『絵詞』・『講式』作成の経緯についても触れている。そこに次のような箇所がある。

天下大変雖及数度、運命更無恙。
世上之擾乱雖渉連年、栄光曾無陰。
実雖知分涯之有徳、豈併非霊神之冥助哉。

尤可報神‐徳。争謝　神‐恩哉。

天下の大変・世上の擾乱が長く続いたにもかかわらず、運命恙なく、栄光に陰りがないのは、すべて「霊神之冥助」によると言っている。漠然と円忠の諏訪信仰を示すものという程度の記述に見えてしまいそうだが、これまでの検討を踏まえたうえで考えてみよう。

前代の履歴に照らせば、円忠がその後の政権中枢にあり続けることは、世俗的な論理からすれば疑問を投げかけられるものであった可能性がある。だが、神意に基づくという、信仰の論理によって円忠の行動は合理化される。つまり諏訪信仰は円忠が自らを正当化する論理として機能している[46]。円忠にとって諏訪信仰がそのようなものであったとすると、『絵詞』制作については次のように考えうるのではないか。すなわち、鎌倉幕府瓦壊後、円忠は自らを正当化し権威づける必要があり、そのことが諏訪信仰に事寄せた大規模絵巻制作に向かわせた動因ではなかったか。

しかし、将軍・天皇・公家らを動員しての大規模な絵巻制作というのは、奉行人として円忠の力がいかに大きかったにせよ、望みさえすればいつでも実現可能というものではなかったのではないか。そこでこの事業を可能にしたものは何だったのか、次章では、南北朝期の政治過程のなかで『絵詞』成立を捉えてみたい。

三　延文元年『諏訪大明神絵詞』の成立

(1)　南北朝の政局と『絵詞』の制作

『絵詞』成立までの経緯は、北朝の重臣、洞院公賢の日記『園太暦』延文元年八月三日条からある程度知られてきた。貞和二年（一三四六）、円忠、諏訪社縁起のことにつき、卜部兼豊に問合せを行う。文和五（＝延文元）年（一三五六）一月、再び縁起のことにつき卜部兼前に問い合わせを行う。八月、縁起のことにつき今度は洞院公賢に問い合わせ、公賢は円忠からの質問事項につき卜部兼豊に問い合わせ。十一月に完成。以上である。

次に右の経過を南北朝時代史の略年表に落とし込むと次のようになる。

建武二年（一三三五）八月　中先代の乱。足利尊氏東下。
建武三年（一三三六）八月　尊氏、光明天皇を擁立。
　　　　　　　　　　十一月　建武式目制定。【室町幕府成立】
　　　　　　　　　　十二月　後醍醐、吉野へ走る。【南北両朝の並立はじまる】
暦応元年（一三三八）八月　尊氏、征夷大将軍となる。
暦応二年（一三三九）十月　天龍寺造営。
康永四年（一三四五）八月　天龍寺落成。
貞和二年（一三四六）　円忠、諏訪社縁起のことにつき卜部兼豊に問い合わせ。（A）
貞和四年（一三四八）一月　高師直、吉野を攻め落とす。南朝後村上天皇、賀名生へ移る。
貞和五年（一三四九）閏六月　足利直義、師直を罷免。【観応の擾乱はじまる】
　　　　　　　　　　八月　師直、直義を尊氏邸に囲む。

　　　十二月　直義出家。
観応元年（一三五〇）十月　直義、京都を脱出。
　　　十二月　直義、南朝に帰順。
観応二年（一三五一）一月　直義入京、尊氏・義詮丹波へ逃れる。
　　　二月　尊氏・直義講和。高師直殺害。
　　　十月　尊氏、南朝に降る。【正平一統】
　　　十一月　尊氏、東下。
観応三年（一三五二）一月　尊氏、鎌倉に入り直義降伏。
　　　二月　尊氏、直義を毒殺。
　　　閏二月　南朝、京都制圧（第一回）。光厳・光明・崇光の三上皇・直仁親王を三種の神器とともに賀名生に拉致。
　　　八月　義詮、後光厳天皇擁立。
文和二年（一三五三）六月　南朝、京都制圧（第二回）。
　　　七月　尊氏、鎌倉を発す。
　　　九月　尊氏、京都奪還。
文和三年（一三五四）十二月　南朝、京都制圧（第三回）。
文和四年（一三五五）　　　尊氏、京都奪還。

文和五年（一三五六）一月　円忠、諏訪社縁起のことにつき卜部兼前に問い合わせ。
　　　　　　　　　三月　延文改元。
　　　　　　　　　八月　円忠、諏訪社縁起のことにつき洞院公賢に問い合わせ。
　　　　　　　　十一月　『諏訪大明神絵詞』成立。
（B）

延文二年（一三五七）二月　光厳・崇光上皇帰京。

貞和二年（A）と文和五年（延文元年）（B）の二度、円忠が諏訪社縁起の国史所見に関する調査を試みていることが確認される。年表を見ると明らかなように、この時期は観応の擾乱が挟まる政治的激動期である。したがってAとBとを直線的に結びつけるのではなく、その間に継起した政治過程が『絵詞』成立に与えた影響や、延文元年という時期に成立した意味を考えたい。まずは、この間の円忠の動きについて触れておこう。

尊氏・直義兄弟による二頭体制では直義が政務を担当した関係で、観応の擾乱では、実務官僚集団である奉行人層は直義方に付く傾向があった点が以前から指摘されているが[47]、円忠の場合は一貫して尊氏方として行動している[48]。子息の貞継・康嗣も円忠と行を共にしたようである[49]。家を挙げて尊氏に付き従ったわけで、このことは尊氏との主従関係を強化することとなり、かつ奉行人集団内部における円忠の地位を相対的に向上させる結果をもたらしたと推測される[50]。それでは、その観応・文和を経、『絵詞』の制作された延文期とは一体どのような時期であったか。

この時期についてはすでに研究の蓄積がある。尊氏から義詮への権限移譲が行なわれ、幕府機構の変化、制度設計などの面で画期となり、また政局の安定が意識された時期でもあったことが明らかにされている。戦時から平時への転換期という押さえ方がなされる[51]。このように延文期は一応の安定を迎えた時期であったことが知られるのだが、しかし幕府と北朝には問題も残されていた。

観応の擾乱の際、尊氏は自らが担いできた北朝を放擲して一時南朝に降り（正平一統）、東下し直義を鎌倉に追い詰めた。南朝は、動乱終息に伴う北朝天皇の再擁立を恐れ、突如京都に侵攻。旧北朝三上皇と皇子を神器もろとも賀名生に拉致し、而後における北朝天皇の誕生を封じようとした。京都を奪還した幕府は、神器が収納されていた空の辛櫃を発見し回収。これを神器の代わりとし、拉致を免れた弥仁王を践祚させる。後光厳天皇である。神器なしでの践祚は、かつて治承・寿永内乱時の後鳥羽天皇の例があるが、その際は治天の君である後白河院による譲国があった。しかし後光厳の場合はそれすらなく、祖母広義門院が先帝に擬され、先例を継体天皇の「群臣義立」に求め践祚した[52]。極めて問題のある仕方での践祚であり、正統性の面で重大な弱点を抱える天皇が誕生したのである。それは天皇を担ぐ幕府存立の根拠の問題でもあり[53]、後光厳天皇の権威づけが政治課題として残されることを意味した。

『絵詞』は、このような時期の京都において成立したのである。天皇・将軍・公家らの参加を得、しかも十巻という大規模なものであった。ならばそれは、後光厳天皇を権威づけるための政策の一環として成立したと解されるのではないか。この点をもう少し詳しく見てゆこう。

（2）天皇を権威づける絵巻

後光厳天皇を権威づけるための文化事業の具体例として、十八番目の勅撰和歌集『新千載和歌集』編纂が挙げられる。延文元年六月に発議、尊氏の申し入れを受けて後光厳天皇が選進を下命。武家執奏による勅撰和歌集編纂に道を開いたことで知られ、(54)近年は後光厳朝の体制強化策の一環として評価されてもおり、(55)『絵詞』の比較対象として注目される。円忠は、和歌集に載せる尊氏の位署の位置について洞院公賢に問合せを行っている。(56)尊氏は和歌集の完成を見ることなく延文三年四月に没し、問合せは翌延文四年三月に行われた。そのため若干時期は降るのだが、これは、この時期の公武に渉る文化政策上の枢機に、円忠が武家側実務者として関与していたことを示す事実である。このことを念頭に置いたうえで『絵詞』と和歌集の作成時期を突き合わせると、『新千載和歌集』編纂開始は延文元年の六月。『絵詞』はその年の正月には準備がなされていることが知られ、十一月末に完成を見る。両者の準備は時期的に重なり、同一の流れの上にあると見なすことができるのではないか。

次に詞書筆者への注目を端緒として、『絵詞』の含意するところを確認してゆく。公家では近衛道嗣・世尊寺行忠・久我通相・三条実継・六条有光・藤原有範（跋文起草）・世尊寺伊兼。法体の親王等では、円満院二品親王・勧修寺無品親王・青蓮院二品親王ら持明院統の皇統にある人々、石山前大僧正益守・通恵法印の名が見える。石山前大僧正益守は洞院公賢の弟。洞院公賢と円忠は建武政権における雑訴決断所の上司と部下の間柄であり、その後も交際は継続していた。益守がここに加わっているのはその縁によるという指摘もある。(57)跋文を草した藤原有範は室町幕府禅律方頭人としてよく知られた人物で、かつての円忠の上司。観応の擾乱の際は直義と行を共にし、尊氏に付いた円忠とは袂を分かつことになったが、再び京都に戻ってきていたことが指摘されている。(58)益守・藤原有範は円忠旧知の人間関係を基礎とした人選のようである。世尊寺行忠・伊忠、青蓮院尊円はそれぞれ能書として知られ、六条有光は『慕帰絵』の詞書を一部担当しているから、これらの人々は書の腕前を期待されて詞書筆者として選択されているのだろう。このように、人選の基準は一様ではなさそうだが、改めて本章の関心からここに挙がっている人々を眺めると、興味深い筋道を見出すことができる。

手掛かりとなるのは近衛道嗣、久我通相、三条実継の三人である。後光厳期における北朝の朝儀を分析された松永和浩氏によれば、異例な形で天皇となった後光厳は、公家社会においてもその正統性に疑念がもたれており、一部の公家らによって朝儀が支えられる傾向にあったという(59)。そしてこの三人はそれぞれ後光厳天皇を支えた公家として検出されており、後光厳積極支持派という共通点を持つのである。そこに留意すると、先に見た青蓮院尊円が再び注目される。尊円は二条良基とともに後光厳天皇の教育にあたったことが指摘されていて(60)、能書という要素のほかに後光厳側近として、絵巻制作に関与した可能性が浮上する。詞書筆者についての全面的検討は別に必要ではあるが、このように後光厳天皇を支える北朝の面々がそこに複数人見えていることは押さえることができる。

ところで、『絵詞』には各巻の詞書筆者・絵師らの名が記されているが、そもそも絵巻物に詞書筆者が明記されることは稀で、全巻の筆者が判明する事例は極めて少ないという美術史の知見がある(61)。それを踏まえれば、『絵詞』では誰が参加したのかを意識的に明示しようとしていると考えられる。その意味で注目すべきは全巻に加えられた尊氏の奥書である。

右依御敬神被下　震〔宸〕翰外題之間為後証謹加奥書而已

延文元年丙申十一月廿八日
征夷大将軍正二位源朝臣尊氏

にしている。

「将軍尊氏が、絵巻外題が後光厳天皇の手になるものであることを円忠に保証する」という内容であろう。自ら実名を明記し、外題筆者（=後光厳天皇）を明らかにしており、詞書筆者・絵師の名を示そうとするのと揆を一にしている。

『絵詞』からは、後光厳天皇による外題、将軍による天皇外題を保証する奥書、後光厳天皇を積極的に支持する者を中心とした詞書染筆、それらを結び付けてまとめあげる実務者円忠、という構図が見えてくる。この時期の公武関係の図式の反映と見ることができ、後光厳を盛り立て、権威づけようとする方向性を持つものであると言えるだろう。そしてこのことは『絵詞』跋文によっても確認される。跋文末尾には「特請、国家安全・礼奠復旧・干戈永蔵・悉浴皇沢」とある。絵巻制作の目的は「悉浴皇沢」、つまり後光厳天皇の威光があまねく行き渡ることを念願する点に収斂してゆくのである[62]。

以上によって、前節での想定の通り、『絵詞』は後光厳天皇を権威づけるための政策の一環として成立した絵巻であったと考える。

おわりに

『絵詞』の成立について、円忠の動機と政治的環境の二側面から検討を加え、新たな筋道を提示してみた。後光厳天皇の権威づけという北朝と幕府が当面する政治課題に、円忠が新時代における自らの権威づけという個人的課題を持ち込んで成立させたのが『諏訪大明神絵詞』であった、というのが本稿の大筋の結論である。

推論を重ねたり、踏み込みの弱い部分も多々あった。特に前半部、円忠についての箇所では自己正当化の論理としての諏訪信仰という見方を呈示したが、そうした割り切り方だけでは納得し切れないという思いも残る。円忠における聖と俗の問題はより深く掘り下げてゆかなければならないだろう。後半についても基礎作業の不足を含め、これからの感が強い。しかし『絵詞』成立を南北朝期京都に位置づけることによって、今後『絵詞』研究に接続すべき対象の幅がかなり広がるのではないかと思う。以下ランダムに列挙して結びとしたい。

政治史、とりわけこの時期の天皇・将軍権力や公武関係について。延文期における後光厳天皇の権威づけという切り口で、様々な文化事象を幅広く見てゆくなかでそれがどの程度の広がりを見せ、また『絵詞』がそこにどのように位置づくのかという問題がある。文学史をはじめ多分野横断的な検討が必要だろう。

絵巻物というジャンルの問題も考えなければならない。京都で制作されたことを念頭に置けば、『絵詞』成立は「失われた『諏訪社祭絵』再興」の一言ではすまない。京都における絵巻物制作・享受の分厚い伝統の流れに位置づける必要が生じるからだ。詞書筆者や絵師についての検討など残された課題は多く、美術史分野との接続は今後特に重要であると考える[63]。

右の問題をより深いところから捉えると、旧来からの伝統あるジャンルを選択すること自体が問題になってくる。本郷恵子氏によれば、南北朝期、官宣旨など既に過去のものとなっていた文書様式が復活急増するという[64]。このような類例を訪ねて、新しい状況に対応するために古い形式を持ち出してくる意識そのものや、持ち出された古い形式に盛り込まれた性格の新しさ、また形式と性格の結びつき方に着目すれば、思想史・精神史にも接続する。

見てきたように『絵詞』は権力の金冠部分を象徴する絵巻として完成した。そしてその後も段階的に姿を変えながら、京都にあって天皇・将軍らの関心の対象であり続けた。なればこそ広い領域にわたる接続が可能になるものであると思う。

最後に触れたいのは、内容（詞書）の読みの問題である。近年、諏訪信仰史研究において『絵詞』の相対化を標榜する研究が現れ始めている。(65)『絵詞』の史料的性格を本稿のように押さえることができるならば、読解のための新たな立脚点となり、『絵詞』研究の主流をなしてきた研究系譜の新動向にも接続してゆくことができるものと考える。

補注：二〇一七年、シリーズ『天皇の美術史』（吉川弘文館）が刊行され、第二巻『治天のまなざし、王朝美の再構築　鎌倉・南北朝時代』及び第三巻『乱世の王権と美術戦略　室町・戦国時代』において南北朝期が大きく取り上げられた。本稿の関心からは第三巻髙岸輝氏執筆分「天皇と中世絵巻」がとりわけ注目される。歴代北朝天皇と絵巻との関わりの一齣として「後光厳天皇と諏訪社縁起絵」が取り上げられ、天皇という切り口での美術通史叙述のなかに『絵詞』が位置づけられたためである。併せてご参照いただきたい。本稿は絵巻物としての『諏訪大明神絵詞』に着目して論を進めたもので、本文や注でも若干触れたように『絵詞』研究においては今後一層美術史分野から学ぶ必要を感じている。加えて美術史の領域からの研究も待たれる。そこで補注を立て、『絵詞』がどのような点で重要作例と言い得るのか、ポイントを列挙しておきたい。

a天皇が直接に筆を染めた絵巻として最初期のものである（高岸輝氏）。
b将軍が直接に筆を染めた絵巻として最初期のものである（近藤喜博氏）。
c成立以来中世後期を通して天皇及び将軍の関与が認められる。
d制作者・管理者（ともに京都諏訪氏）が明らかである。
e成立時十巻、後に増補され十二巻という大規模な絵巻である。
f全巻の詞書のテキストが写本の存在によって明らかである。
g全巻の詞書筆者・外題筆者・奥書筆者・絵師の名が明示されている。
h貸し出し例、利用例が中世後期を通して記録に見え続ける。

a・bは特に重要である。『絵詞』以前には存在しなかった状況がここで初めて現れてきているのである。絵巻というジャンルが、「天皇（や将軍）が筆を染めるようなもの」になった、という意味で絵巻の歴史のある段階を画するものと考えることができるだろう。同時にそれは『絵詞』以前は何故そうではなかったのか、と問い返すことにもつながる。その点に注目すると、宸翰の問題に目が行く。それまで天皇（や将軍）はどのような媒体に筆を染めてきたのか。横断的に見、推移を観察し、煎じ詰めれば「天皇（や将軍）が筆を染めるようなもの」とは一体何か、という問いに行き着くだろう。

注

（1）二〇一七年三月二九日～五月一四日、担当学芸員上野友愛氏。
（2）最大級のものとしては、四八巻構成の『法然上人絵伝』、二〇巻構成の『春日権現験記絵』などがある。

（3）円忠についての主要な研究としては、『諏訪史』第三巻宝月圭吾氏執筆分（諏訪教育会、一九五四年）、伊藤冨雄氏「諏訪円忠の研究」（『伊藤冨雄著作集』第一巻、永井出版企画、一九七八年　初出は一九六五年）、林譲氏「諏訪大進房円忠とその筆跡」（『古代中世史料学研究』下、吉川弘文館、一九九八年）など。

（4）京都諏訪氏については、村石正行氏による研究がある。①「室町幕府奉行人諏訪氏の基礎的考察」（『長野県立歴史館研究紀要』一一、二〇〇五年）、②「諏訪社に残された足利義政の願文」（『三田中世史研究』一四、二〇〇七年）、③「中世後期諏方氏の一族分業と諏訪信仰」（『諏訪信仰の中世　神話・伝承・歴史』三弥井書店、二〇一五年）。なお、筆者石井も後に触れる論文（後掲注（7））で京都諏訪氏を扱っており、関心の重なるところも多い。

（5）梵舜本『諏訪大明神絵詞』。

（6）『お湯殿の上の日記』文明一四年閏七月五日条。

（7）以上京都諏訪氏歴代による『絵詞』活用の諸段階については、石井裕一朗①「中世後期京都における諏訪氏と諏訪信仰―『諏訪大明神絵詞』の再検討―」（『武蔵大学人文学会雑誌』四一－二、二〇一〇年）、②「中世における『諏訪大明神絵詞』と『絵詞』関係史料群の形成」（『法政史論』四二、二〇一五年）。なお、義輝の史料は『兼右卿記』永禄二年正月一四日条。

（8）例えば、亀井若菜氏『表象としての美術、言説としての美術史―室町将軍足利義晴と土佐光茂の絵画』（ブリュッケ、二〇〇三年）、高岸輝氏『室町王権と絵画―初期土佐派研究』（京都大学学術出版会、二〇〇四年）、『室町絵巻の魔力―再生と創造の中世』（吉川弘文館、二〇〇八年）など。

（9）『諏訪史』編纂に代表されるように、中央の専門的歴史研究者と地元の研究者が時に協力的に、時に競合しつつ築き上げた戦前以来の分厚い研究史が存在し、太い流れを形成している。更には中世アイヌの貴重な記述を含むため、北方史研究の流れのなかに位置づいて来たという経緯もある。

（10）『退閑雑記』（巻之四）。

（11）文明四年の奥書を持つ権祝本。諏訪において『絵詞』の存在を認識していたことが史料上確認できるのは天正年間

（前掲注（7）石井②論文）。
(12) 前掲注（7）石井②論文。
(13) 例えば、今津隆弘氏「諏訪大明神絵詞の解説」（『神道史研究』四二－三、一九九四年）。
(14) 『長野県の歴史』第三章井原今朝男氏執筆分（山川出版社、一九九七年）、中澤克昭氏「日本中世の肉食をめぐる信仰と政治―諏訪信仰の展開と武家政権―」（『食文化助成研究の報告一〇』一九九九年）。
(15) 前掲注（7）石井②論文。
(16) 延文元年八月三日付の書状で円忠が「抑諏方社祭絵、先年紛失之間、再興事候」と言っているように、かつて存在したが紛失した『諏訪社祭絵』を再興するという名目で絵巻制作が進められた（『園太暦』延文元年八月三日条）。
(17) 井原今朝男氏によれば、『絵詞』の原資料は鎌倉称名寺を中心とした文化圏で成立した縁起が含まれるというから（「鎌倉期の諏訪神社関係史料にみる神道と仏道―中世御記文の時代的特質について―」、『国立歴史民俗博物館研究報告』一三九、二〇〇八年）、円忠が鎌倉時代に鎌倉で入手したということもありうる。
(18) 筆者もこの方面からの検討を若干試みたことがある。前掲注（7）石井②論文。
(19) 『諏訪史』第二巻に翻刻が掲載される。専論としては中澤克昭氏「神を称する武士たち―諏訪「神氏系図」にみる家系意識―」（歴史学研究会編『系図が語る世界史』青木書店、二〇〇二年）がある。なお、『諏訪史料叢書』巻二八は「諏訪上下宮社家系図」として、主として諏訪社神官家に伝来した系図を収載しており、その中には本系図を参照して作成されたと考えられるものもある。諏訪氏の系図に関する研究も課題として残されている。
(20) 『天陰語録』（『続群書類従』第一三輯上文筆部）及び『翠竹真如集』（『五山文学新集』第五巻）に収載。
(21) 村石正行氏は前掲注（4）②論文において『神氏系図』京都諏訪氏部分に混乱が見られる旨の指摘をされている。史料の信頼性に関わる問題なので、村石氏の説の検討を行うべきではあるが、紙幅の都合でいまそれを行うことができない。別稿を期したい。
(22) 本系図の作成者・作成時期の検討については前掲注（7）石井①論文。

(23)前掲注(4)村石氏①論文。
(24)『親長卿記』明応六年三月一八日条・明応七年二月一八日条からは、諏訪貞通の子貞説が『園太暦』の円忠関連記事を収集していることが知られる。前掲注(7)石井②論文。
(25)前掲注(3)林氏論文。
(26)前掲注(3)林氏論文。
(27)二本松泰子氏「諏訪貞通の鷹書―諏訪信仰の記述をめぐって―」(『國學院雜誌』一一四―一一、二〇一三年)。
(28)原田正俊氏「日本中世の位牌と葬礼・追善」(『アジア遊学二〇二 宗教と儀礼の東アジア 交錯する儒教・仏教・道教』勉誠出版、二〇一七年)。
(29)『系図』では尊氏が夢窓に仰せて円忠を召し上げたとするのに対して、『寿像讃』では夢窓が尊氏に進言して円忠が召し出されるという流れになっていて、出発点に微妙な違いが見られる。主として将軍との関係を押し出したい『系図』、夢窓との関係を押し出したい『寿像讃』という、それぞれの史料的性格に引きずられてこうした違いが現れているのだろう。
(30)ここで前田本『神氏系図』の禅宗関係記述についても一言しておきたい。特徴として言えるのは、最後世代貞通を除く京都諏訪氏歴代家督の法名及び道号が注記されていることである。法諱に注目すれば法系についても予測できる可能性がある。加えて、一族からは禅僧となっている者が複数確認できる。さて諏訪氏と禅宗については、本文で検討している天隠龍沢による貞通寿像讃をはじめ、円忠子息貞継の死に際しての中巖円月の法語、円忠七回忌に際しての龍湫周澤の法語などが残されており、京都諏訪氏の禅宗信仰についての研究を進める余地がある。円忠が尊氏に登用されたそもそもの始まりが、夢窓による推挙であるとする始祖伝承が形成されていたことからしても、これは無視しえない課題となろう。なお、この観点と『絵詞』研究を結びつける史料が存在する。建仁寺両足院の膨大な蔵書のなかに『朴堂和尚入祖堂法語』と題する一冊がある。ここに「諏方大明神縁起第五」というタイトルで『絵詞』追加下巻第五・六段の抜書が収載されているのである。現在知られる『絵詞』写本は、A長野県茅野市の神長官守矢史料館蔵の権祝本(文明四年以降）及びその転写本、B東京国立博物館蔵の梵舜本（慶長六年）の二系統であるが、部分的なものながら建仁寺にC系統が存在していた訳である。明治三七年（一九〇四）に作成された謄写本が東京大学史料編纂所に所蔵され、原本のマイクロフィルムについては慶応義塾大学斯道文庫で閲覧可能である。書写の年代は奥書によると明応四年（一四九五）で、諏訪貞通の時代のもの。貞通は建仁寺嘉隠軒の担当奉行となっていることが知られ（今谷明氏『室町幕府解体過程の研究』岩波書店、一九八五年）、見てきたように貞通寿像讃は建仁寺の天隠龍沢が作成している。抜書を収める本の表題となっている「朴堂和尚入祖堂法語」は建仁寺一五三世朴堂祖淳のために天隠が作成したものである。史料紹介と検討は改めて行われるべきだが、ともあれC系統である建仁寺の『絵詞』抜書は、中世京都における『絵詞』のあり方を考えるうえで有益であるばかりでなく、諏訪氏の禅宗信仰関係史料ともなるものである。

(31)　前掲注（3）宝月氏論考において宝月圭吾氏は、絵巻の完成を「円忠の社会的・政治的勢力の結晶」とする。

(32)　円忠七回忌に際しての法語「貞叟忠公法眼秉炬」（『龍湫和尚語録』『信濃史料』第六巻）により判明する。

(33)　前掲注（3）宝月氏論考など。

(34)　「北條貞時十三年忌供養記」（『鎌倉市史』史料編　第二）前掲注（3）林氏論文。なお円忠の実名は「頼貞」であるとする宝月圭吾氏による説がある（前掲注（3）宝月氏論考）。根拠となる史料は建武二年の足利尊氏御教書案に「諏訪神左衛門尉頼貞」とみえることだが、それより前の建武元年八月すでに「諏訪大進房円忠」（「雑訴決断所結番交名」）と法名でみえているので、林氏も指摘される通りこの説は成り立たない。

(35)　細川重男氏「諏訪左衛門尉直性について」（『白山史学』三二、一九九六年）。

(36)　森幸夫氏「奉行人安威資修伝」（『中世の武家官僚と奉行人』同成社、二〇一六年）。

(37)　前掲注（3）宝月氏論考。

(38)　前掲注（36）森氏論文。

(39)　細川重男氏『鎌倉幕府の滅亡』（吉川弘文館、二〇一一年）。

(40)　追加巻の分析については前掲注（7）石井①論文。

（41）奉行人が生き残る理由の説明としては、右筆や法制についての技能を持つ文士だから、というものがある。では奉行人は皆同じように生き残るのかとなると疑問が残る。鎌倉～室町時代における奉行人研究を進められた森幸夫氏によれば、室町幕府奉行人の母体となったのは六波羅奉行人であり、関東出身奉行人は少数派であったという。六波羅奉行人家は家同士で婚姻関係を結び、故実を継承する技術者集団であり探題とも一定の距離を保った。そのため六波羅滅亡に際しても北条氏と行を共にせず、次代へと生き残ってゆく（森幸夫氏『六波羅探題の研究』続群書類従完成会、二〇〇五年、前掲注（36）森氏書）。こうした人々と関東で北条氏と密着していた諏訪氏との間には大きな違いがあり、「生き残った」という結論は同じでも、同列には論じられないところが出て来るだろう。

（42）佐藤進一氏・網野善彦氏・笠松宏至氏『日本中世史を見直す』（平凡社、一九九九年、初出は一九九四年）。

（43）前掲注（35）細川氏論文。

（44）①室町幕府奉行人諏訪氏は、南北朝～戦国期を通して活動が確認される。そこから遡及させると円忠の活躍もごく当り前のことであるかのように見えてしまうかもしれない。しかし次のようなたとえを考えてみたい。鎌倉幕府滅亡後遠からぬ時期に、政権中枢に、「北条某」の名を見出したとすれば、それはかなり不可思議な印象を残すものではないか。得宗被官諏訪氏が一人生き残るというのはそれに近い話ではないのだろうか。②中世における主従制については、おおまかな枠組みとして、関係強度のより大きい「家人型」と、より小さい「家礼型」という二つの型を示された佐藤進一氏の説がよく知られている（「時代と人物　中世」佐藤氏編『日本人物史大系　第二巻』朝倉書店、一九五九年）。研究史整理としては一九八〇年代、石井進氏によるもの（「主従の関係」相良亨氏のほか編『講座日本思想　三　秩序』東京大学出版会、一九八三年）もあるし、その後も佐藤説を批判するものを含め主従制を扱った研究は数多く現われている。それらを踏まえたうえでなければ、ここでの議論は浅薄なものに終わりかねないのだが、今はその力がない。今後、主従制研究の上に立った吟味が必要であることを自覚しつつ、この推測から本文を進める。

（45）『神道大系』神社編三〇　諏訪、前掲注（7）石井②論文。

（46）ここで想起されるのは夢窓の推挙によって尊氏に登用されたとする『系図』『寿像讃』の記述である。宗教的権威の介在により世俗の履歴が合理化されるという点で、ここでの論理と同じ構造を持っている。
(47) 佐藤進一氏『南北朝の動乱』（中央公論社、一九六五年）。ただし、近年は安威氏など例外が指摘されている（前掲注（36）森氏書）。
(48) 前掲注（3）林氏論文。
(49) 前田本『神氏系図』の貞継・康嗣の注記。
(50) ①近年の研究において、文和年間の戦乱を通して室町時代につながる将軍直臣集団の原型が形成されたとする考えが示されている（吉田賢司氏「室町幕府論」『岩波講座日本歴史』第八巻　中世三、岩波書店、二〇一四年）。②『系図』円忠の注記に「公人奉行　号惣奉行」と見えている。公人奉行とは室町幕府の職制の一つで、諸奉行人中の上首として奉行人の進止を掌った。史料的には『花営三代記』の記載が初見という（福田豊彦氏「公人奉行」『国史大辞典』）。『系図』作成当時の公人奉行にあたるものが、初期室町幕府においては「惣奉行」と称されたということか。時期についてははっきりしないが、円忠は奉行人集団の上首となっていたらしい。
(51) 延文期については、渡邉正男氏「延文二年の追加法」（『室町時代研究』二、二〇〇八年）、松永和浩氏『室町期公武関係と南北朝内乱』（吉川弘文館、二〇一三年）を参照した。
(52) 前掲注（51）松永氏書。
(53) 瀬田勝哉氏「『鬮取』についての覚書―室町政治社会思想史の試み」（『武蔵大学人文学会雑誌』一三－四、一九八二年）。
(54) 井上宗雄氏『中世歌壇史の研究　南北朝期』（明治書院、一九六五年）。
(55) 小川剛生氏『武士はなぜ歌を詠むか―鎌倉将軍から戦国大名まで―』（角川学芸出版、二〇〇八年）、田中奈保氏「後光厳天皇親政期の勅撰和歌集と室町幕府」（『史観』一六二、二〇一〇年）。
(56) 『信濃史料』第六巻。
(57) 伊藤氏前掲注（3）論文。

(58) 小川剛生氏「藤原有範伝の考察―武家に仕える儒者―」(長谷川端氏編『新典社研究叢書 一五八 論集 太平記の時代』新典社、二〇〇四年)。なお跋文の起草者・清書者についての記載は梵舜本にのみ見られる。

(59) 前掲注(51)松永氏書。

(60) 小川剛生氏「二条良基と蹴鞠―『衣かつぎの日記』を中心に―」(『室町時代研究』一、二〇〇二年)。

(61) 松原茂氏「詞書筆者と執筆分担―絵画作品への書からのアプローチ」(『講座日本美術史 第一巻 物から言葉へ』東京大学出版会、二〇〇五年)。

(62) なお、延文年号への改元はこの年の三月二八日に行われたもので、改元理由は、跋文に見える「干戈永蔵」と同様のものである。正月には縁起についての調査が行われているから、絵巻制作が改元を受けてのものとまでは言えないが、跋文を見る限り『絵詞』は改元の含意する精神の表象でもあったわけで、延文元年のうちに完成させることが望ましかったのだろう。

(63) 蜷川家蔵の『絵詞』写本の存在を示す史料が美術史家の谷信一氏によって指摘されている。(「『古画目録』に『諏訪縁起、右伝画無之、詞書ばかり在蜷川相模守家』とある」谷氏「祇園社大絵師職」『室町時代美術史論』東京堂、一九四二年)。蜷川氏は室町時代、政所頭人伊勢氏の家宰で政所代。江戸時代には幕臣となった。したがって写本は中世まで遡るものである可能性の高いものと推測されるが、谷氏の指摘は写本研究の中でも見かけることがない。美術史分野との接合が求められることを示す一つの例として挙げておきたい。

(64) 本郷恵子氏『シリーズ選書日本中世史 三 将軍権力の発見』(講談社、二〇一〇年)。

(65) 例えば、二本松康宏氏「諏訪縁起の変容―陬波大王から甲賀三郎へ」(『諏訪信仰の中世―神話・伝承・歴史―』三弥井書店、二〇一五年)は『絵詞』相対化の視点からその史料的性格に言及されている。

『諏訪信重解状』の新出本と『諏方講之式』

―大祝家文書の中の諏訪縁起―

二本松泰子

はじめに

現在、諏訪市博物館には、大祝諏方家に伝来した中世から近代にかけての文書群がおよそ五〇〇〇点近く所蔵されている。そもそも大祝諏方家に伝来した資料は、「諏訪徴古会」（大正六年（一九一七）に創設、昭和一〇年（一九三五）に財団法人として認可）の発足に伴い、その一部が当会に寄託されるようになった。戦後、その諏訪徴古会の活動が衰退したのを機に、それらの資料は諏訪市史編纂室に移動し、さらには平成七年（一九九五）の編纂室解散時に諏訪市博物館に移行した。時を同じくして諏方氏所蔵分の資料も諏訪市博物館に移行され、長い間別々に所蔵されていた大祝諏方家文書（以下、大祝家文書と略す）が、ひとつにまとめられて諏訪市博物館に収蔵されるようになった。

本稿では、このような来歴を持つ大祝家文書のなかから、上社の信仰伝承と関わり深い写本を二本取り上げ、紹介する。ひとつは上社の訴訟文書とされる『諏訪信重解状』の新出の写本で、もうひとつは『諏訪史料叢書巻八』（復刻版では『復刻諏訪史料叢書　第二巻』）[1]に所収されている『諏方講之式』の別本（大祝本）である。どちらも上社に関わる縁起や祭祀伝承の叙述が多く確認できることから、上社の文化伝承を知るために有用な資料といえる文書類である。本稿ではまず、これまでほとんどその存在自体知られてこなかったこれらの写本について、その全文翻刻を掲出する。さらには、すでに翻刻され活字化されている別の写本との本文異同について検討し、当該写本における基礎情報の整理を試みる。その成果を以て、今後、大祝家文書の全容を解明する嚆矢としたい。

一　大祝家文書『宝治年中　書上扣之写』

宝治三年（一二四九）三月の奥書を持つ『大祝諏訪信重解状写』（以下、『信重解状』と略す）は、当時、諏訪上社大祝であった諏訪信重が、下社の祝である金刺基盛に対抗して、諏訪社の本宮は下社ではなく上社であることを幕府に進上した文書とされる。その写本については、これまで諏訪市博物館所蔵大祝家文書に含まれる巻子本のみが知られてきた。当該本は、早く戦前にその全文翻刻が『諏訪史料叢書　巻十五』（復刻版では『復刻諏訪史料叢書　第三巻』）[2]に所収され、平成になってからは『諏訪市史　上巻　原始・古代・中世』[3]の巻頭の図版頁に同文書の全文（白黒写真）が掲載されるなど、中世期の諏訪信仰関係資料として相応に注目されてきた。特に、同文書が偽書であるか否かはもっとも重要な問題とされ、そのために当該文書の成立時期に関する議論が重点的に重ねられてきた。たとえば、石井進[4]は、鎌倉幕府の奉行所に訴訟文書が進上されるようになるのは宝治年間以降であるとして、当該文書の宛先部分のみ後世の記載としながらも、文書自体は宝治三年に制作されたものと推測している。また、井原今朝男[5]は、宝治三年にこのような宛先を持つ訴訟文書が「あってもおかしくない」とする立場から、当該文書に見える記述が鎌倉時代前半における諏訪神話の特徴を持つことを分析している。近年では、二本松康宏が(6)「『宝治三年に大祝信重が書いた上申書』という体を装って、実際には建武政権期に新政権に提出されたものである可能性が高い」とする細川重男の見解を紹介しつつ、当該文書の「守屋山麓御垂迹事」の条に見える守屋山垂迹縁起は、『諏訪大明神画詞』に先行もしくは並行して生成された在地的な伝承であることを推測している。その他、福田晃(7)は、当該文書の「当社五月会御射山濫觴事」の条に見える文言と『神道集』「秋山祭事」「五月会事」のそれとを比較し、『信重解状』の叙述が『神道集』もしくはその原拠によって成立していることを指摘して、当該文書の成立が『神道集』以後である可能性を予想している。

このように、『信重解状』は、偽書であるかどうかをはじめとして、いまだ不確定な要素が多い。本稿では、このような当該文書に関する適正な理解の一助となるべく、今回、新たに確認された別本について取り上げる。

さて、本稿が今回確認した『信重解状』の写本は、これまで知られてきた伝本と同じく、諏訪市博物館所蔵の大祝家文書に含まれるものである。同写本は、本来は巻子本だったものが、糊の部分が剥離して合計二〇枚の断簡状の文書となっている。その冒頭に該当する一枚目の裏左上には「宝治年中／書上扣之写」と見え、これが当該写本の外題に相当するものと判断される。まずは、その全文を以下に掲出する。

※改行は／、書入れは〔　〕で示した。一枚目～二〇枚目の寸法もそれぞれ記した。

【一枚目】

※縦二八・四センチ×横三九・五センチ

信濃國諏方上宮大祝信濃守／信重并神官氏人等解申請／恩裁事／請被特蒙恩①意任先例裁下／去年御造営下宮祝盛

基依／致新儀濫訴任本宮例可致／沙汰申去十二月五日両社被成／御下知處不為本宮旨掠申同／月十七日被召還彼
御下知状子細状／當社為本宮條〳〵／

【二枚目】

※縦二八・二センチ×横四〇・五センチ

一　守屋山麓御垂跡事／右謹検旧貫當砌昔者守屋大臣之／所領也大神天降御之刻大臣者奉／禦明神之居住勵制止
之方法明神／者廻可為御敷地之秘計或致諍論／或及合戦之處両方難決雌雄／爰明神者持藤鎰大臣者以鐵鎰／懸此
所引之明神即以藤鎰／令勝得軍陣之諍論給而間令／追罰守屋大臣卜居所當社以来／遥送数百歳星霜久施我神之／
称誉於天下給應跡之方々是新哉／

【三枚目】

※縦二八・二センチ×横三八・四センチ

明神以彼藤鎰自令植當社之前／給藤栄枝葉号藤諏方之森／毎年二ヶ度御神事勤之自／尓以来以當郡名諏方爰下宮
者／當社依夫婦之契約示姫大明[2]神名／然而當大明神若不令追出守屋給者／争両社卜居御哉自天降之元初／為本
宮之条炳焉者哉／一　當社五月會御射山濫觴事／右桓武天皇治世之昔東夷高丸／反逆之刻聊被行朝儀爰詔坂上／

【四枚目】

※縦二八・四センチ×横三八・三センチ

田村麿而賜追討之官符將軍忽／出九重之花城便赴萬里之抑／寒心中祈念云信州諏方明神者／日本第一之軍神邊或
無二之／霊社也願納受我祈願給爰信州／之后於大笞切伊那郡与外諏方郡堺一騎武者／[3]到穀葉藍摺水干帯鷹羽胡簶／對将軍而

下馬將軍問云汝何人／武者答云殊有宮仕之志被廻許容／之眸者是尤所望云々將軍即令／随㐂而相具彼武者奥州下向已／

【五枚目】

※縦二八・四チセン×横四〇・五チセン

荏堺向城之時高丸籠居石城之間／依難寄討彼武者廻秘計出海上／射流鏑馬旁以方便令誅高丸／畢將軍即遂追討之本意令／上洛之處宿佐久郡与諏方郡之／堺（将軍依宿号大泊）爰彼武者云我是諏方／明神也且擁護帝皇之聖運／且依令随㐂将軍之祈念日來所令／随遂汝也云將軍始抽敬神之誠／専難抑感傷之涙明神詫云典遊／中以④将猟欲為神事之詮云々／⑤将軍云本地者普賢菩薩也何／

【六枚目】

※縦二八・四チセン×横四〇・六チセン

用殺生之業哉云詫云我明神者為／殺生之猪鹿彼真鏡即住此所願／以今生交会之結縁翻為當来引接／之知識云々將軍弥致渇仰之誠且／逗留社壇奏宮庭之刻被宣下状云／以諏方郡四千町（山野三千町海荒原一千町）為御敷地／配四万八千束粮稲於國中可充神用云々／而間将軍任御詫宣之旨被始置／御⑥将所謂五月會御作田御射山／秋庵以是名四度御⑦将自尓以来／遥送四百余歳之星律（津歟）久経三千／餘代星基就中五月会御射山／

【七枚目】

※縦二八・四チセン×横四〇・五チセン

者國中第一之大營神事也／結構唯在之倩尋其濫觴者／忝奉桓武皇帝宣下被定置／神事也皇敵追討之賞也本朝／寄

特神事厳重豈無過於斯静／案事情天降御之昔者令追出／守屋大臣而上下宮卜居御／高丸追討之往昔者以當郡一向御／寄進勧賞也御敷地是也　凡／朝家騒動日域之乱逆令討衆敵事／併為明神之擁護者哉爰夫婦之習／女者必依夫之威猛施勢徳神之置手／

【八枚目】

※縦二八・三センチ×横四〇・五センチ

亦如此然而至于東夷西戎國所被／崇御諏方明神者即當社也仍被官／者只被懸于上社之威光被崇敬／御者也不恐神慮何令軽易本社之／稱譽哉／一　以大祝為御體事／右大明神御垂跡以後現人神御／國家之鎮護為眼前之處鑒機根／御躰隠居之刻御誓願云無我別／躰以祝可為御躰欲拝我者須見祝／云々仍以神字与給祝姓之刻以明神之／口筆祝令注置神事記文⑧号大室宣か而／

【九枚目】

※縦二八・四センチ×横四〇・五センチ

為宗御神事之時者毎年大祝／奉讀上彼記文致天下泰平之祈請／事十ケ度也　社壇之明文只在之／次以神氏人之子息為六人王子之御躰／是号神使云々毎年正月一日以御占／令差定之一年中一百余度御神事／御神使為先令勲仕之次御射山之／時者遂大明神之御例大祝用菅行／縢帯胡籙五ケ度日之間致御祈祷／是則任御誓願之旨為明神御躰故也／凡垂跡之方便畢于餘社何与彼社／可謂等同乎／

【一〇枚目】

※縦二八・四センチ×横四〇・六センチ

一　御神寶物事／右大明神天降給之刻所有御随／身之真澄鏡八栄鈴並唐鞍轡等／在之御鏡者数百歳之間無陰曇／
鈴者其音無替毎年二ヶ度大祝向彼／鏡振件鈴致天下泰平之祈[9]誓鞍／轡等其色不損爰有御馬号蒲／生御馬会田御
牧必以有現奇相馬知／為彼御馬孫葉之由令取之為食／物當在所高家郷仁引募在家／壹宇田壹町令飼之事至于貞光
／祝之時無陵遁而御渡之時者件馬必／

【一一枚目】

※縦二八・四センチ×横四〇・五センチ

如出自水流出汗以是知御渡由之條所／申傳也雖然自保元御乱逆之比彼御馬／自然令陵怠畢免田免在家于今／顕然
者哉凡如此等御神寶物皆以／上社ニ在之何不為本宮哉／一　大奉弊懃行事／右帝王御即位之時諸國一宮被／行大
奉弊而於上社雖被行之下宮敢／無其儀且数代之間蔵人所送文／明白也始自王臣至于参詣之諸人／敬神之例為本社
之条炳焉也／

【一二枚目】

※縦二八・四センチ×横四〇・六センチ

争可被削本宮之号哉／一　春秋二季御祭事／右為國司之御代管祭使捧官／幣進祭具等事以上社為前以下宮／為後
其上春御祭之時為祭使所役／白羽征矢員廿塗篦弓一張黒塗上宮雖調進／下宮無之秋御祭之時御初物幷／御幣駒十二疋
當歳配國中令送／進当社之内上社十一疋下[10]社一疋之／官幣前後祭具多少雖及十分／之一更非對當歟加之先例為
下宮／之所役令進上宮同祭時𥙿候雑／

【一三枚目】

※縦二八・四センチ×横四〇・五センチ

事物等鍬三口下宮雅樂所役而／持参正月一日御手洗河盤石氷／上打破彼鍬蝦神⑪将求神使六人／六頭奉射彼儀式下宮曽無之三月／初酉夜内縣大縣御立増大縣／上原下桑原有夜留書湛両社／所々在之又供野町一夜有御宿／神事如例神鍬二口小井河一夜／是又如例神鍬二口縄都合八筋神／通鏑矢八羽青鷺白箆毎年春冬二ヶ度也／仍如此祭禮江自下宮上宮江充行／所役更以無之次六月晦日御手幣／

【一四枚目】

※縦二八・三センチ×横四〇・五センチ

麻六束是大和畫湛為神田之役／七月御射山大祝殿江秣六束是／下宮御作久田神田役也十二月廿二日／下宮山田郷役而上社御室江節／料物疊三帖酒三瓶副肴御室内之／御左口神上破風葺巣奉塞之／事毎年如斯次上社御寶殿／并内御玉殿御戸結御布下宮／八乙女職掌同役御渡注進之使者／上社神人夫丸下宮供小井河在家番／廻勤之次第如例然者以之本宮歟否／事可是御察者⑫也／

【一五枚目】

※縦二八・二センチ×横四〇・六センチ

一　御造営時上下宮御寶殿其外造営事／右上社寅申歳者二月初寅申御荷／弘當國中米銭集同四月初寅申／奉御柱引御殿者安曇筑摩両郡／為所役以三百五十人之夫令懃仕之／刻在廳一人大行事書生一人為／小行事取連材木遂御造営畢／今申覆勘下宮御寶殿者僅／取作料計為社家之沙汰令造営之／其上祭之時者為在廳之沙汰鹿／皮十枚【木へんに弓】皮十枚分進両社之内／上社十八枚下宮二枚也其外⑬之祭／

【一六枚目】

※縦二八・四センチ×横三七・九センチ

具悉不遑注進凡神之置手／今崇敬本来之差別懸隔者哉／右信重曩祖為信祝嫡子神／太仲参伊豫前司殿奥州下向而／上洛之時帯兩社之文書於美濃州／不慮之外死去之間令紛失畢依之／為信延久年中之頃以新券上下／立四至堺譲与同四郎為貞畢／其時下宮祝大耳氏幷神官等／加判形出彼譲状其状云任本宮之／御判之旨加判形畢云々且彼状／

【一七枚目】

※縦二八・〇センチ×横三七・九センチ

案為御披覧所令随身也為本宮／之旨明白也盛基依不知先蹤／致非據之濫詐歟又陰承反子細／以今案令言上歟輙以私詞支／申本宮号之条難應兩社之冥／慮者哉以前條之言上如斯抑故／右大将家御代之始自治承年中／以来至于當御時数十箇度⑭之御／乱逆諏方一家⑮之者共或被疵討／敵或貽命誉名無不狎合戦之／忠彼注文如此就中承久兵乱時可向山道／

【一八枚目】

※縦二八・一センチ×横四〇・二センチ

之由被抑下六月十二日御教書云々／大明神者日本第一軍神以祝為／御躰之由御誓願在之今度合戦／討敵人令勝給事無疑歟云々依之／信重引率一家者向大井戸之⑯〔本書之儘〕討敵／人致合戦忠預勲功賞畢相烈／一家之輩同抽忠節蒙勧賞／者数十人也如令言上先條大明神者／出海上廻秘計令追討高丸承久／兵乱之刻者信重為御躰於河上／令誅怨敵畢云海上云河上雖異／古今當社冥感是新哉然則／

【一九枚目】

※縦二八・〇センチ×横三九・六センチ

大明神者早致関東安穏之擁護／施勝陣討敵之利生祝幷氏人等／忽流弓箭武備名利後葉而顕明神／霊徳勝用哉爰下宮者當社／顕夫婦之礼儀致朝家擁護之／利生者也然何閣神与神之契約／猜本社之威光哉此條本社之先／蹤事新雖非一々令言上粗不申子細／者依有其恐所申上也然而盛基／以今案輙欲改本社名之條似嘲／垂跡之化像望請恩慈所詮且／

【二〇枚目】

※縦二八・〇センチ×横三九・四センチ

※一九枚目と二〇枚目は一部糊が剥がれていない。

任當社敬神之奮説且依延久／本券之状停止新儀之濫吹如／先被成下本宮御下知状者弥仰／憲法之貴俟／仍勅在状謹以解／寶治三季三月日大祝信濃守信重／在判／進上　御奉行所／此年寶治三年三月十八日建長改元成／

以上のように、新出の『信重解状』の写本（以下、『信重解状』A本と称す）は、これまで知られてきた『諏訪史料叢書 巻十五』に所収されている翻刻文すなわち『諏訪市史 上巻 原始・古代・中世』の口絵に掲載されている影印の底本（以下、『信重解状』B本と称す）とは異なり、返り点や送り仮名および振り仮名の類が記載されていない白文である。両写本におけるもっとも大きな相違点として、まずは、このような文体の差が挙げられよう。次に、両写本の本文内容については、語句や用字レベルにおいてわずかな異同が一〇数箇所見られる。以下にその異同の該当部分を掲出する。

【一枚目】

『信重解状』Ａ本①「恩意」

『信重解状』Ｂ本「恩慈」

『信重解状』Ａ本①では「恩意」と記されている語句が、『信重解状』Ｂ本の該当部分では「恩慈」と記載され、異なる熟語となっている。が、大意において両者にそれほどの相違はない。

【三枚目】

『信重解状』A本②「神名」

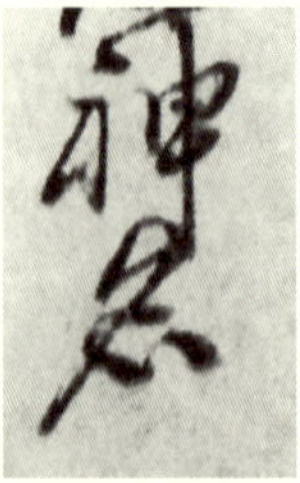

『信重解状』B本「神之名ヲ二」

『信重解状』A本②では「神名」となっている文言が、『信重解状』B本の該当部分では「神之名ヲ二」と見え、「之」の文字が記入されていることが確認できる。が、いずれも文意は同じである。

【四枚目】

『信重解状』A本③「武者[到]穀葉」

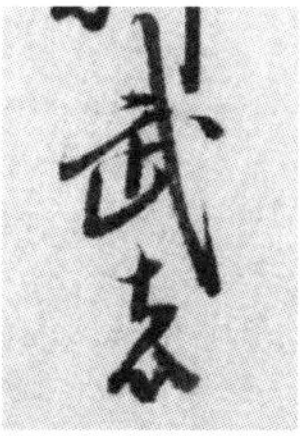

『信重解状』B本「武者ニ着《シ》穀葉《カチノハ》」

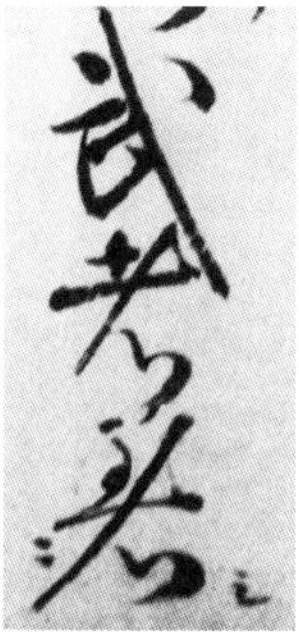

『信重解状』A本③は「武者到穀葉」と記している。この表記だと武者が穀葉（カジのハ）の装束を（に?）到る?となり、文意が通じない。一方、『信重解状』B本の該当部分では、「武者着ニ穀葉《カチノハ》」と記載されていて、武者が穀葉の装束を着するという意になり、文脈に整合性が見える。

【五枚目】

『信重解状』A本④「将猟」

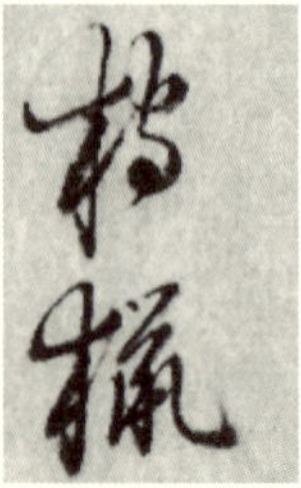

『信重解状』B本「狩猟ヲ一」

『信重解状』A本⑤「将軍」

『信重解状』A本④の「将猟」の「将」は誤記であろう。『信重解状』B本の該当部分では「狩猟ヲ一」となって

いる。なお、参考までに、『信重解状』A本④の「将猟」の「将」と同じ文字の用例として、『信重解状』A本⑤の「将軍」の「将」を併せて提示しておく。

【六枚目】

『信重解状』A本⑥「御将」

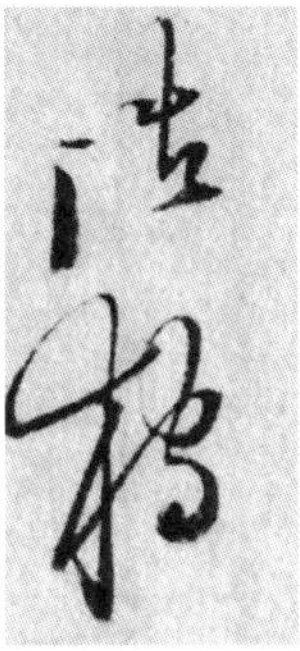

『信重解状』B本「御‐狩ヲ」

『信重解状』A本⑦「御将」

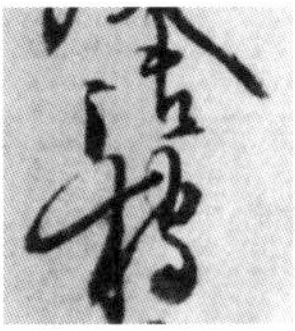

『信重解状』B本「御狩《ト》」

『信重解状』A本⑥「御将」の「将」も誤記であろう。『信重解状』B本の該当部分には、「御‐狩《ヲ》」と見える。同じく『信重解状』A本⑦「御将」についても、『信重解状』B本の該当部分によると「御狩《ト》」と見えることから、「将」は誤記と判断される。

【八枚目】

『信重解状』A本⑧「号大室宣か」

『信重解状』B本「号《ス》二大《ノン》室《ト》一宣歟」

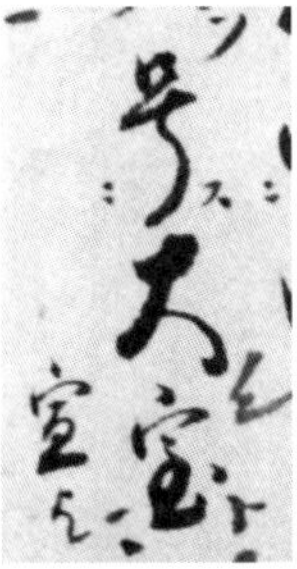

『信重解状』A本⑧には「号大室宣か」と記されている割注について、『信重解状』B本の該当部分では「号《ス》二大《ノン》室《ト》一宣歟」と記され、疑問係助詞「か」が漢字表記となっているという表記上のわずかな相違がある。

【一〇枚目】

『信重解状』A本⑨「祈誓」

『信重解状』B本「祈-請《セイヲ》」

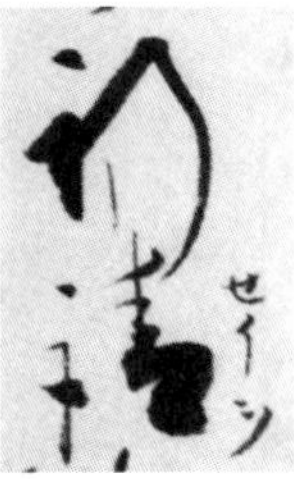

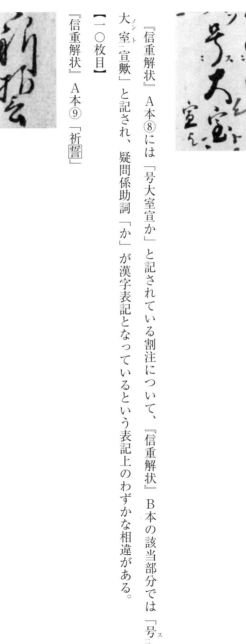

『信重解状』A本⑨「祈誓」に該当する『信重解状』B本の文言は「祈-請《せイヲ》」と表記されている。用字の相違が見られるが、文意に異同はない。

【一二枚目】

『信重解状』A本⑩「下社一疋」

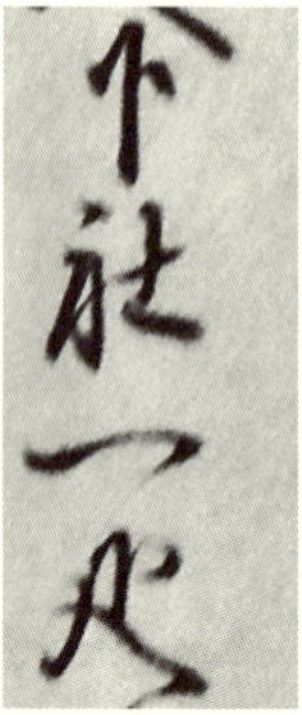

『信重解状』B本「下宮《へ》一疋」

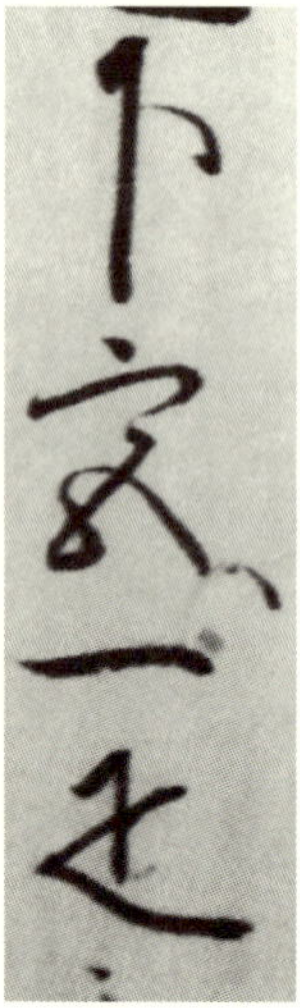

『信重解状』A本⑩「下社一疋」に該当する『信重解状』B本の本文では「下宮《へ》一疋」と見え、「下社」が「下宮」となっている。同じ固有名詞の異称ということで文意に相違はない。

【一三枚目】

『信重解状』A本の⑪「蝦神将求」

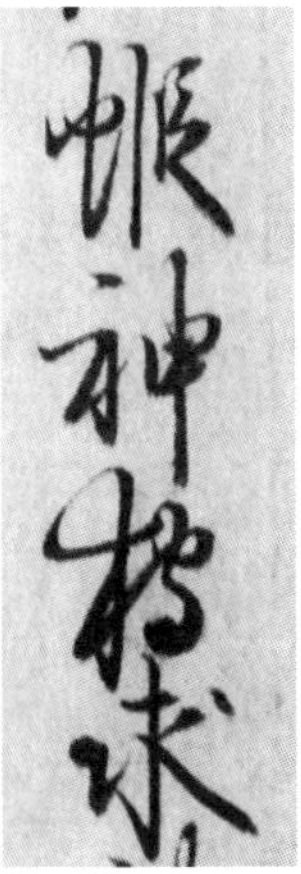

『信重解状』B本「蝦《カヰル》神《ヲ》狩《リ》求《メテ》」

『信重解状』A本の⑪「蝦神将求」に記されている「将」については、『信重解状』B本の該当部分に「蝦《カヰル》神《ヲ》狩《リ》求《メテ》」と見えることから、これもまた『信重解状』A本④⑥⑦と同様に、「狩」の誤記であることが推測される。

【一四枚目】

『信重解状』A本⑫「者也」

『信重解状』B本「者哉《モノヲ》」

『信重解状』A本⑫「者也」については、『信重解状』B本の該当部分には「者哉《モノヲ》」と見える。用字は異なっているが、同義語である。

【一五枚目】

『信重解状』A本の⑬「其外[之]祭」

『信重解状』B本「其外《ノ》祭」

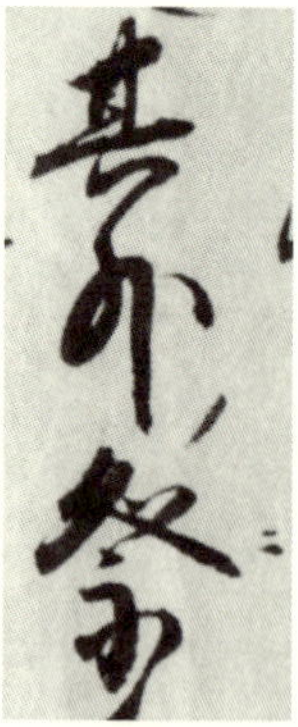

『信重解状』A本の⑬「其外之祭」については、『信重解状』B本の該当部分には「其外祭ノ」と見え、「之」の文字に関する異同が確認できる。文意は同じである。

【一七枚目】

『信重解状』A本⑭「十箇度之」

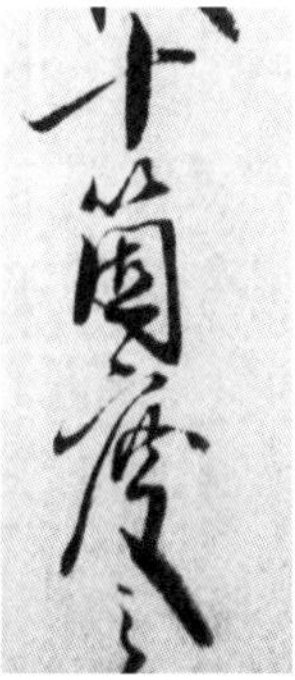

『信重解状』B本「十箇度ノ」

『信重解状』A本⑮「一家之者」

『信重解状』B本「一家《ノ》者」

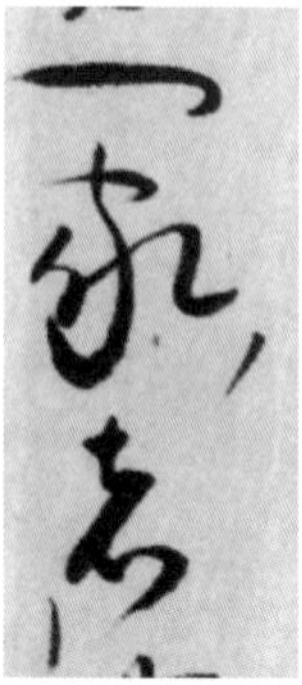

『信重解状』A本⑭「十箇度之」については、『信重解状』B本の該当部分に「十箇度《ノ》」と見え、上掲⑬同様、「之」の文字に関する異同が確認できる。同じく『信重解状』A本⑮「一家之者」の文言に該当する『信重解状』B本の叙述には「一家《ノ》者」と見え、やはり、「之」の文字に関する異同が確認できる。いずれも、それぞれの文意は同じである。

【一八枚目】

『信重解状』A本⑯「〔本書之儘〕」

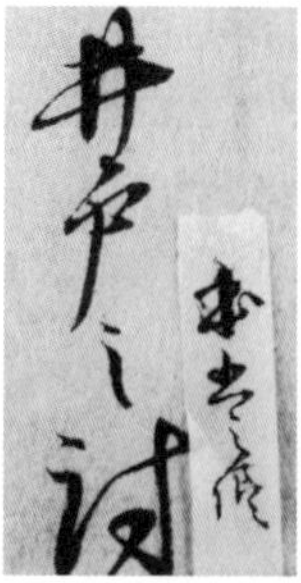

『信重解状』B本無し

『信重解状』A本⑯によると、当該本には、墨書で「本書之儘」という書入れの見える紙片が貼付されている。『信重解状』A本⑯の書入れが示す「本書」については不明であるが、『信重解状』A本が書写の際に底本としたテキストのことであろう。この書入れに対応する本文は、紙片が貼付されている位置から判断すると「大井戸之討敵」という部分であろう。すなわち、承久の乱に参戦した信重と一家の者たちが、木曽川の大井戸渡し（現・岐阜県可児市）で敵を討伐したと叙述している部分である。文意に即して該当部分の文言を確認してみると、「之」の文字は特に必要ないと思われる。当該の書入れが「本書之儘」と示しているのは、この「之」は不要ではあるが、本書（＝底本）に従ってそのまま記載したという意味であろう。一方の『信重解状』B本の該当部分も、『信重解状』A本と同じ叙述となっていて「之」の表記が確認できるが、書入れなどの注記は無い。このように、A本・B本ともに、本文において同じ誤記が見えるということは、両写本の底本がきわめて近い本文を持つ伝本であった可能性をうかがわせるものであろう。

ところで、『信重解状』B本の表紙見返し（縦三二・五チセン×横二二・八チセン）には、後人の補入と判断される以下のような叙述が見える。

【信重解状B本】

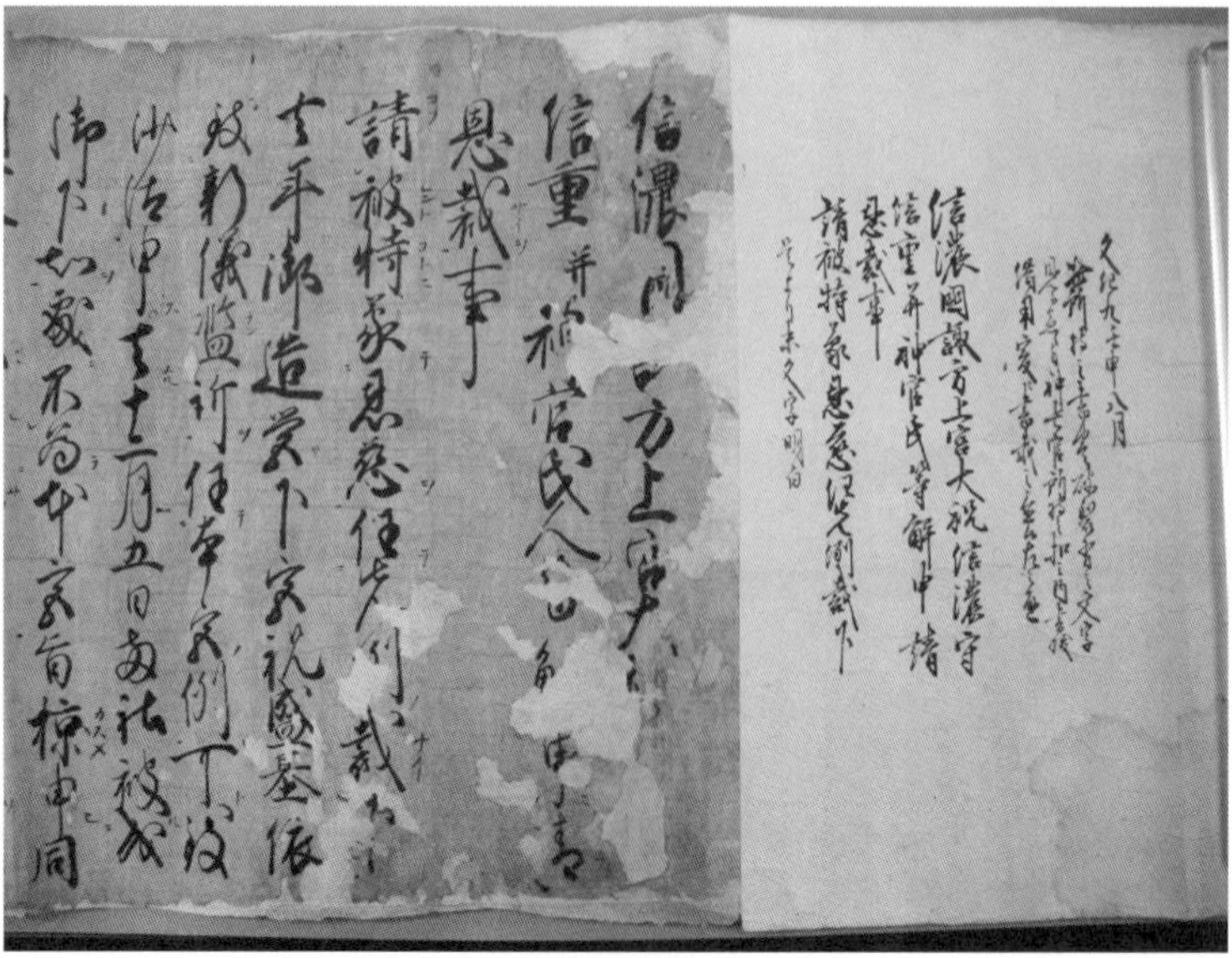

文化九年壬申八月／此所持之書留者破裂有之文字／見え兼候付神長官所持之扣之内書抜／借用爰ニ書載之置候左之通／信濃國諏方上宮大祝信濃守／信重并神官氏等解申請／恩裁事／請被特蒙恩慈任先例裁下／是より末文字明白

これによると、文化九年（一八一二）八月、当該の信重解状には破れて見えない文字があるので、神長官が所持していた控えの書き抜きを借用し、それに記されている文言を補記的に掲載している。具体的には、冒頭の「信濃國諏方上宮…」から「先例裁下」までのくだりが白文で示されている。ちなみに、現在、神長官守矢家文書に『信重解状』は含まれていない。

以上のように、『信重解状』には少なくとも二本の写本（A本・B本）が現存していることが確認できた。前述したように、両写本の底本についてはきわめて近い系統のテキストである可能性が高いが、両写本において字配りや文体などに相違が見られることから、直接的な書写関係があったとは考えにくい。さらには、B本が欠損部分を参照したという神長官伝来の控えのテキストの存在を信じるならば、『信重解状』の写本は、守矢家にも伝来していたことになる。かつて、当該文書が広く書き写されていた時期があったことを類推させよう。

それがいつ頃であるのかについては、A本の書写年代が確認できないことから、現段階においては不明である。今後は、内部徴証および外部徴証を踏まえて検証を進め、当該写本の書写年代を具体的に明らかにしてゆく必要があろう。

二　大祝家文書『諏方講之式』

次に紹介する資料は、同じく諏訪市博物館所蔵の大祝家文書に含まれる『諏方講之式』という史料名の巻子本（縦一五・六センチ×横三八〇・五センチ）である。これは、『諏訪史料叢書　巻八』（『復刻諏訪史料叢書　第二巻』）に所収されている『諏訪講之式』の別本とされるものである。すなわち、当該写本については、『諏訪史料叢書　巻八』（『復刻諏訪史料叢書　第二巻』）の「書名解題」[8]において以下のように言及され、その存在自体は知られていた。

諏訪講之式　一冊　　下諏訪町　桃井保之氏所蔵

「諏訪講之式」の今日迄に発見せられたるものに桃井本・大祝本・神ノ原本の三本あり。桃井本は諏訪下社禰宜大夫桃井家の所蔵にして延宝二甲寅年三月禰宜大夫與政の書写に係る。大祝本は大祝家の所蔵なり。神ノ原本はもと諏訪上社神宮寺所蔵にして明治元戊辰年七月神佛分離の際神ノ原村（現玉川村神ノ原）の昌林寺（上社神宮寺末寺）に預けたるもの現今神ノ原区寺方組の所持たり。寺方組とは維新前迄上社神宮寺に入祖したる神領の人々のことなり。

神ノ原本の奥書に

此講式紀伊國高野山於金堂正月二日早朝奉講讀從大師至今山内式例也

延寶二年甲寅五月上旬　上ノ社 神宮寺資法印宥運　求之

とあり。一には上宮の垂迹を讃し、二には下宮の垂迹を讃し、三には誓願の利益を讃し、四には社頭の七不思議を讃し、五には廻向発願を叙したるものなり。本書収むる所は桃井本なり。

右の解題によると、『諏訪講之式』とされる写本は三本確認できるという。一本が諏訪下社禰宜大夫桃井家所蔵の桃井本、もう一本が大祝家所蔵の大祝本、もう一本は諏訪上社神宮寺所蔵から明治期に神ノ原村昌林寺に預けられた後、神ノ原区寺方組が所持するようになった神ノ原本という。それら三本のうちから、『諏訪史料叢書巻八』（『復刻諏訪史料叢書　第二巻』）は、下社禰宜大夫の桃井家所蔵の写本の翻刻文を掲載した。一方の大祝本および神ノ原本については、これまでの研究史において顧みられることはなく、そもそもその存在自体が忘れられているに等しい状態であった。特に、神ノ原本については、現在どこに所蔵されているのか不明で、管見において現物が確認できない。しかしながら、上宮下宮の垂迹縁起や七不思議伝承などの物語的な叙述が多くみられる当該テキストは、諏訪信仰の文化伝承を考える上で看過できない文献と言えるものである。そこで、本稿では、幸いその存在が確認できた大祝本について取り上げ、その基礎情報について確認するべく、まずは、以下にその全文翻刻を掲出する。改行は／で示した。

僨以神依法感通法依神施爲故ニ／念誦讀經之室内ニハ速ニ降臨兮護念シ／桁精思惟之床下忽ニ感應ノ兮而擁／衛伏乞疾蒙二

於明神加被《ヲ》一得《テン》遂《コトヲ》二息／心之意樂仍合掌恭敬可《シ》禮拝／讃嘆頌曰／願我臨欲命終時／盡除一切諸障墨／面見彼佛阿弥陀／即得往生安樂国／南無歸命頂礼上社大明神二返／第二讃下宮垂迹者本地千手観／音應化常在補陀洛山教主《ナリ》権《リニ》／為レ度《ンカ》二衆生《ヲ》一故示現二大明神《ト》一焉因／レ茲故《ラニ》却蓮座之南沼《カニ》來二扶桑之東《ニ》一／本迹之両化靈應奇妙也大悲因弥／遠《ナレハ》済鱗縁還深《テシ》槩感應郁々《トメ》而／頒二形於三十之月《ニ》一梲縁品々而飄二音／於十九種之風《ニ》一契梲随縁之益非二／愚所《ノニ》一レ推《スル》應物失時之利非二凡所《ノニ》一／レ度《スル》感應蕩々卒《トメ》如二谷應《カ》レ響利《ニ》／生煥々然《トメ》似二月照《ニ》レ山誰人不《カ》仰乎何／族不《カ》レ敬乎抑當社春秌二所壇地《ハ》／即是胎金両部司南矣履端正月／修景四月之宮建発心修行之門夷／則七月應鐘十月之社《ニハ》荘《レリ》二菩提涅拌之／扉《ヲ》一故一詣之人《ハ》即成二所願《ヲ》一又一禮之倫《ハ》／即-滿《ス》二精志《ヲ》一云《コ、ニ》知《ヌ》讀經財施之勤啻《タ、》／非レ佛道修行之業《ノミ》一管弦絲竹之態専《ラ》／催二垂迹示誨之感一然則鼕々《タル》皷／響《ニハ》[illegible]《ソハタテ》二三熱之耳《ヲ》一颯々《タル》鈴音《ニハ》驚二六／趣之眠二桑絲竹帛之幣《ミテクラ》　褁《ミ》二解脱自／在之粮米《ヲ》一蘋蘩蘊藻之禊《ニハ》除《ク》二煩／悩業苦之塵壒《ヲ》一仰願本地観世音／不往救者誓《ノヒ》莫レ慄《ワスルコト》　伏冀當大明／神為度衆生願《ノ》勿レ廃《ルコト》　澍《テ》二耳露法《ノ》／雨《ヲ》一消《シ》二有為猛焔《ヲ》一現二大悲形質《ヲ》一拯《ヒ》二／泥梨劇苦一上《ミ》和《シ》下《モ》睦國无《ク》二水旱毘／蟲之裁一世豊《ニ》民安《シ》家有《ン》二嘉瑞豐／穣之祐一仍致二无二丹誠一禮拜讃嘆／頌曰／本躰観世音常在極樂界／為度衆生故　示現大明神／南無皈命頂礼南宮大明神二返／第三讃誓願利益者是即尊／神之靈託也／所謂　吾无レ形以レ祝為躰依レ為《ルニ》二吾／分身一用《テ》二神《ノ》字《ヲ》一為レ姓《ト》夫《レ》吾无レ形者／即是表二於法身之理一以レ祝為躰／者示二應身之形一用神字為姓者／職二於報身之姓《ヲ》一焉依レ之跪二玉壇《ニ》一／兮　仰二法身於虚空《ニ》一對二宝殿《ヘハ》兮礼二／應化於色相《ニ》一因神號《ヲ》二明神《ト》一位稱《ヲ》二／法性《ト》一實有《ニ》二所以《ノ》一者歟已上／測知《ヌ》三身即一之垂迹四土不二／之壇地《ナリ》　是以有灵而感通謂《ヒ》二之《ヲ》／権化《ト》一矣无心《ニメ》而失レ物謂《ニ》二之明神《ト》一／兮神即通レ心故信《スレハ》　必有二感應一仰／亦歸《ル》レ神故信《アレハ》　則有二靈験一譬如三／一月在レ天影浮《ヘルカ》二万水《ニ》一月不《モ》二降下《ラ》一／水不《モ》二昇上《ラ》一又如虚谷傳聲物更／不レ呼谷曾不レ答人住這《ノ》心時神／豈

不レ現哉／亦託《メ》曰吾現《コト》二明神《ト》一偸蕩耶執之／郡萌《ヲ》一爲利數生之猪鹿出二眞境／之郷一棲二信州之地《ニ》一願《クハ》以二今生交會
／之結縁《ヲ》一翻《シテ》爲《ナラン》二當來引接之知識《ト》一／矣 凡万神之中《ニ》未《タ》レ粈三如レ祈有《コトヲ》二誓約一／亦千佛之内不レ可三如《ノ》レ爾有利益
聖《トル》／哉閣二自受法樂之心《ヲ》一以毒皷之縁而／為《シ》レ懐《ト》賢《ナル》 哉慕大悲懇篤之志《ヲ》一用二／殺生之事《ヲ》一而為レ業《ト》夫《レ》順縁之利益《ハ》
／悉譲《リ》二諸餘《ノ》垂迹《ニ》一唯逆縁之方便《ノミ》／獨有二當社《ノ》明神《ニ》一是《ニ》知速得涅柈《ノ》／誘引頓證菩提《ノ》攝取大悲《ノ》肝心／濟度《ノ》目足也
因レ茲水底《ノ》魚鱗《ハ》分《テ》二／洪波《ヲ》一將レ入《ントス》二 結縁《ノ》網《ニ》一山野禽獣《ハ》披《メ》二／羽毛《ヲ》一欲レ招二得脱《ノ》箭《ヲ》一誠哉菩薩六／度之行精哉薩埵咒
摂之益必《シモ》現《シ》二／神力《ヲ》一專顕二權化一示現普身《ノ》益恒／順衆生誓蓋是謂之歟矣／央堀摩羅經云業深有情雖放不／生
故宿人身天同證佛果已上／理趣經云説害三界一切有情不／堕悪趣疾證无上正等菩提已上／逆縁殺生引導正路盍《ソ》
添二法味一以／諡二行化《ヲ》一矣各々礼敬當レ頌伽陀《ヲ》一／普賢身相如虚空／依眞而住非国土／隨諸衆生心所欲／示現普
身等一切／南無飯命頂濾(法カ)去性大明神 二返／第四讃社頭七不思議者／一 御渡不思議者禁寒結レ水抜《ホッ》／凍
閉《ツ》レ湖正臨《ニ》二斯《ノ》旹《ニ》一神裂《ワッテ》レ松《コヲリヲル》 渡／重疊《タル》碎《テハ》レ冰《ヲ》季々示二四海吉凶厳／凝《タル》過レ水毎時《ニ》誨《ユ》二八蠻《ノ》理乱《ヲ》一奇《ナル》哉／眞實而
毫黎《リモ》 不レ違妙哉掲焉《メ》／而靈蹤不レ謬華夷眂二望《シ》之《ヲ》一貴賤／信二襲《ス》之一聞者即敬慎銘《シ》レ澹拜者《ハ》／信念断レ腸《ヲ》天下无雙
之特日域／无二之灵瑞言語道断《ナリ》 焉《ソ》可思／議一矣／二 久須井幣不思議者即是一十三／所其隨一明神也即池《ノ》爲
レ躰尋尺／不レ幾餘水如レ晞《カワケルカ》 更《ニ》无二涌流一寸底《ニ》有／レ窒水面同レ泥《ニ》然則臘月晦日季晡《ノ》／窀穸《シユンセキ》以二七百有餘《ノ》幣《ヲ》一奉ー
納《ス》彼久須／井《ニ》二不《メ》レ逕二於兩日《ヲ》一即出二遠州《ニ》一山川累々《トメ》／此《ト》與レ彼遼遠幾許阻二楙《リウ》池《イヲ》 野《シヨ》 山冥々《トメ》／遠與レ信廻《ケイ》 境多
少去《メ》二親ー棲《ヲ》一神慮／曾《テ》无二測度《スルコト》一 羊心更生二恠奇一灵應／微妙《ナリ》 焉可二思議《ス》一／三 蝦蟇狩不思議者此《ハ》是宮中／御
手洗水《ノ》肇《ニ》季《ノ》陽日四時《ノ》元朝《ニ》／密々《タル》碎レ凞《コホリヲ》蠢々《タル》 狩レ蝦鱔《ヘ》二祭祠之／祖《ニ》一獻《ス》二神事之贄一從二往古《ニ》一以降于／今无緩怠
冥慮有レ在《コトナルコト》 焉可思／議／四 藤嶌不思議當社垂迹《ノ》初／於二此山家郡一本有二一《リノ》 地主一号二守／屋《ノ》大臣《ト》一與二大

臣一相三諍領二此地一然／則明神有二藤鑰一大臣《ニ》有鐵鑰以二／此兩鑰一決《シ》二於雌雄一任《テ》二其勝負《ニ》一擬二／定領主一《タランコトヲ》　時鈎《ニ》鑠牽攙《シ》已得《ニタリ》二藤／鑰勝《ツヲ》一明神臨レ時須一和吾勝《ヌト云》　因レ之《ニ》／改二山家名《ノ》一即号二諏訪郡一彼以二藤／鑰一立《タリ》二于其地《トコロニ》一　於レ今不二枯槁一號二藤／嶋明神一華《ハ》五色而濃艶《ニメ》　是則表《タリ》二／本有色質一而以彰《ス》二聖化不改一万歳《ノ》／糀明《ケン》　焉可二思議一／五　御作田不思議有則是神田名《ミトシロノ》／夫暑光漸一去冷气梢一來明《レハ》　也初／商之候《トキ》　暮《レハ》　也季夏之晦為二雅／樂於農夫《ト》一為二神司於殖女《ト》一即／和《シ》二縮泥一而殖二青苗一一箇月之中／三旬日之間枝葉崩レ根《シテ》如二兊武之／瑞麦一種子熟《メ》レ莖如二成王之嘉禾一／以二彼稲穀供《ス》二神事睹《ヒモロケニ》一　時節奇異《ナリ》／焉可思議／六　眞澄鏡不思者明神垂迹時所《ノ》二／随従《スル》一鏡也厥神鏡《ハ》如二淨頗梨一可／レ浮《ミツ》二十界之形容《ヲモ》一似二龜鶴鏡《ニモ》一當レ移《ニツ》二／八万之相皃一曾不レ加《トモ》瓊粉面像无レ曇《コト》／亦不レ施《トモ》二金膏一形皃无レ變彼始皇《ノ》／照膽之鏡《ニハ》　鑒《ミ》二於数類意府一又曹／文眞金之鏡浮《ヘリ》二於夫婦眞僞《ヲ》一人偏／所持鏡《スラ》　尚如レ是况於二神寶之靈鏡一／哉末代猶《シ》嚴重《ナリ》　焉可思議矣／七　八榮鈴不思議鈴《ハ》是五大所之形／躰五智圓滿之德相也因レ茲神《ハ》崇／レ之為二重寶一人敬《テ》レ之稱二御寶一一震《ヘハ》／之拂二五畿七道之宊一僅聞《ケハ》　覚《ス》二四生／六趣之眠一昔唯有《ハ》二神氏之人《ノミ》一聞《キ、》二音／於三十餘町之外《ニ》一今又雖二他姓之／類一聽《ナリト》二響於億千塵数之内《ニ》一今古《ノ》／靈應焉可思議矣／凡厥灵異品々済生區々《タリ》　或日闌《クルコト》　／一千歳餘更形像无《ク》レ變《コト》　月行数十／代餘且瑞兊《ツ》无レ曇《コト》　灵跡増新《ニメ》／宮社加《マス〱》　盛《ナリ》　是則顕垂迹不虚使三／衆除《ヲカ》二愚痴疑心《ヲ》一亦是現《メ》二冥道眞／實《ヲ》一使三生蕩二不信邪《ノ》執鎮思二彼勝／験一感涙難《ク》レ抑常案《ニ》二此《レハ》灵跡《ノヲ》一信敬《ノ》／歎《ナルコトヲ》レ愚　本朝无双之灵德社頭奇特之／樞楗言語道断不可思議伏乞信／心渇仰之門《ニハ》　七難九厄无レ起《ルコト》　念力甚／深之家《ニハ》　七福九祐増《ン》レ力仍住二金剛《ノ》／敬心《ニ》一各可二礼拝讃嘆頌曰／菩薩清涼月　遊於畢竟空／随衆生心欲影現於其中／南無皈命頂礼法性南宮大明神／第五廻向発願者以二此微少《ノ》礼讃一上《ハ》／廻三向天神一地祇惣《メ》一天太平四海安／穏別《メ》上下明神王子眷属次《ニハ》　我《カ》社頭《ナリ》　／任二普賢《ノ》本誓《ニ》一弘《ム》二釈尊遺教《ヲ》二届三會《ノ》／之朝一傳二千佛之暮一兩社垂迹之／利益済ク二佛世化ノ一神官社人之契約ハ／同二尭天治ノ一一參一禮之輩一見一／歩之族如二十六王子結縁一爲二八／相作佛衆會一就レ中第子等某申／本地法王之床上ニハ誇二薄拘羅カ／之无病恣ニ一靈神皈依之朧蒋ニハ／受二頂生王之長壽報一除二妖蘖／於千里之外ニ一增二福禄於一室ノ之／内自侘倶ニ翫佛果之苍親疎同／拾ン二菩提之菓一旨在レ斯愚慮ニ可／レ足／仰願普賢薩埵／伏乞千手観音　縦使雖二亡／却之類一假令雖二無記之衆一爲二兩社／明神之眷属一。一實ト待ンニ一中道之化儀／乃至法界利益普覃仍廻発願／頌曰／願以此功徳　普及於一切／我等與衆生　皆共成佛道／南無皈命頂礼兩社大明神／

この『諏方講之式』は、前半部が欠落しているらしく、文意がやや不明瞭な書き出しとなっている。すなわち、同写本の内容は、本来は桃井本と同じく五つの讃から構成されていたことが推測されるが、桃井本の「序文」に当たる叙述部分のすべてと「第一讃」に該当する部分の前半部が欠落しているのである。ちなみに、同写本の「第二讃」には、下宮の垂迹について、その本地を千手観音として讃じている叙述が見える。同じく「第三讃」には、誓願の利益は尊神の霊託であるとして、それについて讃じた内容が叙述されている。さらに、「第四讃」には、社頭の七不思議として「一　御渡不思議」「二　久須井幣不思議」「三　蝦蟇狩不思議」「四　藤嶌不思議」「五　御作田不思議」「六　眞澄鏡不思議」「七　八榮鈴不思議」が挙げられ、それぞれの不思議について説明している。最後に「第五讃」には、廻向発願の文言について記載されている。

また、その本文は、返り点および送り仮名が付された訓読文である。それに対して、桃井本は白文であることから、両写本には文体の差異がある他、語句や表現レベルで相応の異同が見られる。

ところで、〝諏訪の講式〟を称するテキストは右掲のもの以外にも存在する。すなわち、『神道大系　神社編諏訪』(9)に所収されている『諏訪大明神講式』（宮内庁書陵部蔵）である。同書の「解題」には以下のように見える。

諏方大明神講式

一巻。宮内庁書陵部所蔵で、文明六年（一四七四）正月より閏五月に至る仮名暦の裏に記す。神貞通が高山寺地蔵院本を書写したものである。

講式は、講会に行なう儀式の次第を記したもので、各部門に分け、先ず惣礼、次に導師が礼盤に登り、次に法用、愚痴に表白、次に神分、祈願、六種廻向を以て終了する。

諏訪大明神の盛徳を敬慕して講席を設け、赤心祈請を凝らすものである。諏訪上宮の本地を普賢菩薩の権化とし、下宮の本地を大悲観音菩薩の垂迹とし、次に種々の神変を称賛し、御射山の根源を明らかにしている。

講式を筆写した神貞通は、「諏訪大明神画詞」の作者円忠の四代の孫光信の子で、従五位、信濃守・左近将監であり、初め貞卿と称し、引付衆・政所執事代となっている（前田家本『諏訪神氏系図』）。

本書の撰者は円忠と推測せられ、「諏訪大明神画詞」とほぼ期を同じくするものである。

『諏訪史料叢書』（第八巻）所収の「諏訪講ノ式」は、桃井本で、延宝二年（一六七四）三月、下宮禰宜大夫与政の書写になり、外に大祝本・神ノ原本（元、上社神宮寺本で、延宝二年五月の奥書がある。高野山金堂における正月二日早朝講式の購読は山内の式例であった旨を記す）など、何れも江戸期のものである。内容は、何れも一には上宮の垂迹を讃し、二には下宮の垂迹を讃し、三には誓願の利益を讃し、四には社頭の七不思議を讃し、五には廻向発願を叙したもので、収載のものと内容に大きな相違がある。

右に見えるように、『諏訪大明神講式』（宮内庁書陵部蔵）は、『諏訪大明神画詞』の著者である諏訪円忠の末裔の京都諏訪氏所縁のテキストであった。なお、その内容は、右掲の解説に見えるように、『諏訪講ノ式』と大きく相違している。その所以は、当該書が京都諏訪氏所縁のテキストであるのに対して、『諏訪講ノ式』の諸本は、いずれも信州諏訪社の神官と関わることによるものであろう。

三　大祝家文書の諏訪縁起

前節で紹介した大祝本『諏方講之式』の叙述内容について、桃井本『諏方講之式』および宮内庁書陵部本『諏訪大明神講式』との比較によって確認できた基礎情報について、以下の二点を指摘しておく。

まず、『諏訪史料叢書　巻八』（『復刻諏訪史料叢書　第二巻』）に所収されている桃井本との比較について。当該本の翻刻文は古いので、多少なりとも誤記のあることが予想されるが、そのような文字レベルでの異同に留まらず、両本の本文については大きな相違がある。まず、大祝本の方は、冒頭が欠落しているため、「序文」および「第一讃」（上宮垂迹に関する条）の前半部分に該当する叙述が見えない。一方、桃井本の方は欠落部分がないことから、当該部分の全文が確認できる。つまり、この部分における両本の異同は、欠本か完本かの相違によるものである。内容と関わる叙述の異同が明確に指摘できるのは、むしろ、「第四讃」（社頭七不思議に関する条）の部分である。この項目では、大祝本の方が諏訪上社の七不思議についてより詳しい説明がなされているのに対して、桃井本はそれを抄出したような簡潔な叙述で、その分量が明らかに異なっている。大祝本と桃井本は、系統の異なる写本として位置付けられ、少なくとも両写本の間に直接的な書写関係はなかったことが想定されよう。ところで、桃井本はその奥書によると、延宝二年（一六七四）に書写されたものという。一方の大祝本には奥書は見えず、成立および書写年代等は不明である。このような大祝本の成立時期と併せて、同本の本文と桃井本の本文のどちらがより古態であるかなどについては、今後さらに検討を進めるべき課題であろう。現段階においては、大祝本と桃井本という、本文系統の異なる『諏訪講之式』の写本がかつて複数（二本）存在していたという事実が確認できるのみである。が、それは、『諏訪講之式』が増補や改作などの経緯を経ながら享受されていたことを窺わせる証左であることから、諏訪上社関連のテキストの展開をたどる一事例として注目に値するものであろう。

次に、宮内庁書陵部本『諏訪大明神講式』との比較について。同書は、前節で紹介した『神道集　神社編　諏訪』「解題」が指摘しているように、大祝本・桃井本『諏方講之式』の叙述とは「内容に大きな相違がある」。しかし、一部においては、これらの三書の間で類似する説話が確認される。すなわち、大祝本・桃井本の第四讃に挙げられている諏訪社の七不思議の四つ目にあたる「藤嶌」には、藤島神社（諏訪社の摂社である藤島社）の垂迹縁起が叙述され、一方の『諏訪大明神講式』第二讃にも、同じく藤島神社の縁起が記載されているのである。まずは、以下に大祝家本・桃井本の該当部分を抜粋して掲出する。

四　藤嶌不思議當社垂迹初《ノ》於二此山家郡一本有二一《リノ》地主一号二守屋大臣《ノ》一與《ト》二大臣一相ヨ諍領二此地一然則明神有二藤鑰一大臣《ニ》有鐵鑰以二此兩鑰一決《シ》二於雌雄一任《テ》二其勝負《ニ》一擬二定領主《タランコトヲ》一　時《ニ》鈎鑠牽攣《シ》已《ニ》得《タリ》二藤鑰勝《ツヲ》一明神□レ時須一和吾勝《ヌト云》因レ之《ニ》改二山家名《ノ》一即号二諏訪郡一彼以二藤鑰一立《タリ》二于其地一　於《トコロニ》レ今不二枯槁一號二藤嶋明神一華《ハ》五色《ニメ》而濃艶《タリ》是則表二本有色質一而以彰《ス》二聖化不改一万歳糂《ノ》明焉《ケン》可二思議一

（大祝本『諏方講之式』第四讃）

四　藤島不思議者當社御垂跡之最初有地主之靈祇号守屋大臣神與大明神諍爲地主之刻藤鎰《カギ》與鐵鎰擬決雌雄之

時依令勝藤鎰稱諏訪依之改山家之郡名諏方郡彼勝鎰于今不枯曰是藤島明神矣五色互榮万歲之粧新也

（桃井本『諏方講之式』第四讃）

右の大祝家本によると、「藤蔦不思議」として、当社の垂迹縁起について叙述されている。当郡にはもともと「地主」がいて「守屋大臣」と称したという。その大臣と明神が所領争いをして、明神は「藤鑰」、大臣は「鐵鑰」を以て雌雄を決し、領主を定める勝負を行った。明神は「藤鑰」によって勝ちを得たので、その勝利にちなんでこの地を「諏訪郡」と称し、かの「藤鑰」を以て立てた地には今においても（藤の花が）枯れず、藤嶋明神と称するようになったという。その花は五色にして濃艶で、「聖化不改」を顕すなどの不思議があるという。

桃井本もほぼ同じ筋立てで、最初当地の「地主之靈祇」であった「守屋大臣」と大明神とが、それぞれ「鐵鎰」と「藤鎰《カギ》」で争い、「藤鎰」によって勝利を修めた諏訪大明神がその勝利にちなんでこの地を「諏訪郡」と改め、枯れない藤の花を以て藤嶋明神と言うようになったと述べている。

それに対して、『諏訪大明神講式』第二讃には、以下のような藤島社の縁起が叙述されている。

爰二逮《ヲコテ》下乎終卜《シテ》二勝地於信州《ニ》一永《ナカク》排《ヲシヒヲ》中權《ケン》扉《ヒヲ》於當郡《ニ》上、魔王振《テ》レ威忽成《ニル》二神敵《ト》一。出二彼天《ノ》竺《ヲ》一者、現《シ》二美教大臣《ト》一、挿《サシハサミ》二野心一擬《ス》レ危《フメント》二王威一。來二此《ノ》日本《ニ》一者、變《メ》二洩矢《ノ》惡賊《ト》一、懷《イテ》二狼性一欲《ス》レ妨二神居一。然《ル》間《アヒタ》洩矢《モリヤ》者《ハ》持《メ》二鐵輪一而爭レ之、明神□(者カ)採《テ》二藤《ノ》枝《ヲ》一而降《ス》レ之。遂《ニ》乃《チ》邪輪令レ歸二正道《ニ》一、魔障不レ剋《カタフサ》二神威《ヲ》一。故《ニ》洩矢《カ》鐵器早權《モケテ》現《シ》二雌伏之相《ヲ》一、明神藤《ノ》杖施猛《メ》揚《アク》二雄飛之徳《ヲ》一。即法《ノトヲ》二魔族辭讓之詞《ノニ》一、立《ツ》二我神諏方之號《ノヲ》一。月氏之帝名日域之神《ノ》□(號カ)、文字雖レ異、其称是一。權化之所行、凡慮難レ測。靈異之趣《ノ》、誠有《ニ》二其由一者歟。抑往事幽邈何以覈《カシルシトスル》諸。明神所現之藤《ノ》、發レ誓而擲レ地、邪賊鬪諍之砌《ニ》、詑《ツケテ》レ根而成レ林。今藤嶋明《ノ》神是也《ナリ》。自レ尓以来《コノカタ》□藤《ノ》花鮮《スクナフメ》、八-百-餘《ノ》之春《ノ》霞雖レ検《アラタマルト》、青-松枝-接《マシハテカ》　數千-年《ノ》之秋《ノ》翠《ミトリ》猶深《フカシ》。是《レ》眼前龜鑑《カンセンノキカンナリ》。誰《レカ》敢《アエテ》懐《ケン》二狐-疑一。加レ之當-社之側《ホトリニ》有二一-峯《ノ》-巒一。古-來稱レ之號二洩-矢獄《カト》一。凶-奴止レ諍之□（後カ）欸然隠《トメ》レ形之處也《トコロナリ》。是故《ノ》不レ失二嚢-代之勝-躅《ヲ》一、留二跡《ヲ》於迹-中《ニ》一、爲《ニ》レ擬二末-代《世ノ》之規-模《ニ》一、遺《ノコス》二塚《ヲ》於境《ケイ》-内《タイニ》一者也。

彼《ノ》物-部守屋《モリヤハ》者、佛-法之怨-敵也。上-宮（聖徳）太-子誅レ之、耀《カヽヤ》二惠-日於若木郷《ワカキノニ》一。此《ノ》山-家洩矢《ヘモリヤ》者神-明之讎《ノ》-敵也。當-社明-神罰《メ》レ之扇《シク》二威-風於扶-桑朝《ノニ》一。是又怨-賊-躰雖レ異、給恰《カレコレ》名《ナ》似レ同《ニ》。綷《コトノ》之奇-特得而難レ稱、權-化之主仰而可レ信者歟。仍先唱二伽-陀一、次可レ行二禮-拝一。

これによると、天竺の「美教」は野心を以て王威を危うくしようとした「神敵」であるという。すなわち、日本に来て「洩矢悪賊」と変じたとし、鉄輪を持って明神と争った。これに対して、明神は藤枝を採ってこれを降伏した。さらに、明神が誓いを発して地に藤を投げたところ、戦場に藤の林ができた。これが今の藤島神社である。それ以来、藤の花が鮮やかに咲き、松の枝が数千年間緑深く繁った。それのみならず、社の側にある一峰を古来、洩矢嶽と称するのは、凶奴（洩矢）が姿を隠したところとされるからである。また、かの物部守屋は「佛-法之怨-敵」として聖徳太子に誅され、この洩矢は「神-明之讎《ノ》-敵」として神罰を受けたとも述べている。右の叙述によると、洩矢については、「神敵」以外にも「悪賊」「魔障」「凶奴」などといった凶賊を示す多様な表現が用いられていることが確認できよう。

ところで、二本松康宏[10]が指摘しているように、『諏訪大明神講式』と同じく諏訪円忠の制作とされる『諏訪大明神画詞』「諏訪社祭絵　第四　夏下」[11]にも、藤島明神の縁起が以下のように叙述されている。

抑コノ藤島ノ明神ト申ハ、尊神垂迹ノ昔、洩矢ノ悪賊神居ヲサマタケントセシ時、洩矢ハ鐵輪ヲ持シテアラソヒ、明神ハ藤ノ枝ヲトリテ是ヲ伏シ給フ。ツイニ邪輪ヲ降シテ正法ヲ興ス。明神誓ヲ發テ、藤枝ヲナケ給シカハ、則根ヲサシテ枝葉ヲサカヘ、花蘂アサヤカニシテ、戦場ノシルシヲ萬代ニ發ス。藤島ノ明神ト號スル、此ユエナリ。

これによると、「尊神（諏訪大明神）」の垂迹を妨げる「洩矢ノ悪賊」が鉄輪で争ってきたので、明神は藤の枝で降伏させたという。それは邪輪を降伏させて正法を興したことになる。さらには、明神が誓いを発してその藤枝を投げたところ、枝葉が広がり、花が咲いて戦場のしるしを示した。是を以て藤島の明神と称するようになったというのである。当該の叙述もまた、『諏訪大明神講式』同様、諏訪大明神と戦った「洩矢」について「悪賊」という悪称を以て批判的に記述している点に注意したい。

というのも、同じく二本松康宏[12]によると、このような諏訪大明神と守矢大臣の神戦譚を伝える別種の類話があるという。すなわち、『諏方上社物忌令』[13]によると、

一　倩惟、当社明神者、遠分二異朝雲一近交二南浮塵一給申。其名健御名方明神、去ハ和光之古ヲタツヌルニ、波提国ノ主トシテ、文月末比鹿野苑御狩ノ時、奉レ襲守屋逆臣カ其難ヲノカレ、広大慈悲御座得レ名給。

と見える。これによると、諏訪大明神がかつて波提国の主であったころ、七月の末頃に鹿野苑で狩りをしていると、「守屋逆臣」に襲われたものの、無事難を逃れることが出来た由を伝えている。七月末頃の狩りとは、秋山祭り（御射山祭り）の神事を指すもので、同話はその由緒を説くものである。ちなみに、同書は、鎌倉将軍の質問を受けて、伊豆山別当弘實および衆徒が詮議して諏訪の大事神道の秘密を抜き出し、嘉禎三年（一二三七）一一月二一日に作り出して、翌年の暦仁元年（一二三八）の一二月一三日に北条正信を使者として上社に渡された

ものという。また、この『諏方上社物忌令』に見えるような鹿野苑での狩猟に関する類話は『諏訪大明神画詞』「諏訪社祭絵　第六 秋下」や、『諏訪大明神構式』においても確認でき、両書によると、「美教」が鹿野苑で狩りをしている大明神を害そうとする叙述となっている。

以上ように、鎌倉諏訪氏および京都諏訪氏所縁の諏訪大明神と守矢大臣の神戦譚においては（藤島社の縁起をはじめとして）、一貫して守矢について逆臣・悪神と称し、批判的な叙述をしている。一方の『諏方ノ講式』の大祝家本・桃井本では、守屋大臣を「地主」「地主之靈祇」と称し、決して邪悪な存在とはしていない。このような『諏訪ノ講式』諸本に見える守矢大臣の描き方は、第一章で取り上げた『信重解状』第一条に見える「守屋山麓御垂跡事」の叙述にも通じるものがある。

そこで、『信重解状』第一条「守屋山麓御垂跡事」の内容について、その概要を以下に箇条書きにしてみる。

①　昔、「守屋大臣」の所領があった。

②　諏訪大明神がそこに天降って居住しようとすると、大臣はそれを防ごうとした。

③　明神は秘計をめぐらすなどして、あるいは争論し、あるいは合戦したところ、両者は雌雄を決することが難しかった。

④　そこで、明神は、藤鎰を持ち、大臣は鉄鎰を以てこの地に懸けてこれを引いた。

⑤　大明神は、藤鎰を以て軍陣の争論に勝ち、守屋大臣を追罰した。

⑥　（大明神は）当社に居して以来、はるかに数百年を送り、天下に称誉された。

⑦　大明神は、かの藤鎰を当社の前に植えると、藤の枝葉が繁り、当地を「藤諏方之森」と称するようになった。

⑧　毎年二度、神事を勤めるようになり、これ以来、当郡を「諏方」と名付けた。
⑨　下宮（下社）は当社（上社）と夫婦の契約をしたことにより、姫大明神の名を示すようになった。
⑩　大明神が天降ってから、上社が本宮であることは明白である。

当該条の叙述は、ところどころ文意の取りにくい表現があるものの、二本松康宏・福田晃[14]もおおむね右掲の内容と解釈している。なお、右記に見える諏訪大明神が垂迹したとされる「守屋大臣」の旧領地は、諏訪上社の南に位置し、古くから上社の御神体山とされる「守屋山」のこととされる[15]。当該の叙述は、諏訪大明神の守屋山への垂迹縁起である。と同時に、前掲の藤島神社の垂迹縁起とも近似したモチーフを持つ類話とも言えよう。この『信重解状』の叙述もまた、諏訪大明神と戦う守矢大臣については、『諏方上社物忌令』『諏訪大明神画詞』『諏方大明神講式』とは異なり、決して邪悪な存在とする悪称などは使用されていない。

ところで、大祝諏訪氏の系図の中で、よく知られているもののひとつに、『諏訪史 第二巻 前編』[16]の「附録」に全文の翻刻が掲載されている『神氏系図』が挙げられる。『諏訪史』は、戦前（昭和六年）にはすでに刊行されていたことから、当該系図は早くに知られることとなった。また、『神氏系図』は、先学においては、大祝諏訪氏の系図の中で比較的古いものと見なされて（一六世紀頃とされる）[17]、相応に注目されてきた。さて、大祝家文書には、当該系図の別本に相当する『前田氏所蔵巻軸　諏訪氏古系図』が含まれている（本書「付録」参照）。そして、同系図の冒頭に見える当家の氏祖伝承には、『信重解状』第一条「守屋山麓御垂跡事」の類話ともいうべき、諏訪大明神の守屋山への垂迹縁起が叙述されている。該当部分を以下に挙げる。

神氏系圖

夫諏方大明神垂迹事異説在之或他國應生靈或吾朝根本神舊記異端凡慮難測爰舊事本記説曰素盞烏尊御孫大己貴神第二御子建御名方神是也神代之義幽邈而難記之其後暦百七十九萬三千餘歳自人皇始神武天皇十五代神功皇后元庚辰年三月皇后三韓征伐之日尊神令化現鎮西松浦（朱）コノマ、懸（縣カ）給自尓以降王城擁護誓願武關鎮守靈驗多般寄特記之在別帋神幸信州諏訪郡者人皇卅二代用明天皇御宇也于時有八歳童子有員（後字）而令随遂明神守屋奉諍大神至守屋山有御合戰童子卒（率カ）神兵追落守屋則于彼山麓構社壇吾神脱着御衣於童子吾無體以祝為體有神勅隱給御身則彼童子為神體名御衣木祝神氏始祖也明神者普賢童子者文殊也

御衣木祝　諏訪大祝元祖　此間十余代系圖紛失

∴有員――頼信（大祝　美濃權守）――為信（大祝　神太夫）

――為仲（注記略）（大祝　神太）――（後略）

これによると、「神氏系圖」の冒頭の氏祖伝承の叙述において、諏訪大明神の垂迹縁起の「異説」が伝えられている。「異説」とは、『旧事本紀』などに見える建御名方神の神話ではない諏訪大明神の垂迹縁起のことである。

すなわち、大明神が信州諏訪郡に神幸したのは第三二代（正しくは三一代）用明天皇の時代で、そのとき、八歳の童子であった当家の祖とされる有員が大明神に従って「守屋」と戦ったという。大明神が「守屋山」に至ったところで童子の神兵が守屋を追い落とし、その山麓に社壇を構えたという。さらには、大明神は脱いだ衣を童子に着せ、「吾無體以祝為體」（自分には躰はなく、祝を躰とする）という神勅をくだしてお隠れになり、彼の童子を躰となして御衣木祝と名付け、それが神氏の始祖となった旨を説明している。なお、大明神の本地は普賢菩薩、童子は文殊菩薩であるという。このような諏訪大明神の垂迹縁起のうち、神衣に関する叙述については『諏訪大明神画詞』などにも見える著名な伝承である。さらに、大明神と守屋の争いに関する逸話については、『信重解状』の第一条の類話と言えるものであろう。両書におけるもっとも大きな相違点としては、前掲の『信重解状』の梗概の④⑤で示したように、同文書では、大明神は「藤鎰」を以て守屋に勝利したとされているのに対して、『前田氏所蔵巻軸　諏訪氏古系図』では、大祝家の氏祖である有員の神兵が守屋を追い落としたとしている叙述が挙げられよう。ほかにも、前掲の『信重解状』の梗概の⑦⑧で示した地名由来や⑨で示した下社との関係などについて、『前田氏所蔵巻軸　諏訪氏古系図』では触れられていない点などが指摘できる。

右掲の『前田氏所蔵巻軸　諏訪氏古系図』に見えるような、大明神と守屋との神戦に童子の有員が登場する逸話は、大祝家の氏祖伝承として重視されていたらしい。と言うのも、大祝家文書に含まれるもう一本の系図にも同じような叙述が見える。以下に該当部分を挙げる。

神家

諏方祝元祖御衣木祝有員由来事

用明天皇御宇大明神影向信濃國諏方郡之時為有員童子形躰所令御共也昔同郡内守屋大臣　奉諍大明神御来臨之間至守屋山彼大臣ゟ大明神有御合戦于時有員令御共致合戰忠追落大臣則於守屋山麓構社壇令化現諏方大明神即有員始而為祝奉成祭礼者也豈大明神者普賢有員者文殊師利菩薩化身云（中略）

神家系圖　諏方一族次第

諏方大明神（御身ヲソキ賜フ則童子トナル御衣ヲヌキ、セ賜□ミソキノ祝是也　大明神ハ普賢菩薩有員ハ文殊師利菩薩也）

御衣祝　自有員至頼信十四代系圖於為中時紛失畢有員十四代後胤也

有員
　頼信（美濃守権守　抜有信）―爲信（神大夫）―為仲（神太）―（後略）

この系図は、『大祝家系圖』と記載された木箱入りの巻子本である。系図の内容としては、前掲の『前田氏所蔵巻軸　諏訪氏古系図』とは異なる諏訪一族の系譜を載せている。たとえば、『前田氏所蔵巻軸　諏訪氏古系図』には諏訪円忠系の京都諏訪氏の系統が記載されているが、こちらの木箱入り『大祝家系圖』にはそれは記されていない。しかしながら、「諏方祝元祖御衣木祝有員由来事」すなわち大祝家の氏祖である有員の由来譚の一部として、『前田氏所蔵巻軸　諏訪氏古系図』と同じく、用明天皇の時代に大明神が信濃國諏方（訪）郡に降臨する際、童子の姿をした有員を御共として郡内の「守屋大臣」と争った逸話が叙述されている。すなわち、木箱入り『大祝家系圖』の方の叙述においても、大明神が来臨して「守屋山」に至ったとき、守屋大臣より合戦をしかけられた大明神に有員が忠義を尽くして大臣を追い落としたと伝えているのである。このくだりもまた、前掲の『信重解状』の梗概の④⑤に見える大明神が「藤鎰」を以て守屋に勝利したという叙述に対する異同部分と言えよう。さらに、木箱入り『大祝家系圖』は、争いのあと、勝利した大明神は守屋山の麓に社壇を構えて化現し、有員は祝の始祖として祭礼を奉じるようになったと記述している。さらには、大明神の本地について普賢菩薩、有員を文殊菩薩の化身とする言説も見える。ちなみに、前掲の『前田氏所蔵巻軸　諏訪氏古系図』の該当部分と異なるのは、当該系図は、大明神から有員に神衣が着せられたくだりについては記載していないところである。

　このように、『信重解状』第一条に見える諏訪大明神と守屋大臣の神戦譚の類話は、大祝家の氏祖伝承として同家の系図類にも引用されているものであった。ただし、当該の系図類では、当家の氏祖である有員の活躍譚が付加されているという相違がある。その一方で、大祝家所縁の文書類に見える守屋大臣はいずれも、諏訪大明神と争ってはいるものの、それは神戦譚のモチーフの範疇であり、たとえば京都諏訪氏所縁の『諏訪大明神講式』に見えるような、邪悪な存在としては描かれていない。

　すなわち、前掲の『諏方上社物忌令』では「守屋逆臣」、『諏訪大明神画詞』「諏訪社祭絵　第四　夏下」では「洩矢ノ悪賊」、『諏方大明神講式』では「洩矢悪賊」などと叙述していることから、これらは大明神と争う守屋を邪悪な存在として描こうとする姿勢が窺える（特に『諏方大明神講式』ではその傾向が顕著）。当該の類話群には、諏訪大明神による神敵調伏譚としての趣旨を見出すことができよう。一方の大祝家本『諏方構之式』では「地主一号二守屋ノ大臣ト」、同桃井本「地主之靈祇号守屋大臣」、『信重解状』では「守屋大臣」、『前田氏所蔵巻軸　諏訪氏古系図』では「守屋」、『大祝家系圖』では「守屋大臣」とそれぞれ記されている。これらのテキスト類においては、守屋大臣は決して悪称を記されることや邪悪な存在として描かれることなどはなく、諏訪大明神の垂迹以前に当地を領していた地主神とされている。それならば、両者の神戦譚は、いわば大明神と守屋による国譲り神話のような様相を呈していると言えよう。このように、大祝家所縁の信州在地の文書において、守屋大臣が邪悪な神敵とされないのは、あるいは守矢神を祖と仰ぐ神長官守矢氏と大祝家の在地的な関係が影響しているものであろうか。

おわりに

以上において、諏訪市博物館所蔵大祝家文書の中から、中近世期における諏訪信仰の文化的実相をうかがわせる資料として『信重解状』と『諏訪講之式』の新たに確認できた写本を取り上げた。どちらの文書も、『諏訪史料叢書』に翻刻本文が所収され、早くに知られていたテキスト類であったが、本稿では、『諏訪史料叢書』が底本としたものとは別の伝本を紹介した。

まず、『信重解状』については、新出写本の全文翻刻を提示し、その本文とこれまで知られてきた写本の本文との異同を検討し、両本において書写関係のなかったことを確認した。次に、『諏訪講之式』については、これまで顧みられることがなかった大祝本を取り上げてその全文翻刻を掲出し、その本文と桃井本の本文との比較を行った。その結果、両写本の間には語句や表現および叙述量などにおいて異同が多くみられることから、それぞれ別系統の伝本であることが判明した。また、鎌倉諏訪氏や京都諏訪氏といった、信州以外の地において伝来したテキストと、縁起伝承の部分において相違が見えることも確認できた。

以上のことから、『信重解状』『諏訪講之式』には、かつて複数の写本が流布していたことが想定できる。今後は、それらの写本がどのように成立・享受されていったかを検証することによって、両文書を媒体とする上社所縁の文化伝承の展開について明らかにしてゆく必要がある。その考証および大祝家文書のその他のテキスト類についての解明は、今後の課題としたい。

注

（1）初版は『諏訪史料叢書　巻八』（諏訪教育会編、一九二八年）、復刻版は『復刻諏訪史料叢書　第二巻』、諏訪教育会編、一九八三年七月。本稿では復刻版の本文を引用した。
（2）初版は『諏訪史料叢書　巻十五』（諏訪教育会編、一九三一年）、復刻版は『復刻諏訪史料叢書　第三巻』、諏訪教育会編、一九八三年一一月。本稿では復刻版の本文を引用した。
（3）『諏訪市史　上巻　原始・古代・中世』、諏訪市史編纂委員会編、諏訪市役所、一九九五年三月。
（4）石井進「大祝信重解状のこと」（『諏訪市史研究紀要』第五号、一九九三年三月）。
（5）井原今朝男「鎌倉期の諏訪神社関係史料にみる神道と仏道―中世御記文の時代的特質について―」（『国立歴史民俗博物館研究報告』一三九号、二〇〇八年三月）。
（6）二本松康宏「諏訪縁起の変容―阪波大王から甲賀三郎へ」（『諏訪信仰の中世―神話・伝承・歴史―』所収、三弥井書店、二〇一五年九月）。
（7）福田晃「諏訪の中世神話―神道集の時代」（『諏訪信仰の中世―神話・伝承・歴史―』所収）、『安居院作『神道集』の成立』第一部「『神道集』と諏訪信仰」第一章「諏訪の中世神話―『神道集』の時代」（三弥井書店、二〇一七年二月）。
（8）前掲注（1）参照。
（9）『神道大系　神社編三〇　諏訪』（竹内秀雄校注、神道大系編纂会、一九八二年三月）。

（10）前掲注（6）に同じ。
（11）前掲注（9）所収。
（12）前掲注（6）に同じ。
（13）前掲注（9）所収。
（14）前掲注（6）の二本松康宏論文及び注（7）の福田晃『安居院作『神道集』の成立』第一部「『神道集』と諏訪信仰」第一章「諏訪の中世神話―『神道集』の時代」。
（15）前掲注（6）に同じ。
（16）『諏訪史　第二巻　前編』、宮地直一著、信濃教育会諏訪部会、一九三一年六月。
（17）中澤克昭「神を称する武士たち―諏訪「神氏系図」にみる家系意識―」（シリーズ歴史学の現在『系図が語る世界史』所収、歴史学研究会編、青木書店、二〇〇二年一一月）。

【付記】

貴重な資料の閲覧を許可してくださった諏訪市博物館と守矢早苗氏および神長官守矢史料館にお礼申し上げます。また、諏訪市博物館長（平成二九年当時）の小林純子氏、神長官守矢史料館の柳川英司氏からは、資料に関する貴重なご教示を賜り、重ねて感謝申し上げます。なお、守矢家文書については、守矢早苗氏と神長官守矢史料館に資料閲覧のご許可をいただきつつも、今回は紙幅の関係上、詳しく触れることができなかったが、いずれ別稿に期したい。

諏訪縁起の再創生――『伊那古大松原大明神縁起』の情景――

二本松康宏

はじめに

『太平記』（天正本）[1]巻第一〇「四郎左近大夫入道虚って自害の事」によれば、鎌倉が陥落し得宗家が滅亡したとき、北条高時の遺児・兆寿《かめじゅ》は諏訪盛高に懐かれて信濃へ落ち延び、諏訪の祝に匿われたという。諏訪氏は諏訪大明神の現し身とされる大祝の職を世襲しつつ、その一族は武家として鎌倉に出仕し、得宗家の有力な被官となっていた。

二年後の建武二年（一三三五）七月、兆寿は相模次郎（北条時行）を名乗り信濃で兵を挙げる。それに呼応した五万（『太平記』巻第一三「相模二郎謀叛の事」）の軍勢は関東各地で足利方を討ち破り、時行は鎌倉を占拠する。いわゆる中先代の乱である。『梅松論』（延宝本）上巻[2]にあるように、幼い時行を擁立して挙兵を主導したのは諏訪上宮の大祝らである。

信濃国諏訪の上宮の祝安芸守時継の父三河入道照雲・滋野の一族等、高時の次男勝寿丸を相模次郎と号しけ

るを大将として、国中をなびかす

しかし、京都から東海道を攻め下ってきた足利尊氏によって北条時行の鎌倉占拠は二〇日を保たずに陥落する。諏訪頼重と子息・時継らは鎌倉の勝長寿院において自害。北条時行は行方をくらます。『太平記』巻第一三「眉間尺釬鏌剣の事」によれば、時行の死を偽装するために、頼重らは悉く顔の皮を剥ぎ、誰ともわからない死骸になっていたという。『諏訪大明神画詞』[3]縁起第四によれば、時継の遺児であり大祝を継いでいた頼継は朝敵とされ、神野の狩場に身を潜めたとある。神野の狩場といえば御射山である。

後醍醐院重祚ノ初、建武二年八月大乱ノ後、大祝頼継ハ、父祖一族朝敵ニナリテ、悉クホロヒテ後、宝殿ニテ失ナフヘキカト、従人等計ケルニ、神ノ告アリテ、当郡ノ内、原号神野御狩場也。ニカクレ居タリケリ。

鎌倉から落ち延びた北条時行はやがて南朝に帰順する。『太平記』巻第十九「相模次郎時行南朝に参る事」「義詮鎌倉を退く事」等によれば、延元《南朝》二年（一三三七）には北畠顕家に与して鎌倉へ侵攻し、足利義詮を追って再び鎌倉を占領している。数日後、北畠顕家は大軍を率いて上洛の途に立ち、北条時行もこれに従って西上。美濃国青野原の戦いに参戦。しかし、それ以降、北畠顕家の畿内転戦には同行しなかったようである。『守矢貞実手記』[4]によれば、暦応《北朝》三年（一三四〇）には信濃国伊那郡の大徳王寺城（伝・伊那市長谷溝口）に挙兵したとも伝えられる。その戦いに、当時一二歳の諏訪の大祝頼継も馳せ参じたという。

暦応三年戊寅相模次良殿、六月廿四日、信濃国伊那郡大徳王寺城に楯籠られ、当大祝頼継父祖の忠節忘れ難くて、同心に馳せ籠る。当国守護小笠原貞宗、府中の御家人と相共に、同廿六日馳せ向ひ、七月一日大手に於て数度合戦をなす。相模次良同心の大祝頼継十二歳。数十ヶ度打勝つ。（中略）然りと雖も次良殿、次いで御方なく、手負死人時々失ひ成しければ、十月廿三日の夜、大徳王寺城開落す。

大徳王寺城が陥落した後も北条時行は南朝に与して抵抗を続ける。大祝頼継の改名と推定される諏訪直頼[5]も南朝方に与し、あるいは観応の擾乱では足利直義派として信濃における北朝勢力と戦い続けた。観応二年（一三五一）一月には国人の市河氏らに命じて船山の守護館（伝・千曲市小船山）や守護代が立て籠もる放光寺（松本市蟻ケ崎）を攻めさせ、さらに甲州へ軍勢を差し向けて須沢城（南アルプス市大嵐）に楯籠もる高師冬を自害に追い込んでいる[6]。

中先代の乱の惨敗以降、諏訪氏の足利政権への抵抗は二〇年にも及んだ。それが得宗家への忠節であったとしても、あるいは諏訪の神領を守るためだったとしても、神の現し身たる大祝は戦火の俗塵に塗れ過ぎた。延文元年（一三五六）に著された『諏訪大明神画詞』に描かれた祭儀はおそらく昔日の栄華である。京都の諏訪円忠の憧憬と言ってもよいだろう。「祭第六　秋下」に描かれた御射山祭には「数百騎クツハミヲ並ヘテ」云々とその賑わいを謳っているが、七月二七日の山宮詣に「古ヘハ百騎計、近来ハ僅ニ二三十騎ナトニ減少ス」と弱気な真相を漏らしている。

かつて諏訪の大祝は大明神の神裔にして神体そのものであった。それは中世の諏訪信仰において繰り返し説かれてきた祭祀の骨格をなすイデオロギーである。しかし二〇年におよぶ戦塵の中で大祝の権威は失墜した。そして、大祝の権威とは繋がらず、あるいはそれに対抗する風景の中であらたな「諏訪縁起」が求められた。

本稿では、長野県南佐久郡小海町の松原湖の畔に祀られる松原諏方神社に伝わった『伊那古大松原大明神縁起』を手掛かりとして、南北朝時代における諏訪信仰の変容と縁起の再創生―在地的な展開あるいは祭祀の独立

—の情景を読み解いてみたい。

一　『伊那古大松原大明神縁起』を読む

松原湖は付近に点在する猪名湖、長湖、大月湖等の湖沼群の総称であり、かつ湖沼群のうち最大の猪名湖を単体で松原湖ともいう。猪名湖は森に囲まれた周囲二kmほどの静かな湖である。湖面の標高は約一一〇〇m、湖畔からは西に八ヶ岳連峰を仰ぐ。

猪名湖はおよそ諏訪湖に見立てられ、湖の南の畔に松原諏方神社の上社、その対岸には下社が祀られる。諏訪湖における諏訪大社の上社と下社を擬した、諏訪の雛型のような景観である。猪名湖では諏訪湖と同じように厳冬期には「御神渡り」も見られた[7]。後述するように、松原諏方神社には『諏訪大明神画詞』に記された中世以来の古態を彷彿させる御射山神事が伝えられる。また戦前までは旧三月酉の日の祭礼が執り行われ、七五頭の鹿や猪の頭が神膳に供えられていたという[8]。

その松原諏方神社に「伊那古大松原大明神縁起」（本稿では「松原縁起」と略称する）が伝えられている。同縁起は「諏方大明神伴野庄御影向之事」と副題を表し、「和泉太夫」なる人物からの注進状という体裁によって諏訪大明神の松原への垂迹を説き明かす。末尾には観応三年（一三五二）壬辰六月一七日の奥書を識す。稿者は以前に『伊那古大松原大明神縁起』の制作を「足利義澄が追放された永正五年頃を上限として、それほど下がらない時期」と考えていた[9]。しかし、本稿ではそれを撤回したい。観応三年の奥書をそのまま信じることはできないが、次節で詳しく検証するように、「松原縁起」そのものは観応三年から遠くない時期に作成されたと考えるほうが妥当かもしれない。「松原縁起」は松原諏方神社に伝わった文書群の一つであるが、現在は松原諏方神社上社の旧神主家に所蔵され、すでに相当の長期間に及んで閲覧できない状況となっている。戦前に地域の歴史研究者によって翻刻・紹介された本文[10]や、その翻刻をもとにして近年に地域の歴史研究者によって紹介された本文[11]もあるが、翻刻には誤りが散見するので研究の素材とするには注意が必要であろう。本稿では松原諏方神社上社旧神主家蔵本の謄写本をもとに、まずは以下にその全文を翻刻・紹介する。

伊那古大松原大明神縁起　和泉太夫注進

諏方大明神伴野庄御影向之事

諏方大明神御正体飛二移《セ玉フ》当国佐久郡伴野庄西山伊那古之松原《ニ》一矣。爰《ニ》有レ女此女者伴野二日市場者《ナリ》、六月十五日、為《ス》二産氏神詣一、参《ル》二大井庄大幡宮《ノ》一処《ニ》、彼《ノ》宮《ノ》神人八乙女等問《テ》二彼女一曰、誠哉否《ヤ》、諏方大明神飛二移給《トヤ》西山之松原《ニ》一。即彼女答《テ》曰《ク》、左様雖《モ》二申相一、御二座《ト》真実之大明神《ニ》一者、可レ有レ降二臨新海之社壇《ニ》一。是程深山之中《ニ》、依《テ》二何事一可レ有二御影向一哉《ト》答申《ス》。而《ニ》彼神人等現《ニモ》道理《ナリト》領解《ス》。其後彼女下二向《スル》于伴野本宅《ニ》一之刻、於二千陌河之岸一俄《ハタニ》五《ニ》体《骨身》疼不レ得二動揺《ヲ》一、雖《モ》レ尓様々《ニ》而《帰リ》私宅一帰《リ》、即参《テ》二薬師堂一、被《カウフリ》二長老之加持《ヲ》一、得《テ》二少《シ》減《ヲ》一而詫宣《ニ》曰《ク》、於レ吾《ニ》成《ス》二疑心一之間、為レ顕二勝利《於》現当《ニ》一悩《ス》レ汝《ヲ》也《ト》云云。即詫宣息《モ》狂《イ》醒《メ》畢《ヌ》。仍取《テ》二信於此事一、長老并臼田六郎及二人々共《ニ》一、六月十七日、先《シテ》二彼女一参二松原一之処《ニ》、社壇近成社参之人々面《ノ》於二河辺《ニ》一至《ス》二精進行水一。其時長老《ハ》、我《ハ》先参《ツル》也、誰人可《キト》二連参《テル》一、触《ル》二衆中一之処《ニ》、道智房本《ヨリ》精進身也、故詣《ニ》二島社壇《ニ》一。其後十余人馳連参社《ス》。彼女相共参《ル》二社壇一処《ニ》、欻然《コツゼントシテ》彼女不レ見。而《ニ》初《テ》参《ル》女也迚《トテ》人々分《テ》レ手《ヲ》呼尋之処《ニ》、此女如二本知《タル》路《ヲ》行《カ》一至《テ》二御正体御座木本《ニ》一、念誦《シテ》侍《ヘリ》二島社壇一。社参之人々各々成《ス》二寄異之思《ヲ》一。于時彼女偏《ニ》身揺摽《フルイヲノ、イテナク〳〵》泣　詫宣曰《ク》、世者百七十三年之間、可レ為二源高氏《ノ》也《世》、相構高氏不二心替一。教《テ》二吾乗機一、雖《モ》下致二時々示現《ヨリ》一度々示《ヲ》中夢想《スト》上、遂《ヲ》不《ニ》レ用レ之、率二数多之軍勢《ヲ》一、致二度々合戦一、殊思《ニ》二不思議一也。剰引《ヘ》二入此敵於諏方郡一、手内議《ニ》二捼歆《チリ》一招入、聞二人馬之吹気《息》一、聞二師嚾音《イクサ》一、腥《ナマクツクサリ》津嗅、是乱煩《モウルサク》思、玉垣之中緋《ニ》血流《ニアカキ》穢《シ》レ吾。何計《ヲ》恨思間《カリニ》、即蹴《フム》歆度思、今日助《モ》置也。雖《ハ》レ尓秋三《ト》月中縮《ツヽメテメイヲ》レ命、欲レ助二後生一。諏方郡雖レ成二鹿臥所《之》一、吾乗機跡《ニヲ》不《トモ》立思也《フ》。依《拠》二此恨一、飛二此移《ハシノ》一、彼思移《カ》二新海社《シ》一時、諸神面々去二自社《ニテ》一、請レ是《シ》。数多眷属《ヘト》御座所、是御定《ナレハ》。雖《マリ玉》二羞《モ》申《ス、メ》一、衆生迷多悟鮮者《ト》、各不知吾此処立留事《ハハナレハ》、悟否《ニル》、為二衆生利益一、隠二慈悲柔軟之形一、現二垂迹《シ》一、出二法性都一、自高天之原一分二天地一、天降之時、排二掴《タチヤスライシニ》此木之本《許》一、以二此池水一、初仕二手水《ヲ》一、漱《イ》　足息《スヽキ》　心《ヤスメテ》一、至二諏方之郡《ヲ》一、今垂《ル、アトヲ也》レ跡。吾飲始水《ノムニ》、深誓底清《シ》、無レ濁無《リ》レ霞、清　水不《メルハ》レ知哉。然造造《ニ》レ社、至二神拝祭礼相僕《マテ》流鏑馬《(まま)》一、何事可《フサメ》レ違二諏方之儀式《カ》一。吾乗機為高氏嫡《ニ》子雖思《チャク》、今以二次男一是定《ヲ》。乗機顕二定あ本朝明将軍《ル》一也。加様理無《り》レ何者《リナニトナキモノハ》、雖二披露《モ》一、人不レ可レ有レ用レ之《フ》。然釈迦之御弟子、持《ハ》戒持律之人、能々為二披露一。委細物語《スル》　也。今上畢《リ》詫宣給《ト》。仍而注進此レ斯矣

観応三年壬辰六月十七日

主見付太夫末孫和泉太夫

「松原縁起」は、その冒頭から諏方大明神の御正体が信濃国佐久郡伴野庄の伊那古の松原に飛び移ってきたことを告げる。諏訪の本社からの分霊による尋常の勧請ではない。それは諏訪大明神の神霊がすでに諏訪の地にはないことを主張するもので、いわば本宮を根底から否定した宣言である。それを縁起の冒頭に置いた意義は重い。

伴野庄二日市場に住む某女が六月一五日に大井庄大幡宮へ詣でる。伴野荘は佐久郡のうちおおむね千曲川の西側の平野部から蓼科山北麓までに散在する広大な荘園である。かつては木曽義仲に与した根井氏らの支配地であったが、[12]義仲が滅びた後、文治二年（一一八六）以前に甲斐源氏の小笠原長清が地頭職を得ている。[13]伴野荘の地頭職は長清の子・時長に譲与され、時長は伴野氏を称する。時長の孫にあたる伴野長泰は小笠原氏の惣領でもあったが、弘安八年（一二八五）の霜月騒動において従兄弟の安達泰盛に与して敗死。弟の泰直、子息の盛時と長直らも誅されている。[14]後述するように、騒動の後、伴野荘の大半は北条氏に接収されたが、それでも伴野氏は当地における在地勢力として存続していた。

某女が住まう「二日市場」は、建武二年（一三三五）閏一〇月八日付「伴野荘二日町屋浄阿等為替文」[15]（大徳寺塔頭・徳善寺文書）や同年一一月七日付「伴野荘野沢郷年貢銭為替証文」[16]（同）にみられる「二日町屋」のことであろう。「浄阿等為替文」には「二日まちや」の住人・太郎三郎入道浄阿が大徳寺を本所とする伴野荘大沢郷の年貢二九貫文を為替にして京都へ送る旨が記されている。浄阿の口入人として連著しているのは同じく二日町屋の住人「四郎三郎みつし」「二郎三郎もりしけ」、それに大沢の住人「まこ三郎もりのふ」らである。井原今朝雄は、ここにみられる二日町屋を『一遍上人絵伝』（一遍聖絵）第四に描かれた「信濃国佐久郡伴野の市庭」の発展した姿であるとして、当時、金融業者たちの活動する交易の拠点に成長していたと推察する。[17]現在の佐久市跡部に「上町屋」「下町屋」などの遺称地が伝わり、千曲川の西岸に鎌倉街道が通る。伴野氏館跡（佐久市野沢）にも近く、一遍の踊念仏を起源とする跡部の踊り念仏（重要無形民俗文化財）が伝えられている。

某女が産土神として詣でたのは大井庄大幡宮。大井荘も佐久郡のうちに散在した荘園である。伴野荘と同じように小笠原長清の子・朝光が大井氏を称し、地頭職を相伝してきた。『一遍上人絵伝』には「信州佐久郡の大井太郎と申ける武士」とその姉が一遍に帰依したとある。大井荘の比定地一帯に大幡宮ないし大幡神社という社祠はみあたらないので、「大幡宮」は「八幡宮」の誤写かと思われる。八幡宮だとすれば、大井氏の居館があった佐久市岩村田の若宮八幡神社がそれに相当するだろう。某女は八幡宮に詣でたあと伴野の本宅へ帰る際に「千陌河之岸」を通過している。岩村田の若宮八幡神社から佐久甲州街道の旧道を四㎞ほど南に歩くと千曲川の東岸に差しかかる。そこから川を渡った先が跡部の二日町屋というのも、およそ現実の地理に符合する。

八幡宮に仕える神人らは某女に「諏方大明神が西山の松原に飛び移ったとは誠か」と問う。ところが某女は「真実の大明神ならば新海社に降臨するはず。どうしてそのような山深いところへ影向するはずがあろうか」と諏訪大明神の降臨を否定してしまう。新海社は、中世には佐久地方における諏訪信仰の拠点として特別な位置付けにあった。『諏訪大明神画詞』祭第七によれば、諏訪湖の奇瑞・御神渡りには、上下社の明神の渡御とともに新開明神と諏訪小坂明神の参会があると記され、『当社神幸記』[18]には上社から下社への御神渡りとともにかならず新海明神の御神渡りが進上されている。大祝家文書「古記断簡三葉」[19]の第三葉には「新海大明神ハ諏方大明神ノ御メノト、中也」との伝もある。諏訪大明神ならば新海の社壇にご降臨あるべしという某女の謂は無理からぬことである。八幡宮の神人たちもそれで納得している。新海社の特別な位置付けを知っていれば、誰でもそう思うだろう。しかし、それは神意に背くものであった。某女は参詣を済ませて伴野の自宅へ帰ろうとするが、途中、千曲川の畔でにわかに身体が痙攣し始める。自宅へ帰り着いた女は薬師堂に詣でて加持を受ける。少し痙攣が治まりつつある中で女は託宣を告げる。曰く「女が疑いを為したので、神意を顕すために女を悩ませている云々」

と。『北野天神縁起』等に描かれた多治比文子の懊悩と同じである。『北野天神縁起』[20]（建久本）によれば、西京七条に住む多治比文子は、右近馬場に社祠を建てよとの天神の託宣を受けながら、貧賤ゆえにそれを為すことができず、五年のあいだ託悩に苦しんだという。福田晃は多治比文子の苦しみを成巫過程のはじまりの巫病の発現とみる。[21]二日市場の某女の震えもそれと同じであろう。

二日後の六月一七日、長老、臼田六郎、それに従う人々は、某女を先頭に立てて松原の社檀へ詣でようとした。松原社に近くなると人々は川辺で精進のための水垢離をする。そこで長老は自分とともに最初に参詣する者を衆中に募る。道智房はもとより精進の身であったから長老とともに松原社へ参詣し、一〇余人が後に続いて参詣した。某女もともに参詣するはずだったが、忽然と姿を消してしまう。女はまるで以前から知っていた道であるかのように御正体が鎮座する樹木の下に至り、念誦していた。それを見た人々は奇異の思いをなす。女は身を震わせながら託宣を始めた。

世は一七三年のあいだ足利尊氏（の子孫）が治めるという。「松原縁起」のなかにしばしばみられる「乗機」は「神意」といったような意味であろう。大明神はたびたび示現と夢想によって神意を示してきたが、ついに神意を受け入れず、軍勢を率いて度々の合戦におよんでいることへの遺憾。しかし、大明神の神意を受け入れず、軍勢を率いて合戦におよんでいるのが誰なのか読みづらい。一人称の託宣に特有の読みづらさである。文章の流れでいえば尊氏というようにも読めるが、それでは尊氏への批判になってしまい、後々の辻褄があわない。諏訪大明神は戦乱の血で穢れた諏訪の地を見棄てて、当地に影向したというのだから、ここはむしろ諏訪の大祝に向けられた批判として読むべきであろう。

北条時行が伊那郡の大徳王寺城に挙兵し、大祝頼継も馳せ参じたというのがもしも事実だとしたら、諏訪大明神垂迹以来の例とされた「当職ノ仁郡内ヲ出テサル」（『諏訪大明神画詞』縁起第四）の重禁を犯していることになる。(22)『諏訪大明神画詞』には後三年の役に際して源義家の募兵に応じて上洛しようとした大祝為仲が、美濃国筵田荘の芝原（岐阜県北方町）において双六のいざこざから横死を遂げた逸話が記されている。為仲の後を継いで大祝となった次弟の為継は即位後わずか三日で頓死（三日祝）。その跡を継いだ三弟の為次も即位して七日後に頓死（七日祝）。四弟・為貞の即位にいたってようやく落ち着いたという。『諏訪大明神画詞』がこうした逸話を載せるのは、諏訪を離れて転戦する只今の大祝への批判ではないか。

大祝自らが軍勢を率いて戦っているだけでも神慮に背くというのに、そのうえ敵を諏訪郡に引き入れて殺害を謀る。いくさの声が間近く聞こえ、死臭が漂う。社壇の内にさえ血を流し、我を穢した。我はこの乱行を深く恨みに思い、神罰によって誅せんとも思ったが、今日までは許してきた。しかしこの秋のうちには誅殺し、せめて菩提を助けてやろうと思う、と。

建武二年七月の挙兵以来、諏訪大祝家は足利政権に抵抗し、戦い続けてきた。観応の擾乱では諏訪直頼は信州における直義派の中心的な地位にあった。前述のように、観応二年一月、京都から諏訪に戻った諏訪直頼は、諏訪郡と佐久・小県を結ぶ大門街道の要衝・湯川宿（茅野市北山湯川）に布陣。一月五日には国人衆に命じて船山郷の守護館を攻め、同月一〇日には守護代・小笠原政経が楯籠もる放光寺を攻め、さらに軍勢を甲州へ差し向けて同月一六日には高師冬ら楯籠もる須沢城を攻め、翌一七日には須沢城を陥落させて師冬を自害に追い込んでいる。「松原縁起」が「数多の軍勢を率い、度々の合戦を致す」というのは、このあたりの戦闘を踏まえてのことだろう。

敵を諏訪に引き入れて殺害し、社地を血で穢したという事実は確認できない。また、託宣には「秋三月の中、命を縮めて」とあるが、この年の秋に大祝が亡くなったという記録もない。ここは「縁起」による虚構であろうか。

たとえ諏方郡が鹿の臥処のごとく荒れ果ててしまったとしても、我はここを去るまいと誓いを立てていた。しかし、もはやこの恨みによって諏訪郡を去ることにした。大明神自身も当初は新海社へ移るつもりだったという。しかし、結局のところ当地に影向した。湖のほとりに社殿を建て、祭礼から相撲、流鏑馬にいたるまで諏訪での儀式のとおりにせよ。

「吾乗機為高氏嫡《チャク》子雖思、今以二次男《ヲ》一是定。乗機顕《ル》二定あ《り》本朝明将軍一也。加様理無《リナニトナキモノハ》レ何者、雖《モ》二披露一、人不レ可レ有レ用《フ》レ之」というくだりも読みにくい。吾乗機、すなわち大明神の神意は尊氏の嫡子を後継者にしようと思っていたが、今、次男が後継者として定められてしまった、と読むべきだろうか。尊氏の嫡子は義詮であり、義詮は尊氏を継いで二代将軍となっているから「今以二次男《ヲ》一是定」では辻褄があわない。尊氏の庶長子・直冬は叔父である直義の養子となり、実父の尊氏と敵対し続けていたから、さすがに直冬を「嫡子」とは数えないだろう。むしろ『太平記』巻第十「高氏京都にて敵になる事」によれば、高氏が鎌倉幕府に背いたとき、高氏の二男千寿王（義詮）は鎌倉大蔵谷からの脱出に成功。いっぽう伊豆走湯山にいた長男竹若は上洛を企てたが、途中の浮嶋ヶ原で長崎高泰と諏訪木工左衛門入道に出会って誅殺されている。そう数えれば、大明神の真意は竹若にあったが、こともあろうに諏訪氏の一族によって殺害され、次男の義詮が後継となった、と読めなくもない。

あるいは、神意は尊氏を（神の）嫡子（＝神意に適う王権）と認めていたが、今、次男（直義）がその地位に就いてしまった、と読むべきか。だとすればこの年の二月に鎌倉で直義が頓死したのは、まさに諏訪大明神の神意だったと言いたいのだろうか。

こうした託宣は、道理をわきまえない者たちに披露しても用いられることはない。持戒持律の僧侶にこそ披露するのである、と。「釈迦之御弟子」にして「持戒持律之人」といえば、この場では長老に同行していた道智房のことを指すのだろう。「道智房本《ヨリ》精進身也」とあった。つまり、この託宣の直接の受け手、ということになる。

二　「松原縁起」の制作をめぐって

稿者は以前に『伊那古大松原大明神縁起』の「世は百七十三年の間、源高氏の世となるべし」という託宣に注目したことがあった。それは、言い換えれば、一七三年後に足利の世が終焉するか、あるいは治世とは言い難いまでに著しく衰退することを「松原縁起」が予言しているのではないかと考えたのである[23]。

足利尊氏が征夷大将軍に任じられた暦応元年（一三三八）から起算するとしたら一七三年後といえば永正七年（一五一〇）になる。一一代将軍・足利義澄が前将軍・足利義材（後の義稙）に追われて近江に逃れ、将軍職を廃されたのが二年前の永正五年（一五〇八）。以降の足利将軍家は義澄《一一代》流（義晴《一二代》—義輝《一三代》—義昭《一五代》）と義稙《一〇代》流（義維—義栄《一四代》）とが抗争と迭立を繰り返し、将軍の地位はさらに不安定なものとなる。義稙《一〇代》、義澄《一一代》、義晴《一二代》、義輝《一三代》、義昭《一五代》らは敵対勢力によって京都を追われ、義栄《一四代》は摂津富田で将軍宣下を受けたまま京都へ入ることさえできずに没した。義稙《一〇代》、義澄《一一代》、義晴《一二代》らは京都以外の地で客死。義輝《一三代》は三好義継らに襲撃され殺害されている。一一代将軍・足利義澄の追放と廃位が足利幕府の衰亡のはじまりとみなせなくもない。

いっぽうで、一五代将軍・足利義昭が織田信長によって京都を追放される元亀四年（一五七三）はまだ六〇年以上も先である。天正一六年（一五八八）に足利義昭が征夷大将軍職を辞して落飾するのはそこからさらに一五年も先のこと。つまり「松原縁起」の託宣は、足利の治世がそこまで続くことを知らないということになる。

「百七十三年」が何を意味するか、その検証を踏まえて「松原縁起」の制作を「足利義澄が追放された永正五年頃を上限として、それほど下がらない時期」と推量したのである。

しかし、本稿ではそれを撤回したい。そもそも足利将軍家の政権基盤は脆弱である。前述のように京都を追われた将軍も少なくない。足利義澄の追放と義材義植の復職をもって足利政権の終焉もしくは著しい衰退の始まりとみなすには、どうしても無理がある。「世は百七十三年の間、源高氏の世となるべし」という託宣にとらわれ過ぎていたのかもしれない。

「松原縁起」には、もう一つ、注意しなければならない本質があった。諏訪大明神自らが戦乱の血で穢れた諏訪の地を見棄てたという、いわば諏訪の本宮の権威に対する完全な否定である。それは諏訪上宮の大祝家による祭祀への露骨な否定である。

前節で述べたように「松原縁起」は伴野庄二日市場に住む某女の神がかりから始まる。伴野荘は佐久平から蓼科北麓にかけて散在する広大な荘園である。伴野長泰が霜月騒動で安達泰盛に与して敗死。伴野荘の大半は北条氏に接収される。守矢家文書の嘉暦四年（一三二九）三月付「鎌倉幕府下知状案」（「諏方上宮五月会付流鏑馬之頭・花会頭与可為同前御射山頭役結番之事」、「諏訪上社頭役注文」）[24]によれば、上社の頭役結番衆のうち五番の御射山左頭に伴野荘の大沢、鷹野郷の地頭として「駿河守跡」、七番の御射山左頭に伴野荘三塚郷、小宮山郷の「遠江守跡」、一二番の御射山左頭に伴野荘桜井、野沢、臼田郷の「丹波前司跡」らの名がみえ、いずれも北条氏一門と推定されている。(25) 同下知状案には、二番の五月会左頭に捧荘（松本市）の「陸奥左近大夫将監」、おなじく二番の御射山左頭に塩田荘（上田市）の「陸奥入道」、四番の御射山左頭に船山郷（千曲市）の「普《（恩）》見寺入道」らの名も見える。

伴野荘の大半が北条氏に接収される以前は、伴野氏も諏訪上宮の大祝家と姻戚関係にあった。大徳寺文書の年月不詳「信濃国伴野庄諏方上社神田相伝系図」（「神田系図」）(26) によれば、諏訪上宮の大祝・信濃権守信重の娘「大中臣氏」は伴野六郎時長に嫁ぎ、その際、父の諏訪信重から伴野荘の内で神田四町を分与されたと記されている。「神田系図」の成立と解釈については諸説(27)あるが、本稿ではその議論は扨措く。本稿が注目したいのは、大祝信重の娘「大中臣氏」から四町の神田を分譲された「光時伴野又三郎法名覚心一丁五段領主」「伴野出羽守妻神田一丁五段被譲之」「伴野七郎時朝妻神田五段被譲之」「薩摩五郎左衛《（ママ）》尉母春日郷内神田五段」らの所領のゆくえである。四町のうち「伴野七郎時朝妻」が譲り受けた五段は二人の女子に、それぞれ三段と二段が分与された。ところが姉（比丘尼明康）が相続した三段には「三河入道返之」と注記されている。「三河入道」は三河入道照雲、中先代の乱を主導した諏訪頼重であろう。同系図によれば信重から数えて五代の裔にあたる。かつて「大中臣氏」が伴野時長のもとへ嫁ぐ際に、父・信重から与えられた伴野荘のなかの神田の一部が「大中臣氏」から三代を経て諏訪氏に返還されたことになる。「伴野七郎時朝妻」のもう一人の女子が相続していた神田二段には「諏方押之」と注記がある。諏訪氏に押領されたというのである。「薩摩五郎左衛門尉母」が相続した伴野荘春日郷（佐久市春日）の神田五段も、子息の「五郎左衛門」に三段、「女子比丘尼」に二段が分与されたが、そのうちの「女子比丘尼」が相続した二段も「今諏方押之」と注記されている。おそらく霜月騒動によって伴野氏が零落したことで、得宗家の御内人である諏訪氏は伴野荘に散在する諏訪神田を回収もしくは侵奪しようと動いたのであろう。

おなじく大徳寺文書の年月不詳「伴野庄内子細を申す所々の事」(「某注進状」)[28]は、某人が伴野荘内の諸郷・諸村における在地勢力らの濫妨を領家である大徳寺に訴えた書状のようである。その第七項には、

一　当庄内諏方神田三町五段散在の内一丁五段、本社祝これを引持し、その外残る所、或は先の給主これを管領し、或は三塚新三郎・有坂左衛門五郎等これを引持すと云々。

とある。年月は不詳であるが、花園上皇が伴野荘を大徳寺に寄進したのが元徳二年(一三三〇)[29]。翌元徳三年(一三三一)にはいまだに住民らが院宣に従わないということで、大徳寺の宗峰妙超に対してふたたび院宣が下されている[30]。さらに後醍醐天皇も元弘三年には再三に及んで大徳寺に伴野荘の安堵を下していること[31]を踏まえると、在地勢力の濫妨を大徳寺に訴えたこの書状が、元弘三年前後の状況を示していると考えるのが妥当だろう[32]。伴野荘の内に散在する諏方の神田三町五段というのは、前述のように霜月騒動の後、諏訪氏が伴野氏から回収もしくは押領した神田であろう。そのうちの一丁五段は大祝の直轄らしい。

霜月騒動後の伴野氏はといえば、前掲の嘉暦四年三月付「諏訪上社頭役注文」に記された諏訪上宮の五月会や御射山の頭役の結番にも名が見られないから、伴野荘のほとんどを没収されて、御家人としての番役を果たせない立場にまで没落していたようである[33]。同じく前掲の「某注進状」には、下県村(佐久市伴野下県)の「小笠原六郎入道女子岡田後家跡」の田六町を吾妻彦六が押領していることや、沓沢村(佐久市根岸沓沢)に「小笠原六郎入道女子」に相伝された所領があることが記されている。小笠原六郎は伴野氏の初代にあたる伴野時長。その娘に

伝えられたごくわずかばかりの土地である。

霜月騒動からおよそ五〇年、元弘三年五月に鎌倉幕府が滅亡すると、伴野氏は失地回復の活動を始める。[34] 得宗家の被官である諏訪氏に押領されていた伴野荘の神田などは真っ先に奪回したかったに違いない。同じ頃、一門の惣領にあたる小笠原氏は足利高氏の挙兵に従い、建武政権では小笠原貞宗が信濃国の守護職に補任されていた。尊氏が建武政権を離れて北朝を擁立した後も、小笠原氏は観応二年のごく一時期を除いてほぼ足利政権側に立ち、信濃守護職に任じられている。小笠原氏に比べると伴野氏の動向は必ずしも詳らかではないが、康永四年（一三四五）八月二九日の天竜寺落慶法要では伴野出羽前司（長房）が後陣一〇騎の一人として列し、[35] 文和二年（一三五三）六月九日の神楽岡の合戦においては足利義詮勢のなかで土岐彦四郎頼泰弟、細川伊予守元氏、伴野入道らが討ち取られたとの風聞があり、伴野出羽守は土御門油小路の自邸に火を放っている。[36] 霜月騒動以来の逼塞を思えば、伴野氏が足利政権に従った経緯は当然といえよう。

いっぽう諏訪上宮の大祝・諏訪氏は建武二年七月の中先代の挙兵以来、信州における反足利政権の中心的な勢力として抵抗を続けていた。南朝方に従ったのも、直義党に与したのも、すべては北条時行への同調であろう。一貫して足利政権に反抗する大祝は、政権にとって厄介な存在である。しかし「神」の姓のもとに結合してきた信濃武士たちの結束の象徴たる諏訪大明神の権威は無視しがたい。ならば諏訪大明神の神威はそのままに、諏訪の本宮と大祝のみ否定すればよい。その反本宮、反大祝のイデオロギーこそ「松原縁起」の本質であり、制作のモチベーションではないか。

前述のように、諏訪直頼は信濃における直義派の代表的な存在であった。観応二年一月に甲州・須沢城を陥落させた後、この戦いに従った市河経助や市河泰房への軍忠状は諏訪直頼の証判によって発給されている。[37] 観応二年の前半は南朝・直義派に与して戦ってきた諏訪氏の最盛期である。

しかし同年七月三〇日に足利直義が京都を脱して北陸路に逃れると状況は一変する。[38] 一二月一〇日、諏訪直頼と祢津宗貞らは小県郡夜山中尾（上田市尾野山）において小笠原勢と合戦し、惨敗を喫したらしい。[39]

そして観応三年。一月には足利直義が尊氏に降伏。小笠原政長は勲功として信濃国の春近領を安堵されて守護領を回復し、[40] 国内における直義方の闕所を尊氏方の地頭・御家人らに配分する権限を与えられた。[41] 二月二六日、直義は幽閉先の鎌倉・浄妙寺で頓死を遂げる。閏二月、追い詰められた諏訪直頼は宗良親王を擁して反撃の兵を挙げる。上野の新田義興・義宗兄弟、脇屋義治、旧主・北条時行らと呼応して関東を転戦。一時は尊氏を追って鎌倉を占拠するが、宗良親王と信濃勢は小手指原（所沢市）の戦いに敗れて信濃に退却する。『太平記』巻第三〇「諸国の兵を扶け引き帰す事」には、京都・石清水八幡宮に追い詰められた後村上天皇を救援するために諸将が軍勢を動かすなかで、宗良親王も滋野・祢津氏らを率いて五月一一日に信濃を出立したとある。が、相次ぐ敗戦によって諏訪氏や祢津氏は領地も兵力も著しく疲弊していたはずである。この期に及んで信濃を空けたまま京都へ軍勢を向かわせる余力があったとは信じがたい。文和元年四月二五日付『小笠原政長書状案』（小笠原政長遺言）[42] によれば、陣中で病を得て死期を覚悟した小笠原政長がその遺言の中で「たゝ心にかゝり候事は、しなのゝかみうち候はぬ事」と述べ、信濃守諏訪直頼を討てない悔しさを吐露している。それほど諏訪直頼の抵抗が執拗で激しかったのであろう。

「松原縁起」がその奥書に記す観応三年六月一七日とは、信濃における南朝方の旗頭であった諏訪氏が、戦火と俗塵に塗れて戦い、敗れ、いよいよ劣勢の色が濃くなり始めた、まさにその時期である。諏訪大明神が諏訪の社地を見棄てて、松原に影向したというのも、この年ならば説得力がある。諏訪信仰におけるネガティブなエポックと言ってもよい。

翌文和二年（一三五三）五月、北条時行は捕らえられ鎌倉・龍の口で処刑される(43)。建武二年七月の挙兵以来、一八年に及ぶ抵抗の結末である。その二年後の文和四年（一三五五）八月、諏訪上宮の大祝・諏訪氏、下宮の金刺氏、安曇野の仁科氏ら信州の南朝勢は、桔梗ヶ原において信濃守護・小笠原長基と戦い、敗れる。この敗戦によって信州における南朝方の抵抗は消沈し、数年後には諏訪氏も北朝足利幕府に恭順する。

観応三年とは、足利直義の降伏に始まり、小笠原政長の復帰、直義の死、そして武蔵野合戦での惨敗と、諏訪氏にとっては坂道を転げ落ちるような衰退と疲弊の始まりであった。大祝家による統率を失った諏訪信仰は、親大祝、疑大祝、非大祝、反大祝といった様々なイデオロギーに迎えられ、それぞれの物語として再製されてゆく。『画詞』や『神道集』の「諏訪縁起」がそうであるように、それはほぼ同時多発的に始まった。かつて霜月騒動に連座して北条氏に所領を没収され、諏訪氏からも神田の押領を受けていた伴野氏がこの機を見逃すはずはない。同族の小笠原氏は足利政権の先兵であり、大祝の天敵となっている。反大祝の旗色はもはや鮮明である。

大祝は大明神の神裔にして、神体そのものである。その大祝の権威を否定する。それが「松原縁起」の本質であり、動機付けであろう。ならば「松原縁起」は、むしろ観応三年からそう遠くない時期に作成されたと考えるのが妥当ではないか。

三 「松原縁起」の風景

松原諏方神社では、諏訪の本社に倣い年に七五度の神事が明治まで執り行われていたという。[44]「松原縁起」に「神拝、祭礼、相僕、流鏑馬に至るまで、何事か諏方之儀式に違ふべき」と記されたのもけっして大袈裟ではない。たとえば四月一〇日（現在は四月の第二日曜日）に催される春祭は、もともと旧暦三月の酉の日の神事を受け継いだ祭礼である。昭和一五年（皇紀二六〇〇年）以来、氏子の女児たちによる浦安の舞の奉納を催事の中心とするようになったが、それまでは上社の御頭祭（酉の祭）に倣って七五頭の鹿や猪を神膳に供えていた。明治まで続いていたという七五度の神事も現在ではその多くが廃されて久しい。しかし、そうした中で現在まで受け継がれてきた当社の御射山祭は、『諏訪大明神画詞』や『年内神事次第旧記』に記された中世の御射山祭の面影を伝えるものとして興味深い。

明治改暦まで松原諏方神社の御射山祭は七月二三日から二八日にわたって執り行われる例であった。[45]二三日は御射山原に穂屋を建てる「おこやがけ」、二六日は本殿から御射山原への神霊遷御、二七日は御射山原での祭儀、二八日は本殿への還御である。[46]明治の改暦から戦後しばらくまでは月遅れとして八月二六日に遷御、二七日に本祭、二八日に還御が執り行われたが、[47]現在では八月第三週の日曜日に御射山原での「おこやがけ」、四週目の土曜日に御射山原への遷御、翌日の日曜日に祭儀と還御が同日のうちに催されている。

松原諏方神社の御射山祭は穂屋の設営から始まる。松原諏方神社から北西に、直線にすれば一・五㎞ほど、道のりにして三㎞ほど離れた御射山原に二基の片屋根の穂屋が建てられる。これを「おこやがけ」という。「おこやがけ」は氏子の男性たちがほぼ総出となり、白木の軸組の側面に葦、屋根には茅（薄）を葺いてゆく。穂屋は間口がおよそ二m弱、高さは三mほどである。「星見の松」と呼ばれる神木を挟んで、上社の穂屋と下社の穂屋が向かい合う。御射山原の山宮の石祠にも小さな穂屋をかけて覆う。屋根を飾る茅は、「おこやがけ」の後、氏子たちが銘々に数本を抜き取り、自宅に持ち帰って祭箸とする。御射山の神事で茅が特別なアイテムであること

松原諏方神社の御射山原。手前が下社の穂屋、奥が上社の穂屋。星見の松を挟んで対に建つ。左に見える屋根は仮宮。神職と供奉の少年たちがお籠りをする。　　(2017年８月26日稿者撮影)

下社の穂屋の近景。側面は葦、屋根は茅で葺かれる。
(2017年８月26日稿者撮影)

は諏訪の本社においても古くからの習いである。『画詞』祭第五・秋上によれば、御射山の神事において「尤眉目タリ」といわれた二七日の「矢抜き」の儀式で、鹿を射止めた射手には尖り矢に尾花（薄）を添えて与えられていた。また、『年内神事次第旧記』[48]によれば、御射山の神事において神前に捧げられたのは茅の茎に白紙を挟んだ「あゑちの御手幣」であった。現代の諏訪大社の御射山祭も、別名を「穂屋の祭」と呼びならわされるように、茅で囲われた穂屋を中心にして祭儀が営まれる。祭の場には薄が飾り立てられ、薄の穂を玉串として奉納するなど、薄は御射山神事の象徴とされている。

第四土曜日の朝、松原諏方神社の下社の神霊は、まず上社の傍らの山宮へ遷される。午後になると、上社、下社、山宮の神霊を移した幣帛をご神体として、上社から御射山原へ向かう行列が出発する。現在では幣帛は神職に捧げられて軽トラックの荷台に乗るが、昭和四〇年代頃までは神職らは騎馬で御射山へ向かったという[49]。幕末までは、別当・神光寺の住職を先頭として、上社の神主（一名）、下社の神主（一名）、両社の祢宜（各二名）、名主らがそれぞれ騎乗し供奉した[50]。

幣帛に先駆けて少年たちがそれぞれの生誕を記念した幡や幟、吹き流しを掲げながら、年長の少年が吹き鳴らす進軍ラッパにあわせて、一人ずつ猛然と駆け出してゆく。御射山原までは数百ｍごとに疾走と小休止を繰り返す。昭和の終わりごろまでは一人ずつ雄叫びをあげながら駆け抜けていたという。注目したいのは少年たちの雄叫びである。なぜ少年たちは雄叫びを上げるのか。『画詞』祭第五・秋上によれば、七月二六日の御射山への上りましのとき、大祝以下の騎馬行列は御射山に到着すると「サテ大鳥居ヲ過ル時ハ、一騎充《ツヽ》声ヲアケテトヲル」という。御射山の大鳥居をくぐる際に一騎ずつ声を挙げるのである。

『吾妻鏡』(51) 建久四年（一一九三）五月一六日条には、源頼家がはじめて鹿を仕留めたことを祝い、矢口の祭が催されたとある。工藤景光、愛甲季隆、曽我祐信の三名が選ばれて矢口の餅を賜った。

　十六日（中略）まず景光召によつて参進し、蹲居して白餅を取りて中に置き、赤を取り右方に置く。その後三色をおのおの一つこれを取り重ね、黒上、赤中、白下。座の左の臥木の上に置く。これ山の神に供すと云々。次にまた元のごとく三色これを重ね、三口これを食ひて始めは中、次は左の廉、次は右の廉。矢叫びの声を発つ。はなはだ微音なり。

工藤景光は「十一歳より以来、狩猟をもって業となす。しかうしてすでに七旬余、いまだ弓手の物を獲ずといふことなし(52)」と称された狩猟の名人である。狩猟の儀礼にも通じていた。矢口の餅を山の神に供えて「矢叫びの声」を放つ。矢が宙を切り裂く風切り音のような声だろう。たぶん裏声の遠吠えのような声だろうか。「はなはだ微音なり」というから警蹕のような息を吐く声かもしれない。同じく『吾妻鏡』建久四年九月一一日条には、北条義時の嫡男、のちの泰時が初めて鹿を射止め、その祝いの矢祭の様子が記録されている。小山朝政、三浦義連、諏訪盛澄の三名が将軍頼朝の御前に召し出され矢祭の十字餅を賜る。

　十九日（中略）将軍家、小山左衛門尉朝政を召し、一口を賜ふ。朝政御前に蹲居して、三度これを食ふ。初口は叫声を発ち、第二、三度には然らず。次に三浦十郎左衛門尉義連を召し、二口を賜ふ。三度これを食ひて、毎度声を発つ。

小山朝政や三浦義連があげた「叫声」というのも「矢叫びの声」と同じだろう。

新潟県川上市の奥三面に伝わった羚羊（アオシシ）狩りでは、獲物を仕留めた者は「ホーイ、ホーイ、ホホホーイ！」という裏声をつかった特殊な叫び声を三度繰り返す。アルプスの牧童たちのヨーデルにも似た裏声である。

風尾宮の祠。左奥に朽ちた風尾の松の痕が見える。
（2015年 8 月23日稿者撮影）

ヨロコビ大声といい、この声をあげることをサンナイたてるともいう。サンナイは狩りに出発する前に鎮守の祠の前でもたてる(53)。あるいは、出羽のマタギたちも獲物（熊）を仕留めた者は「ショウブ、ショウブ、ショウブ！」とショウブ声を三回あげる。ショウブ声は山の神への礼であり、是非とも叫ばなければならないとされている(54)。ヨロコビ大声にしてもショウブ声にしても、ただ威勢がよいというだけのことではない。それらは狩庭の神を勧請する特別な声である。御射山原までの要所ごとに少年たちが一人ずつ雄叫びを挙げて駆けるのは、まさしく『画詞』に記された御射山の大鳥居をくぐる際に一騎ずつ声を挙げていたことを受け継ぐものではないか。おそらくはそれはもともと御射山の神を勧請する特別な「矢叫びの声」だったに違いない。

松原諏方神社から御射山原へ登る急峻な山道(55)のかたわら、現在では朽ちかけた松の樹の下に「風尾宮(56)」と呼ばれる石祠が祀られている。御射山へ向かう行列は風尾宮において途次の祭儀を執り行う。神職は茅の穂先に甘酒を浸し、その甘酒を石祠に振りかけ、祝詞をとなえる。その松の樹が神籬であったことは一目瞭然である。『画詞』祭第五・秋上によれば、七月二六日の御射山への上りましでは、前宮本殿と摂社の溝上社で進発の儀式が営まれた後、行列は酒室社（茅野市宮川坂室）に至って神事饗膳が催されるという。「酒室ノ神事畢テ、長峯へ打ノホリテ、行々山野ヲ狩ル」とあるから、酒室社での神事から先が、いよいよ神野の御狩りということになる。松原諏方神社の御射山祭における「風尾宮」での神事は、およそ諏訪本社の御射山祭における酒室社の神事に相当するものであろう。

一行が御射山原に到着すると、上社、下社、山宮の神霊を移した幣帛はそれぞれの穂屋に納められる。神職と氏子たちは穂屋のかたわらの小屋で直会を催す。当夜、神職と総代、少年たちは小屋に宿直する。諏訪大社の御射山祭でも神職と供奉員たちは御射山へ到着の後、膳部小屋に招かれて直会を受ける。膳部小屋は周囲を茅で覆われていて、諏訪大社の御射山祭ではこの膳部小屋を「穂屋」と言い慣わしている[57]。松原諏方神社でも現在のような常設の小屋が建てられる以前は、「オコヤカケ」の際に小屋を建て茅で覆っていたという。御射山を象徴する神秘の穂屋の内部で催される宴は、言葉にすれば直会とはいうが、むしろ饗膳の神事に近い。

神霊の幣帛に先駆け、幡や幟、吹き流しを掲げて疾走する少年たち。（2017年８月26日稿者撮影）

翌朝、御射山の神事が始まる。「星見の松」と呼ばれる二本の神木の下に神饌が供えられ、神職による祝詞が唱えられた後、玉串の奉納が行われる。松の下での祭儀が済むと、神職、氏子、少年たちは、御射山原から南西に四〇〇ｍほどなだらかな尾根を登り、御射山の「山宮の奥宮」の祠に参詣する。[58]『画詞』祭第五・秋上にも、登りましから一夜明けた二七日の早旦に「大祝以下大小神官榊ヲ捧テ山宮ニ詣ス」とあるから、これに相当する神事であろう。山宮からふたたび御射山原に戻ると「星見の松」の下で直会が設けられる。これも『画詞』祭第五・秋上によれば、山宮の参詣を終えた後、四御庵に戻り、「恒例ノ饗膳」が催されていたという。

かつて御射山祭の七月二七日には、午の刻に御射山原の「星見の松」の間から空を見上げると戌亥の方角に星を見ることができたと伝えられていた。[59]真昼の午の刻に星が見えるとは尋常ではないが、諏訪本社の御射山祭においても、いわゆる諏訪の七不思議の一つとして「穂屋野の三光」がある。たとえば延宝七年（一六七九）に諏訪上宮の大祝頼隆から幕府寺社奉行の松平重治へ進上された『社例記』[60]には、御射山祭の七月二七日の午の刻に「三光照二臨社頭一」とある。日、月、星の三光が真昼の御射山に来光するというのである。享保九年（一七二四）に成立した『信府統記』[61]第五にも「二十七日午ノ刻ニ日月星ノ三光並ヒ見ユ」とある。ただし、注意しなければならないのは、嘉禎四年（一二三八）の奥書を記す『諏方上社物忌令』[62]に載せられた「七不思議之事」には「穂屋野の三光」はあげられていない。そもそも『社例記』や『信府統記』にしても、御射山の午の刻の三光を七不思議の一つとは数えていない。諏訪の七不思議の一つとして「筒粥」に替わって「穂屋野の三光」が説かれるようになるのはおそらく江戸時代の中期以降ではないかと思われる。

真昼でも水面に星が映るという星見の井戸は、たとえば鎌倉・極楽寺坂の「星の井」（星月の井）や座間・星の谷観音の「星の井」などのように各地に伝わる。深い井戸の底は太陽光の散乱の影響を受けにくいらしい。松原の御射山の星見の松についていえば、かつて枝葉を繁らせていた二本の松の間に立って空を見上げると、鬱蒼とした枝葉が井戸筒と同じような働きになり、ひょっとしたら井戸の底から空を見上げるのと同じように真昼でも星が見えたのかもしれない。

しかし、それにしても真昼の午の刻に日月星の三光が並んで見えるというのはいくらなんでも無理がある。二七日の月は午の刻には南中を少し過ぎた位置にあり、太陽の光が近すぎて肉眼では見えない。星はなおさらである。

ならば、御射山祭の七月二七日の午の刻に日月星の三光が来光するというのは、どういうことであろうか。

御射山祭の本質は狩庭の祭儀だとしよう。『神道集』[63]巻第四「信濃国鎮守諏方大明神秋山祭事」には、御射山の七月二七日を田村丸が諏訪大明神の援助によって悪事の高丸を滅ぼした日として、その祭はかならず大風と大雨に見舞われる「死狂《ノ》日」であると説く。しかし、神道集の説を真に受けてよいだろうか。七月二七日といえば、明け方、東の空に細い弓のような月が昇る。有明の月であり、暁月ともいう。それから少し刻をおいて、有明の月を追うようにして日が昇る。明けの明星は輝きを増す。日月星の三光は神霊との交感が果たされる「聖なる時空」の象徴だったのではないか。日月星の三光の輝きの下、聖地・御射山において大祝は諏訪大明神と交感し、神の現し身たるその身体に大明神の神霊を受け継ぐ秘儀が執り行われたのであろう。それが「御衣着」の秘儀である。

詳しい論証は別稿で述べたいが、『万葉集』[64]巻第一に収められた「軽皇子の安騎の野に宿りし時に、柿本朝臣人麻呂の作りし歌」の一連の歌（四五〜四九）も、おそらく同じような狩庭の霊的交感儀礼の瞬間を詠んだものではないかと思う。安騎野という狩りの聖地において、東の空に日が昇りかけ、西の空には月が傾く聖なる刻に、日並の皇子の尊たる亡き草壁皇子の神霊と軽皇子との交感が果たされたことを詠んだものではないだろうか。

　東の野にかぎろひの立つ見えて かへり見すれば月かたぶきぬ　（四八）

　日並の皇子の尊の馬並めて み狩立たしし時は来向かふ　（四九）

この場合は望月か、あるいはそれに近い十三夜の名残月であろう。諏訪の大祝が御衣着の秘儀によって大明神の魂を受け継いだように、軽皇子も亡父・草壁皇太子の霊と交感し、その正統な継承者としての魂を受け継ぐ。日月星の三光が輝く暁の刻、そこに一つの宇宙が発現する。そして諏訪大明神と大祝との交感儀礼が営まれる。しかし、神の再生儀礼が祭のなかで一度だけとは限らない。もう一つの神霊の生誕（影向）の祭儀。それが真昼の午の刻にも営まれたのではないか。

正和二年（一三一三）写の奥書を記す『陬波私注』[65]は、その冒頭に「大明神甲午仁有二御誕生一甲午仁隠二御身一給」とある。『陬波私注』や『陬波御記文』[66]は諏訪大明神と大祝との一体（交感）を御射山における正法にして正理なる「法理」、すなわち「祝」の証として説く。大明神は甲午に誕生し、甲午に姿を隠すという。その甲午は、年干支であるはずがない。年干支の甲午だとしたら御射山での交感は六〇年に一度ということになってしまう。月干支だとすれば午の月は五月にあたるから七月の御射山にはあわない。日干支だとすれば六〇日に一度のことであるが、それがかならず七月二七日にあたるとはかぎらない。大明神が誕生し、また姿を隠すという甲午は時干支であろうか。時干支によれば、丙日と辛日は午の刻が「甲午」となる。その午の刻を期して諏訪大明神の死と大祝への再生の祭儀が執り行われたのではないか。たとえば京都・下鴨神社の摂社・御蔭神社における「御生神事」も午の刻を期して御阿礼の聖地・御蔭山に神霊（荒魂）が降誕する。

御射山神事の本質ともいうべき日月星の三光が輝く暁刻の奇跡は早くに失われ、午の刻の再生儀礼だけが御射山の神事におけるクライマックスになった。ただ、かつて日月星の三光に求めた神秘だけは記憶のうちに留まっていた。そして午の刻の祭儀に三光の降臨を求めるようになったのである。松原社においても、ふるくには御射山祭の七月二七日の午の刻に「星見の松」の下で神霊影向の神事が営まれていたのではないだろうか。

松原村は近世を通して一村三〇石がそのまま松原諏方社の社領とされ、上下両社とその別当である神光寺への奉仕によって年貢・諸役が免除されていた。松原諏方社の祭祀は神光寺の別当を上首として、上社の神主を世襲した畠山家と下社の神主を世襲する鷹野家がそれに次ぐ。両社の祢宜各二名にも畠山氏と鷹野氏が就いている。村方は上諏方明神組と下諏方明神組によって構成され、神職だけでなく、名主（組頭による年番）、組頭、百姓代といった村役も畠山姓と鷹野姓の住民たちによる年番や互選によって決められていた。慶安二年（一六四九）八月一七日付の「徳川家光朱印状[67]」によれば社領三〇石は別当と両社神主により分配されていたが、事実上は松原諏方社の氏子たちによる一村自治である。神光寺の住職のほかは神職と住民の大半は同族であり、近世を通して他姓の居住を許さず、唯、畠山姓と鷹野姓の二苗によって自治が守られてきた。氏子というよりも神人《じにん》に近い。この村に中世以来の信仰社会が受け継がれてきたことと無関係ではあるまい。

おわりに

『神道集』は、巻第四に「信濃国鎮守諏方大明神秋山祭事」として田村丸による高丸退治と秋山祭（御射山）の始まりを説く。高丸の娘は生け捕りにされ、諏訪大明神の子を生む。大明神はその子を神主（大祝）に定め、「我が躰」として「神」の姓とともに子孫に受け継がせた。〝大祝は大明神の現し身〟を主張する大祝家伝の諏訪信仰の系譜である。

ところが、同じく『神道集』巻第四に収められた「諏方大明神五月会事」は、概ね「秋山祭事」の焼き直しであるかのような満清将軍による鬼王・官那羅の退治を説きながら、しかし大祝の由緒には触れようとしない。それどころか大明神の前生を天竺に求め、下宮の垂迹（本地・千手観音）を舎衛国の波斯匿王の娘・金剛女宮、上宮の垂迹（本地・普賢菩薩）はその夫の祇陀大臣とする。天下第一の美女であった金剛女宮は前世の報いによって恐ろしい金色の鬼の姿となるが、釈尊を拝して仏身を得た奇跡を伝える。松本隆信はこの金剛女宮の物語を下宮の垂迹譚と推定している。たしかに前半の満清将軍譚はともかくとして、後半部の金剛女宮譚では上宮の大祝の権威や成り立ちはまったく意味を持たない。『神道集』が上宮を憚らずにこのような垂迹縁起を採用したこと自体、上宮大祝の権威が衰えてきたとみるべきであろう。文和四年（一三五五）八月の桔梗ヶ原の敗戦の後、下社はいちはやく北朝足利幕府に恭順したらしい。延文四年（一三五九）一二月には将軍足利義詮から下社大祝に対して天下静謐の祈祷が命じられている。(68)

そして『神道集』はその締め括りである巻第十に「諏訪縁起」として甲賀三郎諏方の物語を置いた。大祝を神の身体そのものと説く大祝流の諏訪信仰に依拠しない新たな「諏訪縁起」として甲賀三郎の物語を採用した。『神道集』が載せる甲賀三郎諏方の神話は、諏訪・蓼科から妙義・貫前を経て日光・宇都宮へと至る信仰の道のなかに説かれたに違いない。

小県郡塩田の北条国時（塩田北条氏）は諏訪社への奉仕にも熱心だった。(69)その所領の一つである奥州篠川からは御射山や御室神事の贄鷹が献上されたと考えられる。[70]　鎌倉幕府の滅亡とともに国時が亡くなった後も、国時の遺児と思われる「塩田陸奥八郎」は「諏訪次郎」を侍大将として中先代の乱に呼応し、駿河国府で足利方と戦っている。[71]　大祝家と繋がりが深かった塩田氏がいなくなると、小県下之郷の諏訪大明神（生島足島神社）は独自の信仰を歩み始める。塩田、下之郷、海野、そして浅間山麓へと続く風景のなかで甲賀三郎の諱を兼家とするもう一つの甲賀三郎の神話も生まれた。[72]

かつて霜月騒動によって北条氏とそれに与する諏訪氏に領地を奪われていた伴野氏は、北朝足利幕府に与することで佐久郡の復権を目指した。伴野氏は、というよりも、伴野氏が支持した諏訪信仰は、対立する大祝の権威を真っ向から否定した。そして松原湖を諏訪湖に見立てて、そこに新たな諏訪信仰を創造した。その情景の中で『伊那古大松原大明神縁起』が説き起こされた。

注

（1）『太平記　一』（新編日本古典文学全集五四、長谷川端校注・訳、小学館、一九九四年）。

（2）『梅松論・源威集』所収（新撰日本古典文庫三、矢代和夫・加美宏校注、現代思想社、一九七五年）。

（3）『神道大系神社編三〇　諏訪』所収（竹内秀雄校注、神道大系編纂会、一九八二年）。

（4）『信濃史料　第五巻』所収。

（5）『復刻諏訪史料叢書　第五巻』所収「神氏系図」によれば、安芸守時継の子・頼嗣の傍記に「兵部大夫　改直頼　信濃守」とある。また、同所収「神氏系図（一族系図）」には頼継の傍記に「大祝　信濃権守　兵部大輔　法名善寛　改頼嗣　亦頼定　直頼」、頼継の弟の信嗣の子・祝方の傍記に「為員　又直頼」とある。ただし、諏訪市博物館蔵大祝家文書「前田氏所蔵巻軸　諏訪氏古系図（神氏系図）」には頼継の傍記に「大祝　改頼嗣　亦頼寛　法名善寛」とあり、「直頼」の名は見られない。祝方にも傍記はない。阪田雄一「足利直義・直冬偏諱考」（『史翰』二一、国学院大学地方史研究会、一九九四年）によれば、諏訪頼継が直義の偏諱「直」を与えられて直頼に改めたと推測されている。

（6）市河文書・観応二年三月「市河頼房代官泰房軍忠状」、同「市河経助軍忠状」。いずれも『信濃史料　第六巻』所収

（7）古くは天正一八年一二月一〇日付「仙石秀康（秀久）寄進状」（『信濃史料　第一七巻』所収）に「松原大明神へ当年寄進之事」の背景として「当年者早四五ヶ年も無之御渡、三度迄御座候由候之条」とある。また、佐久郡野沢村に生まれた史家・瀬下敬忠が宝暦三年（一七五三）に著した『千曲之真砂』（『新編信濃史料叢書　第九巻』所収）附録「佐久郡松原諏訪社七不思議之事」には「御渡りも諏訪のことし」とある。

（8）小林尚二『松原史話』（私家版、一九三二年）、鷹野一弥『小海町志　川西編』（小海町志刊行委員会、一九六八年）等による。

（9）拙稿「諏訪縁起の変容—陬波大王から甲賀三郎へ—」（福田晃・徳田和夫・二本松康宏編『諏訪信仰の中世—神話・伝承・歴史—』所収、三弥井書店、二〇一五年）。

（10）前掲注（8）小林尚二『松原史話』。

（11）畠山秀則「松原大明神縁起と見付太夫」（『佐久』三〇、佐久史学会、二〇〇〇年）。

（12）桜井松夫「信濃国佐久郡大井荘・伴野荘地頭　小笠原流大井・伴野両氏について」（『信濃小笠原氏』所収、シリーズ・中世関東武士の研究一八、花岡康隆編、戎光祥出版、二〇一六年）。

（13）『吾妻鏡』文治二年一〇月二七日条に「信濃国伴野庄の乃具の送文到来す。二品すなはち御書を副へ、京都に進ぜせしめたまふ。地頭加々美二郎長清、日者すこぶる緩怠すと云々」とある。

（14）『尊卑分脈』清和源氏「伴野」によれば、長泰に「依城陸奥守入道事於鎌倉被誅了」、泰直に「共於伊野被誅了」、盛時に「父同時被誅了」、長直にも「父同時被誅了」とある。また、梵網戒本疏日珠抄裏文書「安達泰盛乱自害者注文」（『鎌倉遺文　第二一巻』所収、一五七三四）には「伴野出羽守」、同「安達泰盛乱自害者注文」（『鎌倉遺文　第二一

巻』所収、一五七三八）には「伴野三郎」「同彦二郎《於信乃自害》」とある。

(15)『長野県史　通史編　第二巻　中世一』第六章「鎌倉時代の社会」（井原今朝雄執筆、長野県史刊行会、一九八六年）に紹介。

(16)前掲注（15）に同じ。

(17)前掲注（15）に同じ。

(18)『神道大系神社編三〇　諏訪』所収。

(19)『復刻諏訪史料叢書　第三巻』所収。

(20)『寺社縁起』（日本思想大系二〇、桜井徳太郎・萩原龍夫・宮田登校注、岩波書店、一九七五年）所収。

(21)福田晃「『北野天神縁起』の発想―続「本地物語の原風景」―」（『伝承文学研究』四三、伝承文学研究会、一九九四年。後に福田晃『神話の中世』所収、三弥井書店、一九九七年）。

(22)もちろん大祝側にも理論武装はある。『守矢貞実手記』には「大祝神職として手負死人に交る事非例なり。然りと雖も父祖賢慮不二なり。故に疑念の者は、かの神道拝見申すべし。この旨を以て大祝頼継三七日勤行し、葬送致す由」ともある。一つにはそれが父祖の遺志を継ぐ忠義孝養の作善であること。さらに二一日間の潔斎を経て自らの葬送を擬することによって禊とするという。

(23)前掲注（9）に同じ。

(24)『信濃史料　第五巻』所収。

(25)伊藤冨雄「諏方上社中世の御頭と鎌倉幕府（五）」（『信濃（第一次）』六‐五、信濃史学会、一九三七年。後に『伊藤冨雄著作集　第一巻　諏訪神社の研究』所収、伊藤麟太朗編、永井出版企画、一九七八年）。

(26)『信濃史料　第五巻』所収。

(27)渡辺世祐『諏訪史　第三巻』（諏訪教育会、一九五四年）、鈴木国弘「「信濃国伴野庄諏訪上社神田相伝系図」について―「武士団」研究の一史料―」（『日本大学人文科学研究所研究紀要』二〇、日本大学人文科学研究所、一九七八年）、同「「信濃国伴野庄諏方上社神田相伝系図」再考」（『史叢』二三、日本大学史学会、一九七九年）、小松寿治「「信濃国伴野庄諏訪上社神田相伝系図」について」（『駒澤史学』三九・四〇、駒沢史学会、一九八八年）等。

（28）『信濃史料　第五巻』所収。

（29）大徳寺文書・元徳二年二月一五日付「花園上皇院宣案」（『信濃史料　第五巻』所収）。

（30）大徳寺文書・元徳三年七月二日付「花園上皇院宣案」（『信濃史料　第五巻』所収）。

（31）大徳寺文書・元弘三年六月七日付「後醍醐天皇綸旨」、同年同月一二日付「後醍醐天皇綸旨」、同年七月三日「後醍醐天皇綸旨」。いずれも『信濃史料　第五巻』所収。

（32）『信濃史料　第五巻』はこれを建武元年五月の頁に置く。

（33）桜井松夫は「鎌倉幕府下知状案」の九番御射山左頭にみられる「佐久郡内伴野庄内」に伴野氏の所領が含まれている可能性を述べ、伴野荘に伴野氏の領地がわずかに残っていた可能性を示唆している。前掲注（12）。ただし、たとえこうしたところに伴野氏の所領が残っていたとしても、御家人として諏訪の頭役の結番に氏名があげられないことが、かえって伴野氏の置かれた状況を物語っているといえよう。

（34）（建武二年）二月八日付「後醍醐天皇綸旨（信濃国伴野庄出羽弥三郎以下輩濫妨事）」、（建武二年）五月七日付「信濃国宣（当国伴野庄地頭職濫妨事）」。いずれも『信濃史料　第五巻』所収。

（35）『園太暦』康永四年八月二九日条、『師守記』康永四年八月二九日条等。

（36）『園太暦』文和二年六月九日条。『信濃史料　第六巻』では討ち取られた伴野入道と自邸に放火した伴野出羽守を同じ「長房」として、この戦いで伴野長房が討死したとする。ただし、討ち取られたというのはあくまでも風聞であり、現に討ち取られたと風聞される一人の細川伊予守元氏（清氏）は後光厳天皇を警護して近江へ落ち延びている。

（37）前掲注（6）。

（38）『房玄法印記（観応二年日次記）』観応二年七月三〇日条（『続群書類従第二九輯下』所収）。直義に供奉する武士たちのなかに「諏方信乃守」の名がある。ただし『太平記』（天正本）巻第二九「武衛禅閤逐電の事」には「諏方下宮の祝」とある。
(39)佐藤文書・観応三年正月付「佐藤元清軍忠状案（佐藤蔵人元清申軍忠事）」（『信濃史料　第六巻』所収）。
(40)小笠原文書・正平七年正月一九日付「足利尊氏御教書（信濃国春近領事）」（『信濃史料　第六巻』所収）。
(41)小笠原文書・正平七年正月一九日付「足利尊氏御教書（信濃国闕所地事）」（『信濃史料　第六巻』所収）。
(42)『信濃史料　第六巻』所収。ただし小笠原政長はここでは死なず、一三年後の貞治四年（一三六五）まで生きている。
(43)『鶴岡社務記録』文和二年五月二〇日条（『続史料大成一八』所収）。
(44)前掲注（8）。
(45)前掲注（7）『千曲之真砂』附録「佐久郡松原諏訪社七不思議之事」。
(46)前掲注（8）小林尚二『松原史話』。
(47)前掲注（8）鷹野一弥『小海町志　川西編』。
(48)『神道大系神社編三〇　諏訪』所収。
(49)鷹野満弥太氏のご教示による。なお、『松原の民俗―長野県南佐久郡小海町松原―』第八章「信仰と祭り」（神奈川大学歴民調査報告第三集、福田アジオ編、神奈川大学大学院歴史民俗資料学研究科、二〇〇六年、内山大介執筆）によれば「（調査時から）二〇年くらい前までは（中略）馬が用いられた」とある。
(50)前掲注（8）鷹野一弥『小海町志　川西編』。
(51)『全訳吾妻鏡　第二巻』（貴志正造訳注、新人物往来社、一九七六年）。
(52)『吾妻鏡』建久四年五月二七日条。
(53)『狩猟習俗Ⅱ』（民俗資料選集六、文化庁文化財保護部編、国土地理協会、一九七八年）新潟県の狩猟習俗・第一章「三面郷の狩猟習俗」等。
(54)武藤鉄城『秋田マタギ聞書』（慶文社、一九六九年初版、一九九四年増補版）等。
(55)神霊の遷御が騎馬から軽トラックに変わってから、この山道は使用されなくなった。

(56) 前掲注（8）小林尚二『松原史話』には「神座遠の松」とある。

(57) 石川俊介「原山を駆ける神輿—上社御射山祭の現在—」（石川俊介・下本英津子・鈴木良幸『諏訪大社上社御射山祭の歴史と民俗　調査報告書』所収、名古屋大学諏訪文化研究会、二〇一二年）。

(58) 神霊の遷御が騎馬から軽トラックになってからは山宮への参詣も軽トラックの通行可能な道路を迂回している。山宮での神事が済んだ後、御射山原へ戻る際には神霊の御幣を奉じた軽トラック以外は尾根の旧参道を下る。

(59) 佐久郡岩村田宿に生まれた史家・吉沢好謙が宝暦二四年（一七五二）に刊行した『信濃国佐久郡伴野庄松原邑諏方上下社境内之図』には「御射山神事七月廿七日午時戌亥方星出現」とある。また、前掲注（7）の『千曲之真砂』附録「佐久郡松原諏訪社七不思議之事」にも「七月廿七日御射山祭の剋に、戌亥の方に星出現あり、毎年如例、諸人拝之」とある。ただし同じく吉沢好謙が明和四年（一七六七）に著した『信濃地名考』中巻補遺（『新編信濃史料叢書　第一巻』所収）には「今も佐久郡松原の社のみさ山祭毎七月廿七日、八ヶ嶽の間に日月星をみるなといふ也」とあり、ふるくには「星見の松」ではなく、戌亥の方角に星が現れたとされる。単独の星なのか、日月星の三光なのか説は定まらない。

(60)『復刻諏訪史料叢書　第一巻』所収。

(61)『新編信濃史料叢書　第五巻』。

(62) 前掲注（60）に同じ。『諏方上社物忌令』のうち上社本は七不思議として「御渡」「カヘルカリ」「御アマオチ」「葛井池ノ木葉」「高野ノ鹿ノミ、」「ツ、カイ狩野ノ鹿生スル事」「御作久田作久モヲエツクユコト」、神長本は「御アマオチ」がなく、かわりに「御射山ニ不種麻之おゆる事」を数えている。

(63)『神道大系文学編一　神道集』（岡見正雄・高橋喜一校注、神道大系編纂会、一九八八年）。

(64)『万葉集　一』（新日本古典文学大系一、佐竹昭広・山田英雄・工藤力男・大谷雅夫・山崎福之校注、岩波書店、一九九九年）。

(65) 金井典美「金沢文庫の古書「阪波私注」について—中世における諏訪信仰の新資料—」（『金沢文庫研究』一五-九、一九六九年）所載。後に金井典美『諏訪信仰史』（名著出版、一九八七年）所収。

(66)金井典美「金沢文庫の古書「阪波御記文」について―御射山祭新資料―」(『金沢文庫研究』一三‐八、一九六七年)所載。後に金井典美『諏訪信仰史』所収。
(67)前掲注(8)鷹野一弥『小海町志　川西編』所収。
(68)鮠江文書・延文四年一二月一九日付「諏訪下社大祝宛足利義詮御教書」(『信濃史料　第六巻』所収)。
(69)金沢文庫蔵・元徳二年二月二九日付塩田国時宛金沢貞顕書状」(『金沢文庫古文書　第一輯　武将書状篇』所収、金沢文庫編、金沢文庫、一九五六年)には、本来ならば一三年に一度の結番で割り当てられるはずの御射山の頭役を、塩田国時は「当世には数ヶ度勤仕候」と記されている。
(70)拙稿「『曽我物語』と鷹狩―畠山重忠の鷹談義をめぐって―」(『中世の軍記物語と歴史叙述』所収、中世文学と隣接諸学四、佐伯真一編、竹林舎、二〇一一年)。
(71)「足利尊氏関東下向合戦次第」(『信濃史料　第六巻』所収)には「塩田陸奥八郎并諏方次郎等生捕了」とある。元弘三年五月二三日付「石川光隆着到状」(『郡山市史　第八巻　資料編』所収、郡山市、一九七三年)によれば陸奥国安積郡の佐々河城に籠る「塩田陸奥禅門子息陸奥六郎、同渋川七郎」らが討ち取られている。中先代の乱に呼応した「陸奥八郎」はその弟であろう。
(72)拙稿「諏訪縁起と「諏訪の本地」―甲賀三郎の子供たちの風景―」(『中世の寺社縁起と参詣』所収、中世文学と隣接諸学八、徳田和夫編、竹林舎、二〇一三年)。

※　本稿は、日本学術振興会科学研究費助成事業の基盤研究(C)「中世前期における諏訪信仰の総合的研究」(研究課題番号:二六三七〇二〇七)および同じく基盤研究(C)「中世後期における諏訪信仰の総合的研究」(研究課題番号:一七K二四二〇)による研究成果の一部である。

諏訪信仰における野焼きと集団狩猟

永松　敦

はじめに

中世諏訪神社の信仰は年四度の御狩神事が行われていたことは周知の事実である。諏訪は狩猟の神として、そして、肉食を行っても、それは動物の成仏のための行為であるという論理の下に、全国の猟師から絶大な信仰を集めることとなった。諏訪の勘文「業尽有情　雖放不生　故宿人身　同証仏果」は、北は東北地方から南は九州地方まで全国津々浦々に至るまで語られる呪文となった。

また、諏訪は狩猟神事と共に、秋の祭礼である御射山祭りでは穂屋と称する茅で覆われた仮屋を作って神事を執行することで知られ、現在も、穂屋はないものの、社殿をススキで覆い穂屋に見立てていることが認められる。御射山祭りに参詣する子供にはススキを守り札に添えて手渡すことが今も行われている。

筆者が以前に、カヤの問題について少し述べたことがあったが、カヤと一口に言ってもその種類は様々である。古民家を思い浮かべていただきたい。草葺き屋根のことを、茅葺き屋根と称することもあれば、藁葺き屋根と称するところもある。屋根の材質も、ススキ、アシ（よし）、稲わら、麦わらなど地方によって利用されるカヤの種類は異なる。茅葺き職人に言わせれば、屋根を葺くことに利用できる植物であれば、それは、ススキや稲わらであっても全てカヤとして総称されることになる、という。

諏訪の御射山神事のように、大量のススキを利用するのであれば、管理された茅場が当然必要となる。つまり、広大な草原が必要になるということである。

広大な草原。それは、富士山の裾野に広がる『曽我物語』の舞台となった富士野、九州の大火山、阿蘇を中心とする広大な大草原などを見てもわかるように、中心部に火山を擁したその周囲に草原が広がっているとが認められよう。諏訪もまた然り。名山、八ヶ岳という火山の周囲に広がる台地に草原が広がり、大規模な狩猟神事が執り行われたのである。御射山神事での重要なススキは、まさに、諏訪の一帯がススキに覆われた草原であり、格好の猟場であったことを物語っている。

筆者はこれまで、狩猟民俗の観点から、中世阿蘇神社と諏訪神社との狩猟神事を比較考察したことがあり(1)、次いで、中世諏訪神事の茅の問題を、ススキとアシに分けて検討したことがある(2)。上述したように、民家の屋根の葺き替えでは、ススキもアシも一元的にカヤとして捉えられることから、その使い分けに注目したのである。

本稿では、カヤの問題に注目しながら、野焼きと集団狩猟との相関関係を見ながら、大量に殺生することで生まれる殺生罪業観についても若干の私見を述べることにしたい。

一　中世諏訪狩猟神事

諏訪における年四度の御狩神事は以下の通りである。

（1）御狩押立神事（五月会）　五月二日～四日
（2）御作田御狩　六月二七日～二九日
（3）御射山御狩　七月二六日～二八日
（4）秋尾御狩　九月下旬

これまで、諏訪の四度の御狩神事については、「御作田御狩」に見られるように、農耕のサイクルの節目の狩猟と捉えられる見解が大勢を占めていた[3]。筆者がこれに異を唱えるつもりはないが、害獣駆除としての機能があったか否かについては慎重を要するであろう。

『諏訪大明神画詞』（以下、『画詞』と略す）の記事によると御狩押立神事長では、峰山に狩集《かりつどえ》して、臺弓良山に鹿を出して矢を放ったことが記されるが、「矢ニアタル鹿両三ニスキス」とあり、大規模な狩猟を三日間にわたって行いながら二、三頭しか捕獲できていないことが記されている。同書には「諏方野ノ鹿アナアリト云フ古老ノ詞アリ」という一文も添えている。

御作田御狩では、『画詞』には、「御作田ノ狩押シ立テ、秋尾澤狩集、山上ノ狩倉ヲヲス、廿九日ニ至ルマテ三ケ日ノ儀、五月會ニ同シ」と簡単な記述があるのみで、『年内神事次第旧記』（以下、『旧記』と略す）では、捕獲数の記録はない。

最も大規模であった七月の御射山祭では、『画詞』では、鹿狩と共に鷹狩も行われたことが記されている。これまでの研究では大規模な狩猟という印象を受けるが、同書には、「人数ハ時ニ随テ不定也。古ヘハ百騎計、近来ハ僅二三十騎ナトニ減少ス」と記されており、同時期、九州の阿蘇地方で行われた三五〇〇人もの狩人・勢子を動員したという「下野狩」と比較すると、極めて小規模な儀礼的な狩猟に留まっていると言えるのではないだろうか。(4)

御射山では最終日の二九日に、「矢抜き」という儀礼が執り行われている。

盃酌ノ後矢抜アリ。雅楽ニ仰テ、狩人ノ中ニ鹿の射手ヲ召出シテ、トカリ矢（尾花ヲ取副タリ）ヲ給フ。大鹿分八・中鹿分六・妻鹿分四・鹿子・猪鹿各三ナリ。是ヲ取リテ再拝シテ退出。當座最儀式尤眉目タリ。

盃酌のあと、獲物から矢を抜く儀式があり、射止めた者に尖り矢に尾花を添えて与えられる儀式が、雅楽が奏せられるなか、厳粛に執り行われた。その様は最も眉目であると結んでいる。しかし、その数は、大鹿が八頭、中ぐらいの大きさの鹿が六頭、雌鹿が四頭、その他、小物が三頭で、計二一頭にしかならない。二～三〇の射手で、三日間の狩猟にしては、獲物の数はそれほど多くはない。ここに記されるのは馬上の射手側の人数であるから、獲物を追いたてる勢子の数が不明なので、この数字で狩猟の規模や能力を語ることは困難であるが、鹿がそれほど多く生息していなかったのか、あるいは、『画詞』が成立した十四世紀半ばには、鹿狩を目的とした狩猟ではなく、完全に神事としての儀礼的な狩猟に留まっていたと言えるのではないだろうか。この点、中世阿蘇の下野狩のように、野火を焼き、数多の動物を山野から追い出し、大量に捕獲する狩猟とは性質をかなり異にしていることが伺われる。同書巻第六には、再び御射山神事について記されており、

此時禽獣飛揚馳走シテ狩人ト猥騒ス。伏木・岩石ノ険阻ヲキラワス、数百騎クツハミヲ並ヘテ山中ニモラスト云ヘトモ、矢ニ當ルモノ両三ニスキス。

とあるように、射手の数を誇張して記しているものの、実際には、五月会と同じく獲物はさほど獲れないことを記し、さらに、その理由についても、以下のように述べている。

本誓悲願ノ至、神託ノ文、古老ノ説、スコフル符号セシムルモノ歟

同書第一に、元旦の蛙狩神事について書かれており、ここに狩猟・殺生の謂れが説かれている。

神使小弓・小矢ヲモテ是（蛙蟇）ヲ射取テ、各串ニサシテ捧モチテ、生贄ノ初トス。凡ソ當社生贄ノコト、浅智ノ疑、殺生ノ罪去リ堅キニ似タリト云トモ、業尽有情　雖放不生　故宿人身　同證佛果ノ神勅ヲウケ給レバ、實ニ慈悲深重ノ餘リヨリ出テ、暫屬結縁ノ方便ヲマウケ給ヘル事、神道ノ本懐、和光ノ深意、彌信心ヲモヨヲス物也。抑狩獵ノ事ハ、本誓ノ如クハ、一年中四ケ度、各三ケ日、彼此十二ケ日也

＊（　）は筆者

今も諏訪上社では元日に、蛙狩神事が行われており、近くの御手洗川から冬眠中のカエル二匹を弓矢で射るというもので、『画詞』では、この年頭の神事をもって生贄の初めとして、四度の御狩神事を含めて、仏教の思想を取り入れて殺生の合理性を説いている。つまり、業の尽たる有情（命あるもの）は、放つと雖も生きることはできないので、人の身に宿って成仏することができると説くもので、この場合、蛙と同じく、数多の生物が生息するなかで、その一部を成仏させれば良いという儀礼的な思想に基づいているものと考えられる。

最後に、九月の秋尾御狩について、『画詞』は次にように記す。

秋尾ノ祭御狩アリ。大祝以下ノ大小神官、深山ニノホリテ三ケ日逗留ス。其儀、御射山同シ。御庵ノ圓形一面ノ庭火ノミカワレリ。又、饗膳、餅・酒・馬草・栗・稲・毎人ノ前ニ是ヲ積置。故ヘアル事ナルヘシ

第三日、朝霧ニ四方ノ鹿ヲマキヲトシテ、大葦澤ニテ狩獵ス。山路ノ紫菊霜ヲ帯ヒテ蕭疎タリ

他の御狩神事と同じく、大祝以下神職が三日間、山中に逗留する。御庵の円形の前庭で、庭火を焚くことなどが記され、最終日には大葦澤で鹿の巻狩をしたと記されている。『旧記』の方には、もう少し神事の内容が詳細

に記されているので、こちらを見ておこう。

同闕庵、四柱ハ當々立申。（中略）大庭の敷茅ハ、半分ハ栗林両条、半分ハ小坂。御庵の内の敷茅當々に仍敷申候畢（下略）

御馬草・稲馬草。笹馬草百束、朝神事・夕神事ニ出…

とあり、四柱で庵を立て、庵の中にはカヤを敷くことが認められる。秣は、稲と笹の二種類あることがわかる。狩猟については、三日目に大葦原で鹿狩の巻狩りがあったとされ、獲物の数については、『画詞』『旧記』とも記されていない。ただ、『旧記』では、多くの餅籠を各地区からもたらされており、なかには、粟餅もあることから、『画詞』にある粟は粟の可能性も考えられる。

季節的には、稲や粟の収穫物を山に持っていき、収穫祭としての意味合いを持った饗膳が施されたことは言うまでもないが、この時期は鹿の発情期にあたり、夜間は鹿の鳴き声が響きわたっていたに違いない。

諏訪の狩猟神事の中で、御射山祭りが年間で最大の御狩が行われたとするのであれば、発情期にあたる九月の秋尾御狩神事と、鹿の誕生期にあたる五月の御狩押立神事では小規模な狩猟であることがわかる。このことから、中世の同地における獣害被害はそれほど深刻なものでなかったのかも知れない。むしろ、神事儀礼としての狩猟が最も尊重されたのだと考えるべきであろう。

『旧記』に、「御狩之事申立」の一文がある。これは最初の御狩押立神事（五月会）に際しての呪言と思われるので、全文を記そう。

祝殿にハ桜之枝を持たせ参らせて、祝達・神使殿、皆桜枝持ち、斯々として申て後、宜（た）ひ神長殿・すハきか原ニたつ立て、かよくりを真垂様（まつたれさま）ニ落つる鹿を、弦もない弓にて、尻もない矢を持ちて、千頭（せんつ）の鹿を止め。其後祝殿お、ハと仰らる、時、神長殿、勢沢の羽ニたつ立て、真垂様ニ落る鹿を弦もない弓にて、尻もない矢を持って、万頭之鹿を止め、

この申立では、祝以下、神職たちが桜の枝を持ち、谷間の急斜面から落ちる鹿を、弦のない弓と尻のない矢で以て千頭の鹿を止め、神長殿は勢沢に立って同じ弓矢で鹿を射ると説く。呪言ではあるものの、武器としての機能を失くした弓矢で以て千頭の鹿を射止めるということは、鹿を傷つけずに捕獲することを意図しており、「業の尽きたる有情」を成仏させるための宗教的作法でもって狩りをすることを意味していると言えよう。この宗教的な思想により、諏訪の四度の御狩神事は頭数を競うのではなく、少量の獲物の霊魂をいかに鎮め祀るかに重きを置いていると考えられる。この点は阿蘇の下野狩のように、野火を放ち、大量の獲物を一網打尽にするのではなく、攻撃能力のない弓矢を用いたという申立を行ったうえで、必要な数だけの獲物の矢抜きの儀礼を執り行い、ススキの穂を添えた尖り矢で成仏させることを優先させたと言えよう。

二　カヤと野火

諏訪信仰を見ていくうえで、ススキの占める位置は大きい。特に、今日の御射山祭りにおいても、社殿を薄《ススキ》で覆う光景は諏訪以外でもまず見ることができない。ただ、厳密に考えなくてはならないのは、茅＝ススキではない、ということである。一般に、茅葺き屋根の民家と言った場合、様々な種類の植物を利用している。ススキ・オギ・カリヤス・アシなど様々で、屋根に上げれば、すべてがカヤと総称されることになる。

前回の論文「中世諏訪の狩猟神事―稲と鹿・葦と薄―」で、ススキとアシの利用法の相違について触れてみた。[5]稲のまつわる神事は葦が用いられるのに対して、鹿をはじめとする狩猟行為については、カヤの文化が見られるのではないかという試論である。ススキは山野を問わずどこにでも繁茂するが、アシ（ヨシ）は川原、あるいは、海岸に近い汽水など水辺に生育する水生植物である。

ススキ、アシとも生育する地域を異なるが、共に野焼きをすることで、良質のカヤが得られるという利点がある。野焼きをしない場合には、他の植物が入りまじり、刈り取りの際に選別が困難になるため、山の斜面や川原等にも火は入られる。

諏訪の野焼きについては、中澤克昭氏が少し言及されている。[6]『画詞』には、三月辰の日に、本宮の北西から火を放って、真志野の野焼（習焼）神社に至るというもの。もう一つは四月二七日の矢崎祭で、饗膳のあと野火を焼いたというものである。だた、両者とも諏訪の狩猟神事を執行する範囲の外であるため、同氏は文献史学の立場から、「今のところ、御狩に際して神野に火が放たれたていたかどうかは断定できない。」と慎重に述べている。

ただ、筆者が各地の民俗事例から、狩場（神野）以外のところで、儀礼的な火焚き行事は行われた可能性は高いと考えている。例えば、狩猟の模擬神事の行う鹿児島県大隅地方の柴祭りでは、年頭の儀礼として、カンガイ（神狩）と称する狩猟の模擬行為や打植祭りと称する田遊びを行いながら、コッビ（神火）を焚くことが見られる。小規模な焚き火なのであるが、これを火の使い初めと称している。近世の高山郷の上層郷士が著わした『守屋舎人日帳』に、いくつか神狩と神火に関する記事が見られる。(7)

同史料、天保三年（一八三二）正月四日条に、

猪壱丸今日神狩ニ付、永善鹿倉にて取得候段、行司遠矢半左衛門より申出候

とあり、続く、同年正月七日条には、

去ル四日神狩ニ取得候四才猪、今朝鳥居之脇西之方杦山へ掛置、祭方有之候、尤社人中屋敷□へ配分之事

と記され、正月に神狩と称する儀礼があり、集団狩猟が行われた。このとき、猪を一頭捕獲することができ、三日後の正月七日に鳥居の西脇の杉山に掛け置かれ、祭りがあったとされる。

このとき、神火も焚かれたようで、天保十一年（一八四〇）正月四日条には、

今日神火立二而東殿え相頼候、馬者両日共左膳え頼候

とあり、神火に関する記事はその後も正月の儀礼として散見される。

同地では、コッビ（神火）を焚くことで、その日以後、野焼きをすることが許されると説明している。

先に紹介した中世阿蘇の下野狩における野火についても同様のことが言える。神事としての野焼きは下野（現

在のJR日豊本線赤水駅付近）一帯において、三五〇〇人という多勢の勢子を集め、野焼きを行いながら狩猟をするもので、その様子は阿蘇家所蔵の『阿蘇下野狩図』に描かれている。[8] 神事として一定の区域での神火・野焼きは、火の使い初め、儀礼的な野焼きの始まりであって、阿蘇の広大な牧野の野焼きはその後に行われていたものと推察される。

中世諏訪社の場合も、三月辰の日の野焼（習焼）神社での野焼きは、寒冷な信州諏訪地方の諏訪湖に近い部分だけを小規模に焼いて野焼きの始まりとし、四月下旬の矢崎祭りの野焼き以後、本格的な野焼きが各地で行われたものと推定できる。時期的に、山上での雪解けとなる季節で、岡本透氏によれば、『正保信濃国絵図』（一六四七）には、諏訪湖・霧ヶ峰周辺の大部分は草原を連想させる茶色や薄緑色で着色され、森林を示すと考えられる樹木が描かれるのは八ヶ岳など標高の高い山岳地や社寺の周囲に限られていると指摘されている。[9] よって、史料に現れるのは、神事としての小規模な野焼きのみが記録に残るのであって、広大な草原に関しては、神社史料には残りにくいといった面も考慮する必要があるだろう。

再び、鹿児島の事例を紹介すると、南大隅町佐多辺塚では、かつて辺塚牛の生産地であったため、地域で野焼きをして牧場を維持していた。火入れの際に、野原から飛び出してくる兎や猪などを猟師は鉄砲で、それ以外の村人は棒で叩いて捕獲していったという。[10] 現在でも、阿蘇地方では、牧野の野焼きの際に、猟師が鉄砲を持ち出し、鹿を撃つことが見られる。

中世焼狩の実態は、史料、絵画資料などからその実態が明らかとなっているが、阿蘇地方では現在も普通に行われている猟法なのである。かつて、全国各地で野焼きが行われていた際には、どこにでも行われた慣行だと言ってよいだろう。

三　諏訪神事におけるススキとアシ

野焼きによって、広範囲に生育した草原のススキと湿地帯に繁茂したアシは、諏訪の年間の神事の中で、稲作儀礼、狩猟儀礼などに利用されてきたことは、前述の小論で指摘したところである。

御射山祭りにおける四御庵（穂屋）については、現在の諏訪大社上社・下社の事例を見ると、ススキで社を取り囲むようにして葺かれており、茅野市金沢では各家の軒先にススキと傘を飾る風習が今も伝えられている。最近、二本松康宏氏の調査で、長野県小海町の松原諏訪神社の御射山祭りで、ススキとアシを使った穂屋が現在も作られていることが確認できた（写真1）。形状は流れ屋風で、宮地直一が『諏訪信仰の研究　後篇』に四御庵の材料から推定して復

写真1　長野県小海町　松原諏訪神社　御射山祭り

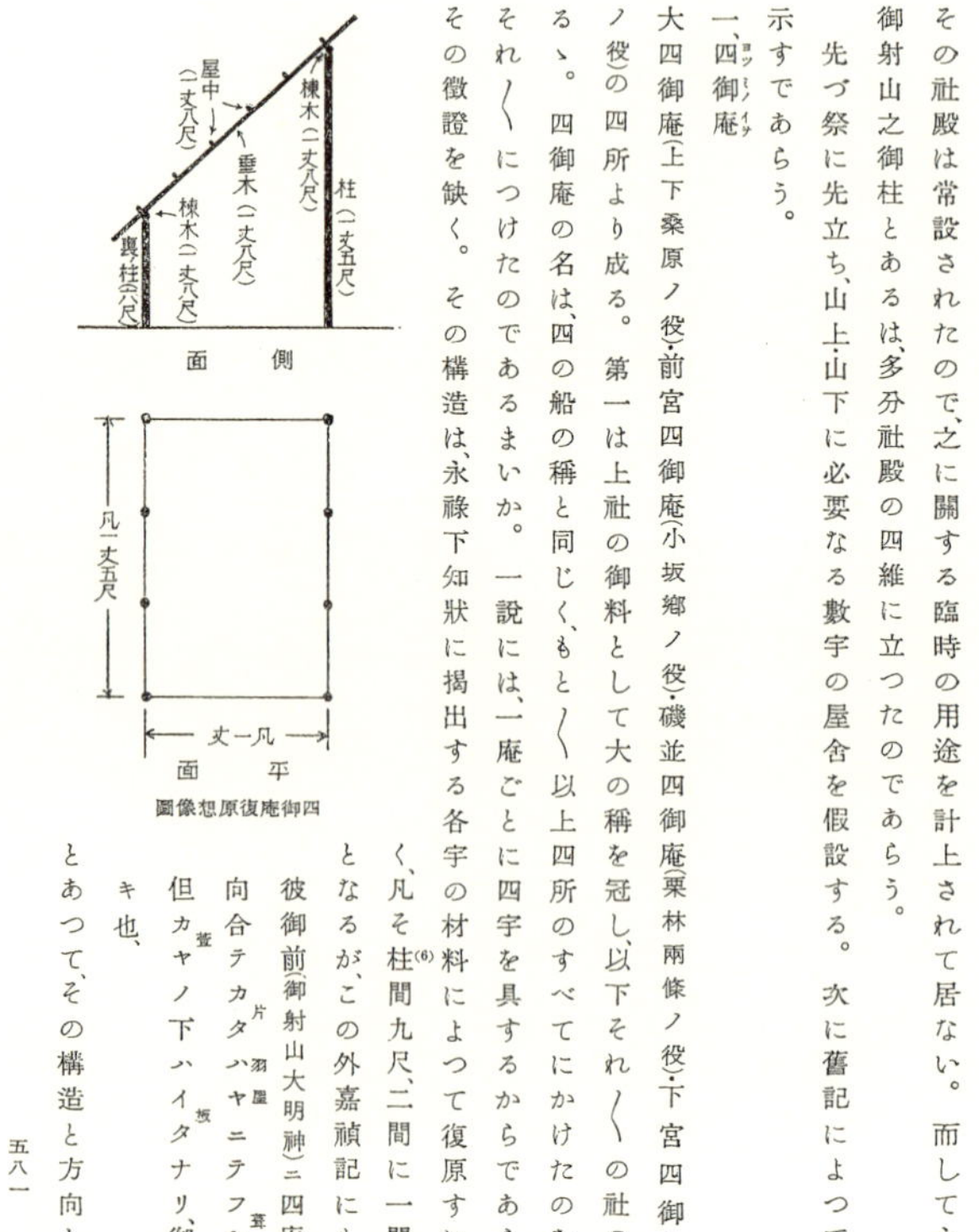

その社殿は常設されたので、之に關する臨時の用途を計上されて居ない。而して永祿下知狀に御射山之御柱とあるは、多分社殿の四維に立つたのであらう。

先づ祭に先立ち、山上・山下に必要なる數字の屋舍を假設する。次に舊記によつてその種類を示すであらう。

一、四《ヨツ》御《ミノ》庵《イヲ》

大四御庵(上下桑原ノ役)・前宮四御庵(小坂鄉ノ役)・磯並四御庵(栗林兩條ノ役)・下宮四御庵(有賀・眞志野ノ役)の四所より成る。第一は上社の御料として大の稱を冠し、以下それ〳〵の社のためにせらるゝ。四御庵の名は、四の船の稱と同じく、もと〳〵以上四所のすべてにかけたのを、後に轉じて、それ〳〵につけたのであるまいか。一說には、一庵ごとに四宇を具するからであらうといふが、その徵證を缺く。その構造は、永祿下知狀に揭出する各宇の材料によつて復原すれば、上圖の如く、凡そ柱[6]間九尺、二間に一間片庇の建物となるが、この外嘉禎記にも

彼御前(御射山大明神)ニ四庵トテ四方ニ向合テカタ《片》ハヤ《羽屋》ニテフキ《葺》タル庵アリ、但カヤ《萱》ノ下ハイタ《板》ナリ、御旅所ノキシキ《規式》也、

とあつて、その構造と方向とを示す。此

五八一

図1　四御庵復元想像図（宮地直一『諏訪神社の研究』後篇581頁）

元図を示されたものと、ほぼ一致する[11]（図1）。諏訪信仰において、ススキとアシが特に神聖視されていることが認められた唯一の事例である。

諏訪神事の年末から年頭にかけての御左口神を祭る御室神事でも、アシとススキが重要な役割を果たしている。十二月から一月までの神事の過程を宮路直一『諏訪神社の研究』後篇[12]・『諏訪市史』上巻[13]を参照しながら簡単に見ておこう。

十二月一五日　原の御神事

諏訪上社前宮に御室（みむろ）を作る。御室とは「大穴を掘りその内に柱を立て、棟を高くして萱を葺きて、

軒の垂木を支えたり（『画詞』第七　十二月二二日条）とあり、「御室内之御左口神ノ上ノ破風葦巣（アシスニテ）奉塞之事、如斯（伝信重申状）と形状が記されており、『諏訪市史』では原始・古代の竪穴式住居の形態をとるとしている（図2）。

注目すべきは、御左口神を祭る御室は、アシで葺かれているという事実である。この点、現在の御射山祭りのように、ススキだけで穂屋を作るのとは性格を異にしていると言える。『画詞』の萱の記述は、ススキ・アシの両方を含んでいるので、注意を要する。

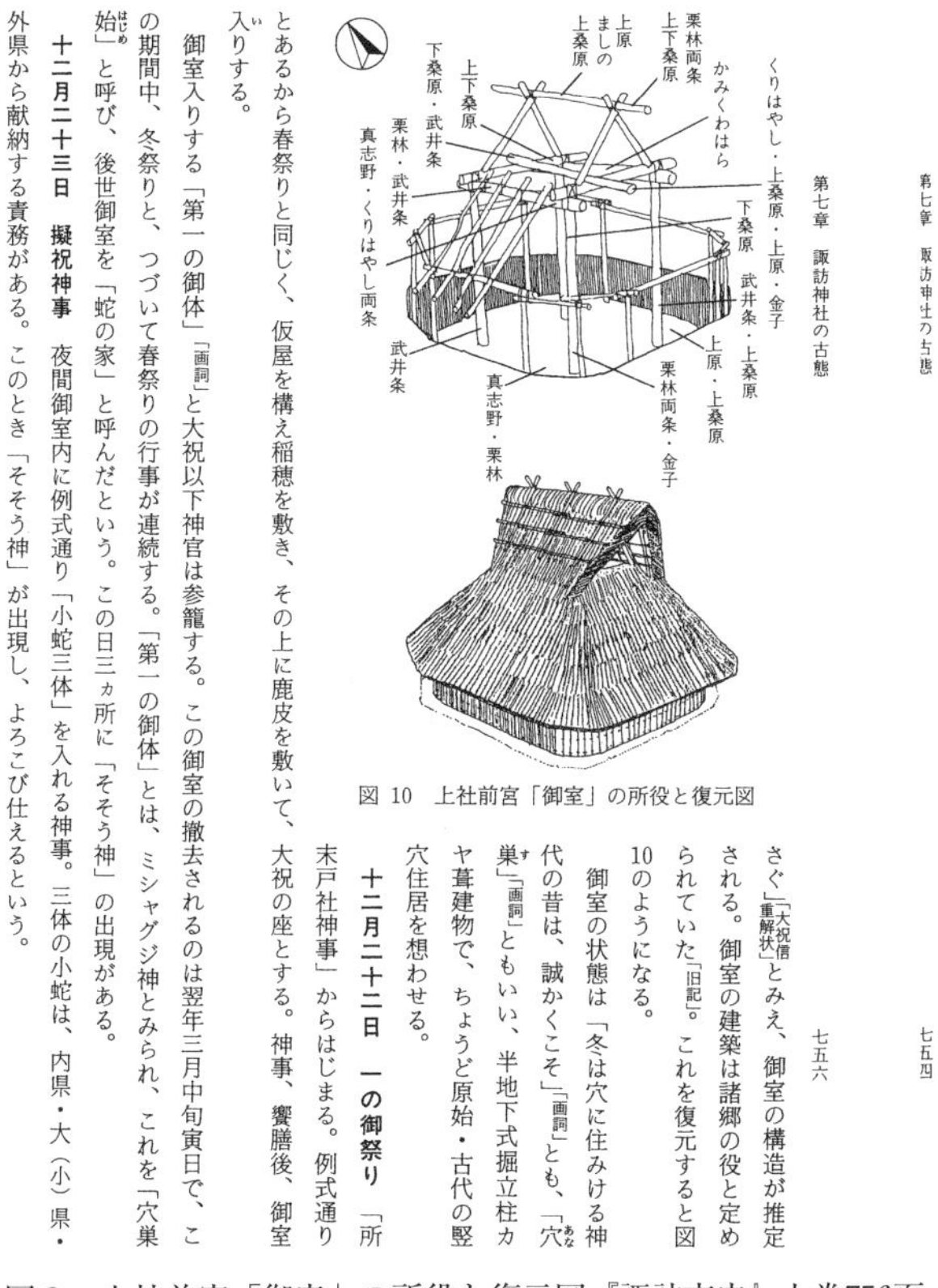
第七章　諏訪神社の古態
七五四
第七章　諏訪神社の古態

図 10　上社前宮「御室」の所役と復元図

さぐ」「大祝信重解状」とみえ、御室の構造が推定される。御室の建築は諸郷の役と定められていた「旧記」。これを復元すると図10のようになる。

御室の状態は「冬は穴に住みける神代の昔は、誠かくこそ」「画詞」とも、「穴《あな》巣《す》」「画詞」ともいい、半地下式掘立柱カヤ葺建物で、ちょうど原始・古代の竪穴住居を想わせる。

十二月二十二日　一の御祭り　「所末戸社神事」からはじまる。例式通りとあるから春祭りと同じく、仮屋を構え稲穂を敷き、その上に鹿皮を敷いて、大祝の座とする。神事、饗膳後、御室入《い》りする。

御室入りする「第一の御体」「画詞」と大祝以下神官は参籠する。この御室の撤去されるのは翌年三月中旬寅日で、この期間中、冬祭りと、つづいて春祭りの行事が連続する。「第一の御体」とは、ミシャグジ神とみられ、これを「穴巣始《はじめ》」と呼び、後世御室を「蛇の家」と呼んだという。この日三ヵ所に「そそう神」の出現がある。

十二月二十三日　擬祝神事　夜間御室内に例式通り「小蛇三体」を入れる神事。三体の小蛇は、内県・大（小）県・外県から献納する責務がある。このとき「そそう神」が出現し、よろこび仕えるという。

七五六

図2　上社前宮「御室」の所役と復元図『諏訪市史』上巻756頁

十二月二二日　一の御祭り

『画詞』では御室の建築について詳述し、続いて、シンフクラ祭りに触れる。『旧記』では、そそう神が現れ、喜び仕えるという。続いて、次も様な注目すべき記事がある。

所政社の葦、又御左口神組み申す葦ハ、御室奉行役にて出。

所政社や御左口神を祭るために、アシが使われていることは重要である。十二月十五日に、御室の屋根がアシで葺かれ、そこに祭られる御左口神もアシを組んで作られ、さらに、末社もアシで覆われることから、御左口神を祭る一連の神事はアシが重要な意味を有していることが伺える。

十二月二三日　擬祝神事

夜間に御室に入り、小蛇三体を入れいる神事。小蛇を茅、あるいは、藁製と記す文献はあるが確証はない。『旧記』では次のように記される。

廿三日、擬祝殿御神事、三立、御柏・御酒・汁鳥参。例式。小蛇入、上原ハ大縣、栗林ハ内縣、有賀・真志野外縣、飾りの麻紙を出、三カ所からに麻ハ六寸三指、紙三条つゝ、麻三絹一ヶ所つ、からニなし申

飾りの麻や紙を三カ所から用意されているところを見ると、蛇体の飾りと考えられる。

十二月二四日　大巳祭（『旧記』では大海祭）

『旧記』では、「大海祭に萩組ミにて申立」という一文から始まる。萩組については、武井正弘が注に、「萩（ス

スキの穂）を編んで造った敷物で、御室のなかの居座とする」と解説している。[14]萩組の儀式は笹につけた御左口神と蛇体を祭る。

十二月二五日　大夜明神事

神体三体を入れる。神体とは、長さ五丈五尺、太さ二尺の大蛇三本とする。これをムサテと称している。廿番舞の芸能が演じられる。

その後、十二月二六日から三十日まで、御室に関する様々な神事が執行される。晦日には、御室へ御年男と小別当が年神と釜の神の盃の儀がある。御室には、蛇体であるご神体と共に、年神と釜の神が祀られていることが認められる。

元日に、蛙狩神事、神使御頭御占へと続く。御占いでは、ススキの実を打ち散らし、その数で占いをするというもの。年頭にススキが重要な役割を果たしていることがわかる。

元日には、さらに、年入神事があり、「年の実」を入れる神事がある。年の実は稲実（籾）で、「たさい神」と称し、「年之神是也」と記される。「年の実」入れをすると、御室神事を行い、続いて、綱引となる。稲の生育、豊作を祈願する祭礼だとされる。

一月一四日夜から一五日にかけては、筒粥神事があり、粥占が行われる。前宮御左口神の前で、アシを三三本切り揃え、簀子状に編み五穀と共に釜に入れて煮る。

御室神事の一連の流れは、アシ（葦）で葺かれた仮屋に、御左口神を祭る。神体は蛇体とされる。そそう神が喜び仕えるという。萩組の申立があり、大晦日に年神（たさい神）と釜の神を祭り、ススキの実で占いをする。その後、豊作を祈願する綱引きとなり、小正月ではアシを用いて粥占が執行されている。

このように見れば、一連の御室神事は、年神を祭り、稲の豊穣をもたらすための祈願祭とみなされ、粥占に使われるアシは、稲作と深い関係にあることがわかる。御室そのものがアシで葺かれていることも注目される。この点においては、狩猟を核とする神事の御射山祭りのススキを中心とする穂屋と性質を異にしている。ところが、先に記した松原諏訪神社の御射山祭りの穂屋はススキとアシで構築されており、諏訪社の御射山もすべてがススキで作られたものかどうかの検証は今後、必要であろう。

さて、御左口神を中心として一連の年神・稲作儀礼のなかで、そそう神の存在をどのように考えるかが、この神事を説く大きな鍵となってくる。そそう神は三月未の日の一の御祭りにも、所末殿に山の御手幣を捧げる際の祝詞にも語られている。

十二月二五日の大夜明神事における「外縣候申」では、そそう神の謂れが語られる。長文になるが、そそう神の性格を知る上で全文を紹介しよう⒂。

外縣惣領申

道の口ニ真志野の神主の本ニ（祖）宗神給給て、神主嬉しミ喜ひて、御肴ニ参らせへき物なし、御狩をせんと思、誰にか言い合せん、相神主ニ言い合せん、野炎の端に立つを立て、大ミ山を真垂様ニ十寸丸の落つるを、有賀の誰とも云、折節御室へ参らせ給か、真横合に馳せあって、真胸交て矢羽に射、丸剥し、斯程の御肴如何て候へきとて、真ン丸焼に刺焼、背振皮差し放し、折骨・草脇重々ニ比包ミ、家へ抱帰り、機筵引走らかし、三足の台を立、四足の台を立、こいのわかとの、そ、うりのすし、ふくさかふらのやいかわつつくしりのすし、物かちに御取集めて、六月酒口引開け、寸か六寸か装んたり。

それより道中に弥平次の本ニ祖宗神給給たれハ、嬉しミ喜ひて、御肴ニ参らすへき物なし、御狩をせんと思、誰にか言い合せん、介太郎ニ言い合せん、折節ものへ互て候、日頃思つるとこハ此処そかし、王舞舞て、六寸か栃の木沢に立つ立て、、ほと沢を真垂様二十寸の落つるを、折節小坂の物領殿、御室へ参らせ給か、真横合ニ馳せんあって、真胸交て矢羽に射、丸剥して、斯程の御肴如何て候へきとて、真ン丸焼に刺焼、背振皮差し放し、折骨・草分重々ニ掻き放し、比包ミ、家へ抱帰り、機筵引走らかし、三足の台を立、四足の台を立、すそうりのすし、こいのわかつ（と）の、ふくさかふらのやいかはつんくしりのすし、物かちに御取出、六月酒の口引開け、寸か六寸か装んたり。それより道の尻に有賀のはん四郎の本に祖宗神あまはり給て、嬉しミ喜ひて、御肴ニ参らせへき物なし、御狩をせんと思、誰にか言い合せ、野炎の神主ニ言い合せん、野炎神主ハ所ゑそ折節湖へ互い候、日頃思つるとこハ此処そかし、王舞舞て、六寸かしこき原に立つ立て、後沢を真垂様二十寸丸の落ちるや、折節小坂七郎殿、御室へ参らせ給ハ、真横合ニ馳せあって、真胸懸し、引包ミ、家へ抱帰り、機筵引走らかし、三足の台を立、四足の台を立、しそうりのす（し）、こいのわかつ（と）の、ふくさかふらのやいかハつんくしりのすし物かちニ御取集め、六月酒の口引開、寸か六寸か装んたり。

外縣惣領中。

道の口・道中・道の尻に、それぞれ、そそう神が現れ、嬉しみ喜んで、酒の肴がないので、王の舞を舞い、御狩りをして鹿を取り、折骨・草分などを切り取り、家に持ち帰り料理して六月酒の口開けをしたということが語られている。丸剥がしして、折骨・草脇をとるという狩猟の具体的な解体作法が記されており、そそう神は、稲の豊作を祈願する農耕神よりも狩猟神としての性格もあわせもっていることを知ることができる。

このように見ていくと、御室神事は、蛇体である御左口神と共に、年神・釜の神を祭り、年越しを経て稲の豊作を祈願する年頭の祭礼ではあるが、ここには、そそう神という狩猟と関係深い神が関わっている。粥占に利用されるアシで御室の屋根を葺く神事は、まさしく豊葦原瑞穂国を連想させる稲作の儀礼なのであるが、そこには諏訪の狩猟神としての性格も強く表れている。御射山祭りで獲物を射止めた者に、ススキの穂を添えた尖り矢が渡されるように、ススキが御狩の象徴であるならば、アシは稲作の象徴と見てよい。諏訪における年末年始の神事は、狩猟の神にも見守られた稲作神事が執り行われたと考えることができる。萩組がススキで作られた座であるかについては、さらに考察の余地があろう。ススキの座であるとするならば、御室神事における狩猟的な要素が入ったとみなすことが出来ると思われる。

先に紹介した鹿児島県大隅地方の柴祭りでは、山の狩倉を祭り、神狩と称する狩猟を行い、そのなかで、田遊びや、火の使い初め、さらに、様々な道具の使い初めが執り行われている。狩猟は単に害獣駆除という側面ではなく、野焼きによる草原維持を含めた山の環境保全そのものに関わる人的活動の一環と捉えることができ、周囲を山に囲まれた諏訪地方おいては、山と野が共存できる環境を整えるための神事が行われていたとみるべきだろう。

おわりに

諏訪信仰は御柱、御頭祭の鹿の供儀などに代表される如く、独特な文化と世界観を有している。これまで、狩猟、農耕といった観点から多くの研究がなされてきたが、近年、環境史の分野から草原を軸に各地域の文化を見直す動きがでてきた。その中心となったフィールドは九州の阿蘇地方であるが、研究が進むにつれ、諏訪にも大規模な草原が広がっていたことが徐々に解明されるようになった。

確かに、神事や軍事訓練としての馬を使っての狩猟（巻狩）は、奥深い森の中で実施するのは困難であり、我々がよく絵画資料として目にする、「富士の巻狩」は広い草原のなかで実施されていた。諏訪の場合も年に四度もの狩猟神事を執行するのであれば、山を草原として維持する必要があったであろう。中世に大規模な狩猟神事を行った阿蘇の下野狩と諏訪の御狩は、野焼きによって維持された草原が存在したからこそ、なしえたものである。ただ、その性格は史料の記述内容にもよるが、阿蘇の三五〇〇人もの勢子を使って火を放ち大量の獲物を捕獲した下野狩とは異なり、諏訪の場合は狩猟行為そのものを神事として、捕獲数にこだわらなかったと考えられる。そこには諏訪の高度に論理化された殺生罪業観から生まれた動物成仏論があったからであろう。年末から年始にかけての御室神事に見られるように、狩猟神としての性格を有する「そそう神」が御左口神と共に、稲作の豊穣を擁護する役割を演じていることからすると、適度な狩猟と稲作の豊穣とが一体のものとして認識されていたことが伺われる。

鹿児島県大隅地方に伝わる柴祭りも同様に、年頭に、神狩り、もしくは、狩猟の模擬行為を演じ、さらに、打植祭りという田遊びを演じることからも、主祭神たる山の神（または、柴神とも称される）が全ての生業に対する守護神となっているからである。諏訪の場合は、山の狩猟神である「そそう神」と稲作の神としての「年神」、そして、食の根源である「釜神」とが、御左口神と共に集うことで、諏訪地方のすべての生業がバランスよく営まれることを意味していると解釈できるのではなかろうか。

三月の野炎神主による小規模な野焼き、四月終わりの矢崎祭りにおける野焼きは、神事としての形式的な野焼きで、恐らく、矢崎祭りのあとは各地域で大規模な野焼きがなされたと考えるのが自然であろう。三月の野炎神事については、鹿児島の柴祭りのコッビ（神火）と同様に、年頭の野での火の使い初めの儀礼と捉えてよいだろう。九州阿蘇地方の下野狩りは現在、卯の日祭り（田作り祭り）として実施されているが、本来は正月初卯の日から次の卯の日までの一三日間、連続して行われた祭礼であった。下野の狩りは新暦の二月半ばに火を野に放って狩猟をしていたことになり、時期的に、野焼きの先駆け的な行事としてみなされていたことになる。諏訪の場合も、野炎神社と矢崎祭りでの野焼きは象徴的な儀礼であって、柴祭りの神火と類似した儀礼的な火入れであると考えられる。

諏訪信仰におけるカヤ（ススキとアシ）の問題から追及すると、乾燥した大地と湿地帯との文化が交錯する姿を発見することができる。その意味でも、二本松氏が発見された松原諏訪社の御射山祭りの穂屋の持つ意味は大きい。茅には、ほかにも、オギ、カリヤスな様々な植物が使われ、各地域の民家の屋根として使われていた。今後、文化的な観点からカヤの種類を詳細にみていく必要がある。現在の諏訪上社・下社の御射山祭りも、今のようにススキだけしか用いられなかったのか、再考する必要があろう。

注

（1）拙稿「阿蘇の卯の日祭り―トシガミの巡幸と狩猟、野焼き、田遊び―」（九州民俗学会編『阿蘇と草原　環境・社会・文化』二〇一二年一一月　鉱脈社）。

（2）拙稿「中世諏訪の狩猟神事―稲と鹿・葦と薄―」（福田晃・徳田和夫・二本松康宏編『諏訪信仰の中世―神話・伝承・歴史―』）二〇一五年九月　三弥井書店。

（3）金井典美「中世諏訪の御狩祭―年中四度の狩猟神事の性格―」（金井典美『諏訪信仰史』名著出版）一九八二年九月名著出版、中澤克昭編『中世の武力と城郭』第二章「狩猟神事と殺生観―在地社会と武芸（一）―」一九九九年九月吉川弘文館、および、福田晃・徳田和夫・二本松康宏編『諏訪信仰の中世―神話・伝承・歴史―』）所収の諸論文。二〇一五年九月　三弥井書店。

（4）阿蘇下野狩については、湯本貴和編　責任編集　佐藤宏之・飯沼賢治『野と原の環境史』（シリーズ日本列島の三万五千年―人と自然の環境史―　第四巻）二〇一一年三月　文一総合出版、飯沼賢治編『阿蘇下野狩史料集』二〇一二年二月　思文閣出版、吉村豊雄・春田直紀偏『阿蘇カルデラの地域社会と宗教』二〇一三年三月　清文堂、九州民俗学会編　前掲書など。

（5）注（2）に同じ。

（6）中澤克昭編「狩猟と原野」湯本貴和編　責任編集　佐藤宏之・飯沼賢治『野と原の環境史』（シリーズ日本列島の三万五千年―人と自然の環境史―　第四巻）所収。

（7）守屋重尭著　秀村選三校注『守屋舎人日帳』全一一巻　一九七九年～一九九一年　文献出版。

(8) 飯沼賢治編 『阿蘇下野狩史料集』 二〇一二年二月 思文閣出版。

(9) 岡本透 「土地に残された野火の歴史」(湯本貴和・須賀丈編 『信州の草原―その歴史をさぐる―』 二〇一一年四月 ほおずき書籍)。

(10) 拙稿 「コラム3 草原の狩猟」 前掲、湯本貴和編 責任編集 佐藤宏之・飯沼賢治 『野と原の環境史』(シリーズ日本列島の三万五千年―人と自然の環境史― 第四巻)。

(11) 宮地直一 『諏訪神社の研究』 後篇 五八一頁 一九三七年二月 信濃教育會諏訪部會。

(12) 注(11)に同じ。

(13) 諏訪市史編纂委員会編 『諏訪市史』 上巻 諏訪市。

(14) 武井正弘編著 『年内神事次第旧記』 一九〇頁 注(59)の解説。二〇〇〇年三月 茅野市教育委員会。この武井の解釈に対して、山本ひろ子氏は「なぜ、萩をススキとするのか、根拠は示されていない」と近著、同氏編 『諏訪学』(九〇~九一頁 注(34)二〇一八年 国書刊行会)で述べている。確かに、ここは考察の余地がある。さらに、同氏は、ススキと狩猟との関係を筆者が注(2)の前論文で取り上げたことに関して、「萩組の座」での神事・作法が狩猟神事に限定されるとは思えない」と記している。筆者は、「萩組の座」がススキであるとするならば狩猟的な要素があると考えており、そこに、葦が使わる場合は、狩猟と稲作との複合文化だと考えており、全てを狩猟民俗で捉えようとしているわけではない。

(15) 武井正弘編著 『年内神事次第旧記』 一六九~一七〇頁。

資料紹介

諏訪市博物館所蔵大祝家文書『神氏系図』影印

二本松康宏

諏訪市博物館に所蔵されている大祝家文書には二七点におよぶ大祝家の系図が含まれている。その中で、今回、影印として紹介する『神氏系図』（外題『前田氏所蔵巻軸　諏訪氏古系図』）は、いわゆる「神氏系図」と呼ばれるものの一本である。便宜上、本稿では大祝家本と名付ける。

「神氏系図」はこれまでに以下の伝本が知られている。

(A)　前田育徳会（尊経閣文庫）蔵本…前田家本

(B)　『諏訪史　第二巻　前編』(1)に収載本…諏訪史本

(C)　長野県立図書館寄託丸山文庫蔵本(2)…丸山文庫本

加賀前田家が所蔵した「神氏系図」は室町時代末期の書写と推定される古本である。諏訪大祝家に伝来した他の系図には、なぜか京都諏訪氏の系譜に触れない傾向がある。そうしたなかで「神氏系図」は「円忠―康嗣―満嗣―行信―光信―貞通」と続く京都諏訪氏の系譜と事績が詳細に掲載されている。この特徴（＝問題）は「神氏系図」の制作意図や制作時期を考察するうえでの手掛かりとなるだろうが、紙幅の都合上、本稿での論及は見送る。

宮地直一が紹介した諏訪史本は、その奥書によれば、「加賀前田氏所蔵古写本」、すなわちⒶの前田家本を明治一五年九月から一〇月六日にかけて飯田武郷が写し、さらにそれを同年一一月一八日に塙忠韶が模写。塙忠韶はその写本をいったん鳥居小路恕平に譲り与えるが、後に続群書類従刊行のため鳥居小路蔵本からふたたび模写したという。それが明治三一年一〇月四日。宮地直一が収めたのは、おそらく続群書類従の系図部に収められなかった塙忠韶の第二次模写本であろう。

丸山文庫本も、親本はⒶの前田家本である。その奥書によると、諏訪史本と同じく「加賀前田氏所蔵古写本」を明治一五年一〇月に模写。模写者が誰かは記されていないが、前述の飯田武郷による模写とほぼ同時であることを考えると、この時点では同じく飯田武郷による模写本であった可能性が考えられる。その写本は明治政府の修史館にあり、その修史館本を丸山清俊からの依頼を受けた岩本尚賢が明治一六年七月に模写したものであるという。飯田武郷と岩本尚賢は諏訪大社の宮司を務めた国学者である。(4)諏訪史本と丸山文庫本は、いずれも前田家本のほぼ忠実な写本であり、記載内容もほぼ同一と言ってよい。(3)

さて、本書に紹介する大祝家本も、『前田氏所蔵巻軸　諏訪氏古系図』との外題を記すように、基本的には前田家本からの写本であることが前提である。たとえば、冒頭（二丁表）の本文二行目の一一字目の「凡」、同じく一二行目の「慮」などは前田家本にみられる虫食い痕まで忠実に写している。

しかし、いっぽうで、たとえば二丁裏の初代にあたる御衣木祝「有員」から大祝「頼信」に繋ぐ系線の傍注に、前田家本では「此間十四代系図紛失」とあるところを、大祝家本は「此間十余代系図紛失」と記している。単純な書き誤りともとれるし、ひょっとしたら何かの意図があってのこととも考えられるこうした微妙な表記や用字の違いは、大祝家本の随所に見られる。また、たとえば三丁表から三丁裏にかけての系図では、前田家本では「行衡」の子とされる「光衡」「行忠」「忠康」「行信」「忠尚」らが、大祝家本では「行衡」の兄にあたる「行光」の子として記されている。「行忠」の子についても、前田家本では「高綱」「公範」「忠信」「忠能」の四子を載せるが、大祝家本では「公範」と「忠信」が抜けて「高綱」と「忠能」の二子となっている。

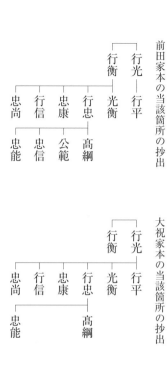

前田家本の当該箇所の抄出

- 行光―行平
- 行衡
  - 光衡
  - 行忠
    - 高綱
    - 公範
    - 忠信
    - 忠能
  - 忠康
  - 行信
  - 忠尚

大祝家本の当該箇所の抄出

- 行光
  - 行平
  - 光衡
  - 行忠
    - 高綱
    - 忠能
  - 忠康
  - 行信
  - 忠尚
- 行衡

大祝家本には、前田家本には見られない朱筆の注記や系譜が所々に書き加えられていることとも考え合わせると、前田家本からの書写に際して、別本による校合が施された可能性が高い。たとえば（重箱の隅を楊枝でほじくる

ような話だが）、本稿が注目したいのは大祝家本四丁裏の「清親」の注記である。この箇所は、前田家本によれば、

　清親　左衛門尉　次郎

　右大将家頼朝卿御代自文治五正九至正治二数年為弓場始射手也子孫等《イ輩》数代参勤在別記

とあるところを、大祝家本では、

　清親　次郎　左衛門尉

　右大将家頼朝郷《ママ》御代自文治五正九至正治二数年為弓場始射手也子孫輩数代参勤在別記

と記される。大祝家本の「頼朝郷」は誤記もしくは誤写の範囲とみて問題ないだろう。注目したいのは、前田家本では「等《イ輩》」として、別本との校合が示されている箇所が、大祝家本では「輩」と表記されている点である。ちなみに諏訪史本と丸山文庫本は当該箇所において前田家本と同じように校合の跡を残している。諏訪史本と丸山文庫本が現在にある前田家本を書写したことは間違いない。しかし、大祝家本は現に我々が目にする前田家本とともに、それとは異なる、しかも前田家本自身が校合に用いたと考えられるもう一つの「神氏系図」を見ていた可能性が指摘し得よう。「前田家別本」ともいうべき「神氏系図」の存在が、大祝家本のなかに窺われるのである。

【書誌】諏訪市博物館所蔵　一冊　外題…「前田氏所蔵巻軸　諏訪氏古系圖」表紙左上、ウチツケ書。内題…「神氏系圖」一丁表冒頭。紙縒綴（本文共紙）。縦一八・一㎝×横一九・八㎝。全一〇丁、袋綴。奥書等なし。冒頭に諏訪大明神の垂迹にまつわる逸話、次いで有員からはじまる当家の系図が掲載されている。

注

（1）宮地直一『諏訪史　第二巻　前編』（信濃教育会諏訪部会、一九三一年）

（2）県立長野図書館から長野県立歴史館へ移管。本稿では長野県運営のデジタルアーカイブ「信州デジくら」に掲出されている画像データを使用した。

（3）県立長野図書館の「丸山文庫目録　古文書之部」（諏訪郡二四二－一六）には明治六年とされるが、何かの間違いであろう。

（4）飯田武郷や岩本尚賢らによる諏訪神社の修史活動（それによる偽作・偽撰の問題を含む）については、井原今朝男「阿蘇氏系図の諸問題」（『諏訪市史研究紀要』三、一九九一年）、同「神社史料の諸問題―諏訪神社関係史料を中心に―」（『国立歴史民俗博物館研究報告』一四八、二〇〇八年）、伊藤麟太郎「所謂阿蘇氏系図について」（『信濃』四六－八、一九九五年）、村崎真智子「異本阿蘇氏系図試論」（『ヒト・モノ・コトバの人類学』所収、劉茂源編、慶友社、一九九六年）等に詳しい。

※　本文書の閲覧および撮影、影印の掲載にあたっては諏訪市博物館および同館関係者の皆様に多大なご高配を賜った。また、前田家本の閲覧にあたっては公益財団法人前田育徳会にご高配を賜っている。この場をお借りして厚く御礼申し上げます。

418
前田氏本
諏訪氏古系圖
前田氏所蔵巻軸
諏訪氏古系圖

神氏系圖

夫諏方大明神垂跡事異説在之或他國應生靈
或吾朝根本神舊記異端化靈難測爰舊事本
記説曰素盞烏尊御孫大已貴神第二御子建御
名方神是也神代之義幽邈而難記之其後暦百七十
九萬三千餘歳自人皇始神武天皇十五代神功皇后
元庚辰年三月皇后三韓征伐之日尊神令化現鎮西松浦
縣ヵ
懸給自尓以降王城擁護誓願武闕鎮守靈驗多般寄
特記之在別帋神幸信州諏訪郡者人皇卅二代用明天皇
御宇世于時有八歳童子後字有負而令随遂明神守屋奉諍大
神至守屋山有御合戰童子卒神兵追落守屋則于彼山
麓構社壇吾神脱着御衣於童子吾無體以祝為體有神
勅隱給御身則彼童子為神體名御衣木祝神氏始祖也

明神者普賢童子者文殊也

御衣木祝
有貞
諏訪大祝元祖

此間十余代系圖紛失

大祝
頼信
美濃権守

頼高
次郎権守

為正
権別當

頼次
神押領使

大祝
為信
神太夫

大祝
為仲
神太

人皇七十代後冷泉院御宇奥州安部貞任宗任依為朝敵仰鎮守府将軍陸奥守頼義朝臣被追討之間伊豫守義家朝臣相共發向有十二年被討平朝敵是号前九年後三年之合戦此時祝為信以長男為仲令随遂義家朝臣柚戦

功云々
人皇七十二代白河院御宇為仲當職之時鎮守府将軍陸奥守義家朝臣依誘引
有上洛京都之企任當職之輩不出郡内事垂迹以来流例也不可然之由父
為信再往雖加教訓不能承引上洛畢既自郡内種々有先表至美濃國莚田
庄芝原新羅三郎義光号刑部有名請酒宴之時雙六賽論出来忽令自殺
偏所神罰也自其時彼芝原庄被補當社領以為仲勧請當所神云々于今
當所芝原宿半程社頭是也有負以来至頼信十余代系圖并代々勅裁以下相
傳之證文等為仲與州發向之刻預置甥伊那馬太夫信濃掾守許之處紛失訖十四代
不知名字然間自頼信記之

為盛　神五郎　任介　依神罰不續當職

盛行　神太夫

行長　神太郎　新太夫

行光　関屋源三　武者

行衡　深澤四郎

行平　四宮祖　神太夫

光衡　同太郎

行忠　三塚二郎

量平　皆野二郎

高綱　同太郎

景親　同太郎

忠景　同又太郎

景宗　同神次

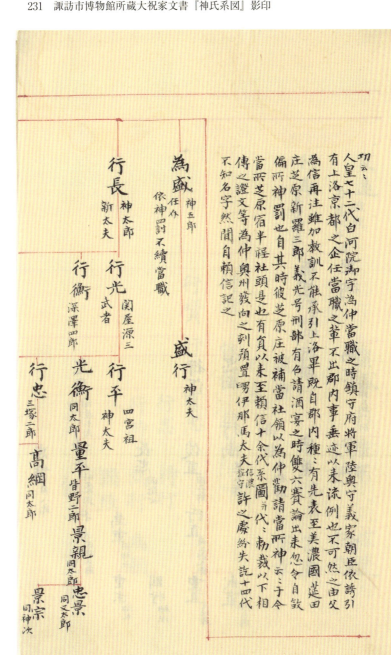

忠能 同八郎

忠康 関屋太郎
持康 同又太郎
行康 同孫太郎

長忠 同弥七
為重 同神次
重末 神太
國行 神次

行信
俊直 同三郎
行直 同三郎太郎
重直 彦次郎
氏直 弥三郎

忠尚
行尚 鬼太郎
尚経 兵衛尉

成宗 四ノ宮四郎
行宗
宗兼 右衛門尉

重衛
為宗 次郎左衛門尉
宗綱
宗康

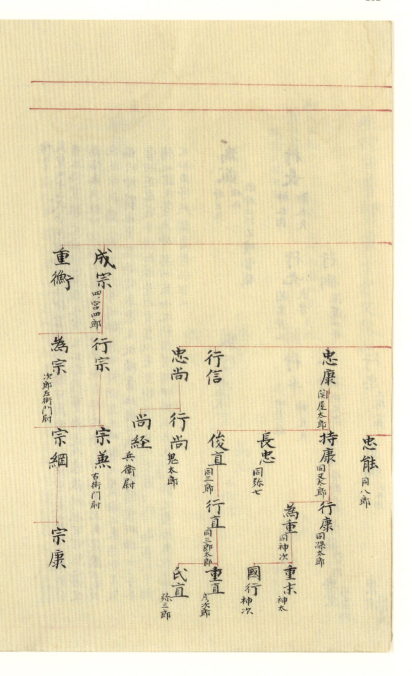

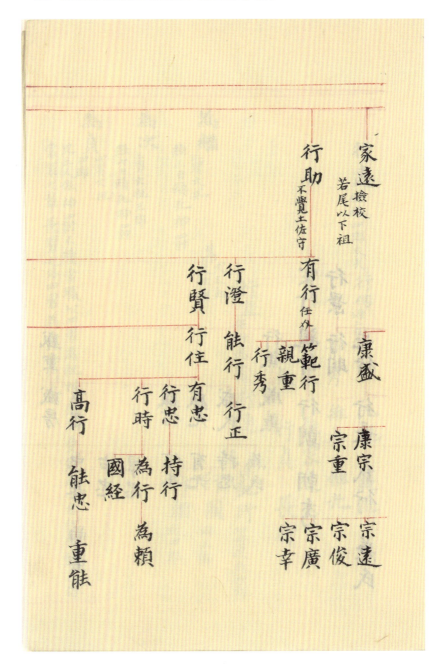

家遠 檢校 若尾以下祖

行助 不覺見土佐守

有行 任外

行澄

行賢

康盛

範行

親重

行秀

能行

行住

康宗

宗重

行正

有忠

行忠

行時

高行

持行

為行

國経

能忠

宗遠

宗俊

宗廣

宗幸

為頼

重能

盛重
盛房
重忠
忠基
尚基
右忠
厚忠
盛信
信正
盛光
有光
盛氏
持忠
為氏
行兼
成兼
家行
親行
行朝
朝秀
行景
行明
光行
行長
氏行
兼氏

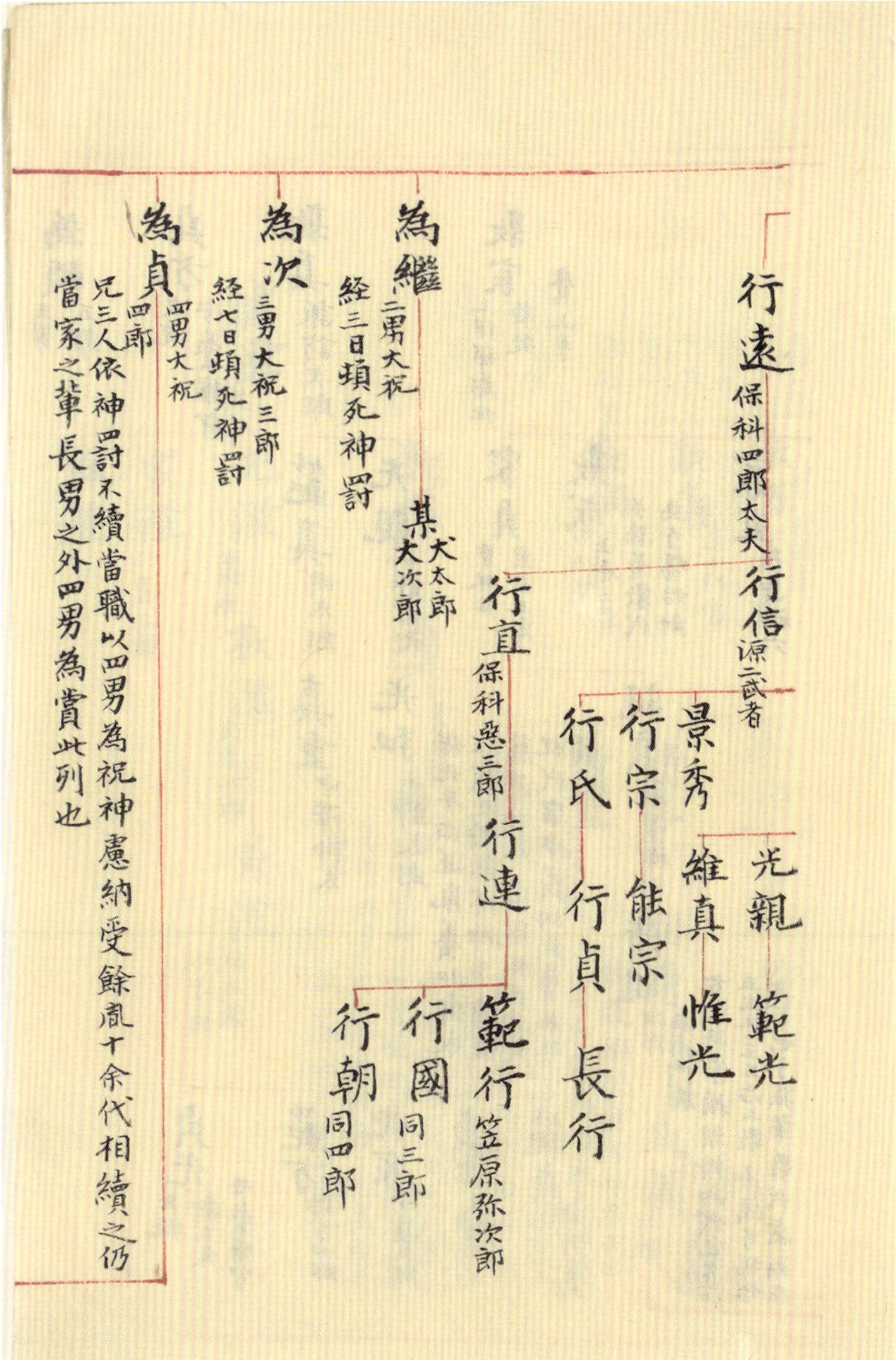
行遠 保科四郎太夫
行信 源二武者
景秀
光親
範光
維真
惟光
行宗
能宗
行氏
行貞
長行
行直 保科惡三郎
行連
範行 笠原弥次郎
行國 同三郎
行朝 同四郎
為継 二男大祝 経三日頓死神罰
其 大太郎 大次郎
為次 三男大祝三郎 経七日頓死神罰
為貞 四男大祝 四郎 兄三人依神罰不續當職以四男為祝神慮納受餘胤十余代相續之仍當家之輩長男之外四男為賞此列也

為頼 五男 五郎

貞方 大祝 安藝権守

敦貞 諏訪次郎

範真 同太郎

真重 中澤神太

光親 千野太夫

光弘 千野太郎 保元平治逆亂養和壽永征伐之時祢津神平貞直藤澤次郎清親相共為大祝代官令致向武勇無比

類

敦家 上伊那郡住 検校 鷹上手

家貞 粟林庄 粟原三郎

敦成 上原五郎 子孫等數代為弓場始射手

家直 矢島神六

親貞 藤澤神次

清親 次郎 左衛門尉 右大将家頼朝卿御代自文治五正九至正治二數年為弓場始射手也子孫革數代叅勤在

貞光 大祝 新太夫 安藝権守

範方 諏方四郎

光家 中島五郎

貞正 八郎

範貞 諏方太郎

別記

敦方 粟津七郎

敦高 遠山別當 八郎

敦綱 中村金一

敦頼 西保与次

頼門 真志野

頼助 脇間兵衛 真野十郎号 脇間

清正 神太

朝清 松島祖

政頼 任大祝 四郎

後醍醐院重祚始建武二八月大乱ゝ時継為先代方相模次郎持行執立之依茲大亂一族并為朝敵滅亡畢而政頼為御方蒙勅裁仕當職雖為一代成凡人輩不任當職既無流経数代之条不叶神慮哉穜ゝ先表在之同三年正月一日没落

清直 三郎入道 法名浄元

親賢 四郎

貞澄 大六

光澄 菌屋

敦澄 大妻四郎

兼澄 同太郎 小太郎

家澄 小島三郎

盛澄

- 放澄 中野四郎 知光
- 隆澄
- 敦光 大祝 新太夫
- 清貞 桒原 諏訪次郎
- 金法丸
- 貞直 祢津神平
  本姓者雖為滋野自母胎有神告約神氏大祝貞光為猶子號神平為諏訪郡一庄領主東國無雙鷹匠此道一流子孫相傳云々
- 敦忠 大祝 信濃権守
  元久二八相摸守義時朝臣寄附諏訪郡小阪郷出當社敦忠為代官可致沙汰之肯寄進状在之仍号後孫在名小阪
- 有光 有賀次郎
- 敦経 平出 平井三郎太夫
- 敦義 神内馬允
- 敦俊 十郎 知久十郎左衛門尉

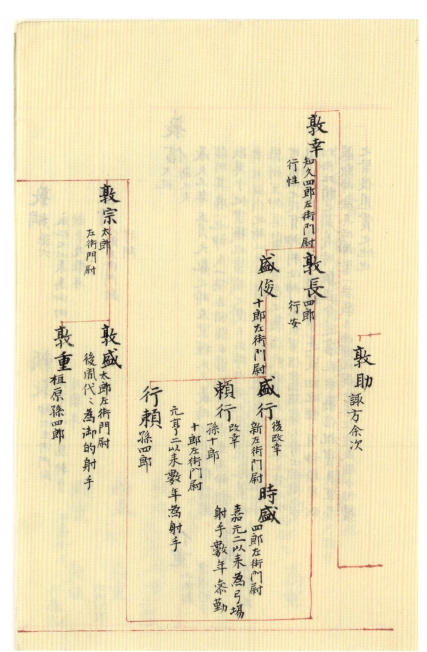

敦助
諏方余次

敦幸
知久四郎左衛門尉
行性

敦長
四郎
行安

盛俊
十郎左衛門尉

盛行
後改幸
新左衛門尉

時盛
四郎左衛門尉
嘉元二以来為弓場
射手數年参勤

頼行
改幸
孫十郎
十郎左衛門尉
元亨二以来數年為射手

行頼
孫四郎

敦宗
太郎
左衛門尉

敦盛
太郎左衛門尉
後醍代々為御的射手

敦重
桓原孫四郎

敦綱 孫六
永仁七以来為御的射手及數年

重行 八郎左衛門尉
行阿

頼敦 神六左衛門尉
元亨二以来為射手及數年

敦信 大祝 新太夫
承久三年五月大亂之時左京権太夫義時朝臣相催諸國信州其專一也神氏一族各相談云當社大祝者是為神體崇敬異于他重職也當職之間不出郡内保元平治逆亂養和壽永征伐之時以庶子等尓遣之令度君臣争上下闘也天心難測宜仰冥鑒之旨存之敦信於寶前可否令卜筮之所可發向之段有神判任神慮長男信重一族家人勇士相制之令發向神氏正嫡自臨戰場事是最初也種々有神驗度々戰功無比類之間義時朝臣令送書札於敦信祝褒美軍忠感歎神驗其時神家一族數多西國北國令居住後胤猶令相續之皆彼恩賞之地也

信重 小太郎
信濃権守

信成
左衛門尉

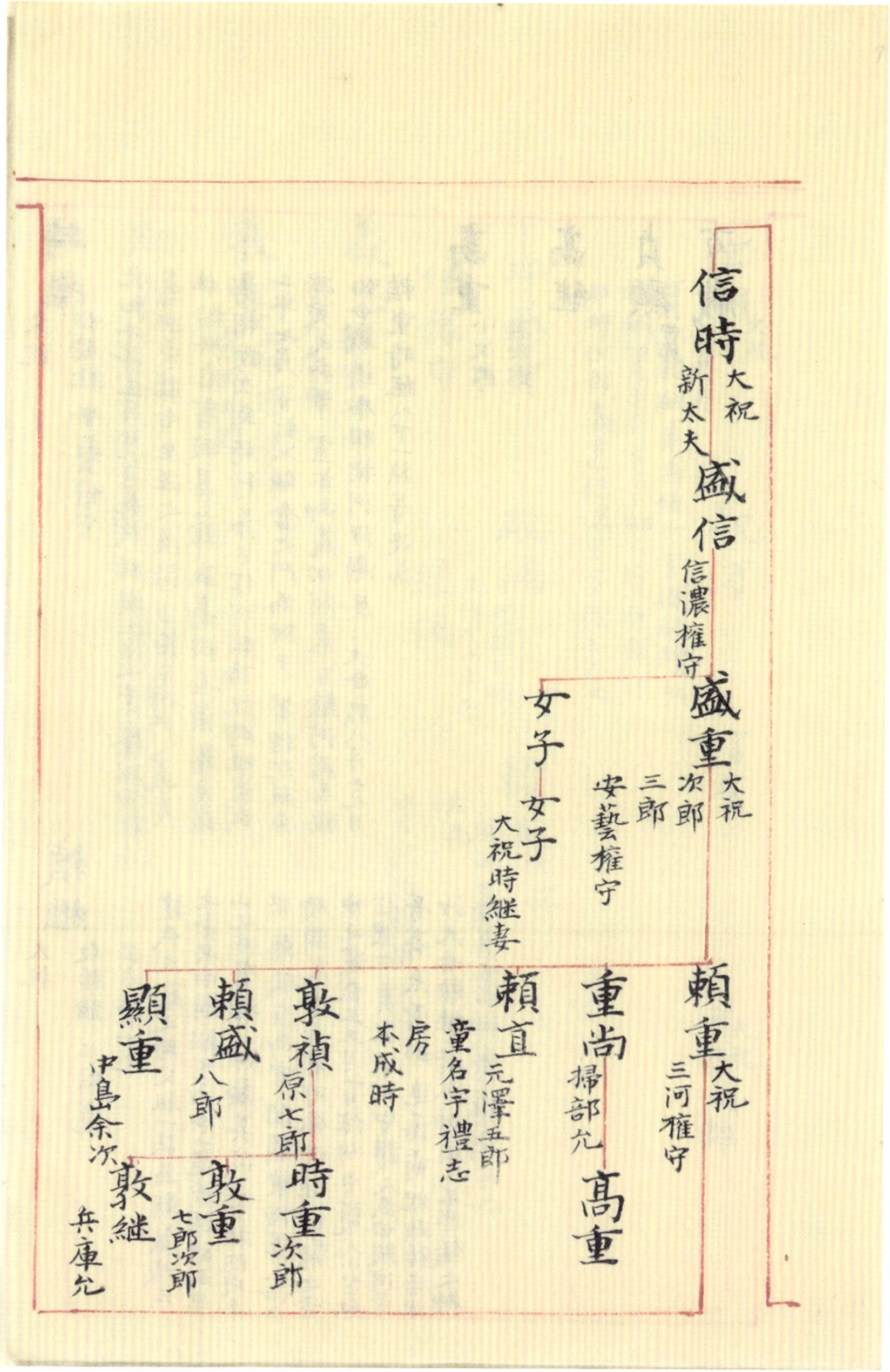

信時 大祝 新太夫

盛信 信濃権守

盛重 大祝 次郎

三郎 安藝権守

女子

女子 大祝時継妻

頼重 大祝 三河権守

重尚 掃部允

高重

頼直 元澤五郎

童名宇禮志

房 本成時

敦禎 原七郎

時重 次郎

頼盛 八郎

敦重 七郎次郎

顕重 中島余次

敦継 兵庫允

時繼 大祝

始時経 安藝權守

元弘二年五月廿二日先代相模入道崇鑑相州於葛西東勝寺生涯之後諏方左衛門入道真性相共自害同息三郎盛高相具崇鑑息亀寿相模次郎時行落下信州相語祝時継建武二年七月八日打入鎌倉之間為討手　等持院殿蒙征夷大将軍　宣旨御發向關東自駿河國高橋始合戦湯本相模河汗瀬度々大合戦八月十九日頼重時継以下一族等没落

高重 小次郎

高継 孫次郎

貞顕 四郎

万歳

頼繼 大祝

改頼嗣 亦頼寛

法名普寛

建武大亂之時父祖一族為朝敵滅亡之条共向頼嗣七歳令籠居諏訪郡原山之所有種々神験其後　等持院殿奉恨朝儀有御事間關東将軍上洛之時國家安否者可依當社神體之旨申之建武三正月一日信州守護人小笠原信濃守貞宗甲州守護人武田駿河守等寄来當郡追落前祝政頼藤原沙汰居頼継之所弥神變不思儀之神験有之凢神慮難測

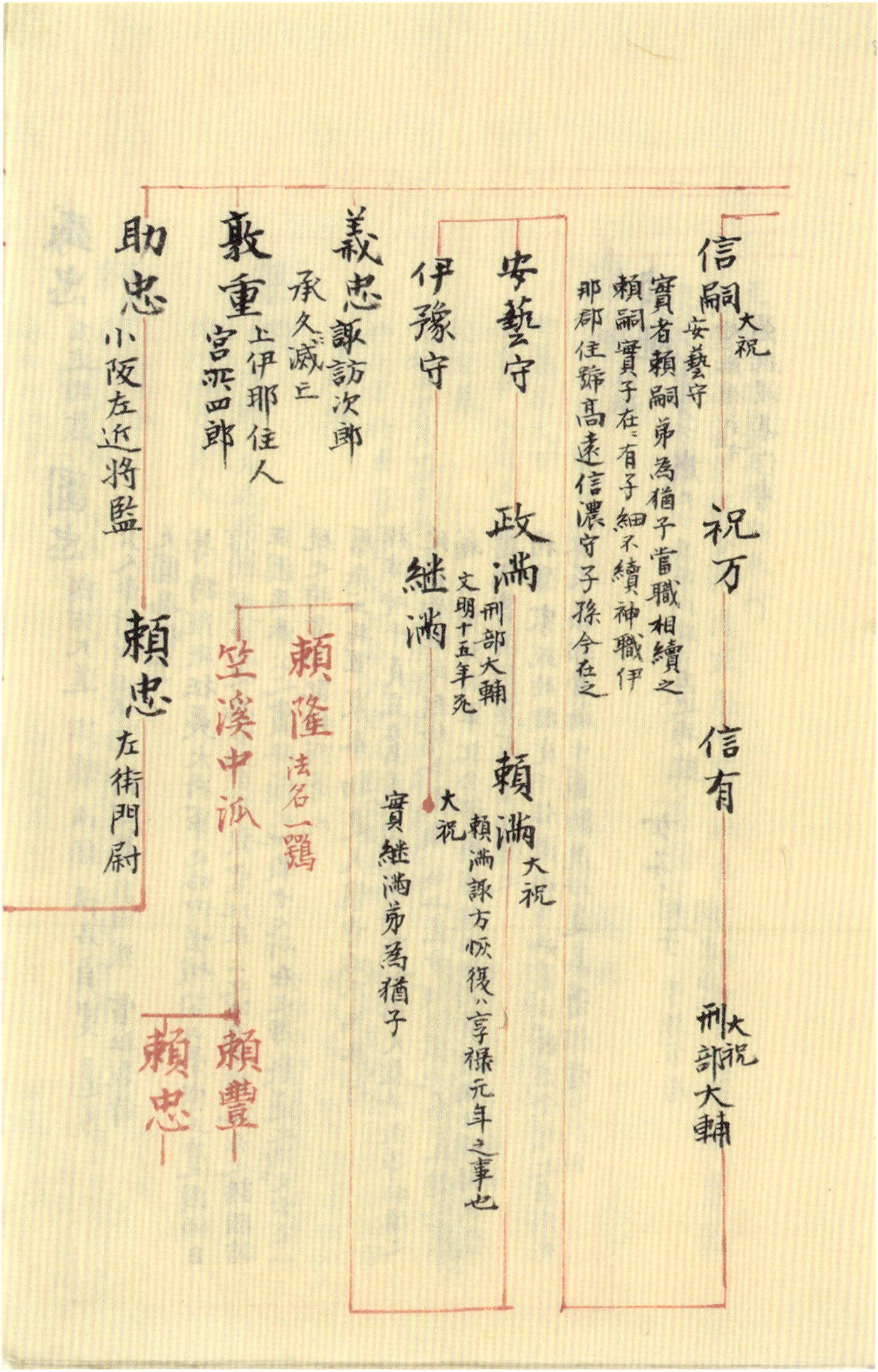

信嗣 大祝 安藝守
實者頼嗣弟為猶子當職相續之
頼嗣實子在ゝ有子細不續神職伊
那郡住跡高遠信濃守子孫今在之

祝万

信有 大祝 刑部大輔

安藝守

政満 刑部大輔 文明十五年死

頼満 大祝
頼満諏方恢復ハ享禄元年之事也

伊豫守

継満

大祝
實継満弟為猶子

義忠 諏訪次郎
承久滅亡

頼隆 法名一鶚

笠溪中派

頼豊

敦重 上伊那住人
宮沢四郎

助忠 小阪左近将監

頼忠 左衛門尉

頼忠

盛忠 左近将監

圓忠 諏方大進 法橋 法眼 法名貞叟 道号
公人奉行 号惣奉行 評定衆 引付衆 當社執行
大圓為猶子
等持院殿征夷大将軍之始仰嵯峨開山夢窓正覺國師自
信州被召上之為右筆方衆盃地奉公之次第別記在之諸國諸
庄園為奉公之賞拜領之地數十ヶ所在之帯數通之御下文公家一
統之時者為記録所寄人
暦應二将軍家奉勅建天龍寺始末為奉行
袮津神平貞直鷹道一流文書并諏訪郡大監御牧等相傳之
延文比當社縁起繪令發願 今上皇帝 後光嚴院 忝下外題之震
翰 征夷大将軍記全部與書親王台司貴種郷士或録其儀
趣或書其詞章家督相傳之
将軍家或時指庭下信濃櫻有御發向圓忠令續之在別帋
玖波集作者新千載新後拾遺集著作者

貞継 改嗣
童名万歳丸 左衛門尉 左近将監
母藤原氏女
菟玖波集作者

女子
明子 号諏方局
関東祗候

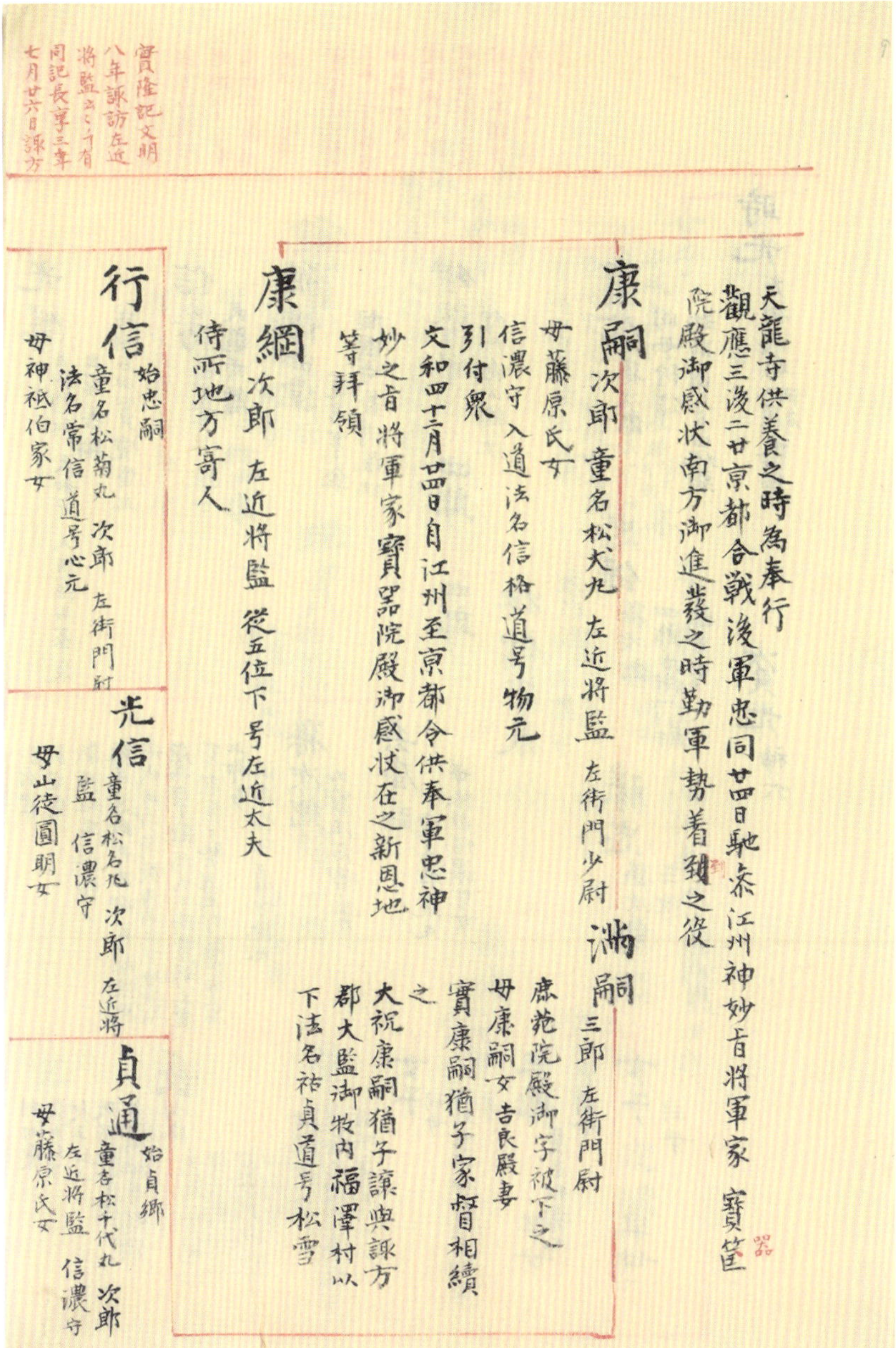
實隆記文明八年諏訪左近将監ミヽ有
同記長享三年七月廿六日諏方

天龍寺供養之時為奉行
觀應三後二廿京都合戰後軍忠同廿四日馳参江州神妙吉将軍家寶筐（器）
院殿御感状南方御進發之時勤軍勢着到之役

康嗣
次郎　童名松犬丸　左近将監　左衛門少尉
母藤原氏女
信濃守　入道法名信格道号物元
引付衆
文和四十二月廿四日自江州至京都令供奉軍忠神
妙之旨将軍家寶筐院殿御感状在之新恩地
等拜領

滿嗣
三郎　左衛門尉
鹿苑院殿御字被下之
母康嗣女吉良殿妻
實康嗣猶子家督相續
之
大祝康嗣猶子讓與諏方
郡大監御牧内福澤村以
下法名祐貞道号松雪

康綱
次郎　左近将監　従五位下　号左近大夫
侍所地方寄人

行信　始忠嗣
童名松菊丸　次郎　左衛門尉
法名常信　道号心元
母神祇伯家女

光信
童名松右丸　次郎　左近将監
信濃守
母山徒圓明女

貞通　始貞郷
童名松千代丸　次郎
左近将監　信濃守
母藤原氏女

信濃守貞通
上原豊前守
賢家ゝ名有
康富記康正
元年十一月廿五日
諏方信濃守
忠郷云ゝノ有
又嘉吉二年忠
政云ゝノ有
實隆記文明十
三年十一月諏方
神左衛門未云ゝ
後法興院記
近衛政家公文
明十九年諏方
信濃守云ゝノ
アリ

光継
左衛門尉 大和守 入道法名宗泉
出家善輪
城州石田實境菴主

信芳
西堂
天龍寺僧

徳懐西堂
道号亨金
相國寺長得院住

伊勢守
信州舟山郷住

有信
孫次郎
同母行信
越前國久目田地頭

時光
左衛門尉 入道 法名大圓

四郎

忠保
孫次郎
四郎右衛門尉
越中守

資光
神六

四郎

禅僧宗泉

勝忠
孫次郎
与次
四郎左衛門尉

引付衆
評定衆
新恩地等拝領
改号忠政宗忠御慈照院殿
御代出御前放鷹鳥仕下給御劔
鷹事雖為天下御禁制出當
家者累々獎鷹鳥可擊旨家
上命多
法名信功道号徳林

孫次郎
出家法名号芳

兵庫助
童名松虎丸
母依田信濃守女

引付衆
従五位下
従五位上
政所執事代
新恩地等拝領

長直
童名松代丸
弥次郎
右衛門尉
若狭守
母同貞通
大和入道宗泉猶子
政所寄人

女子
同母
赤松佐用伊賀守村家妻

三郎
同母
童名松壽丸
早世

女子
同母
早世

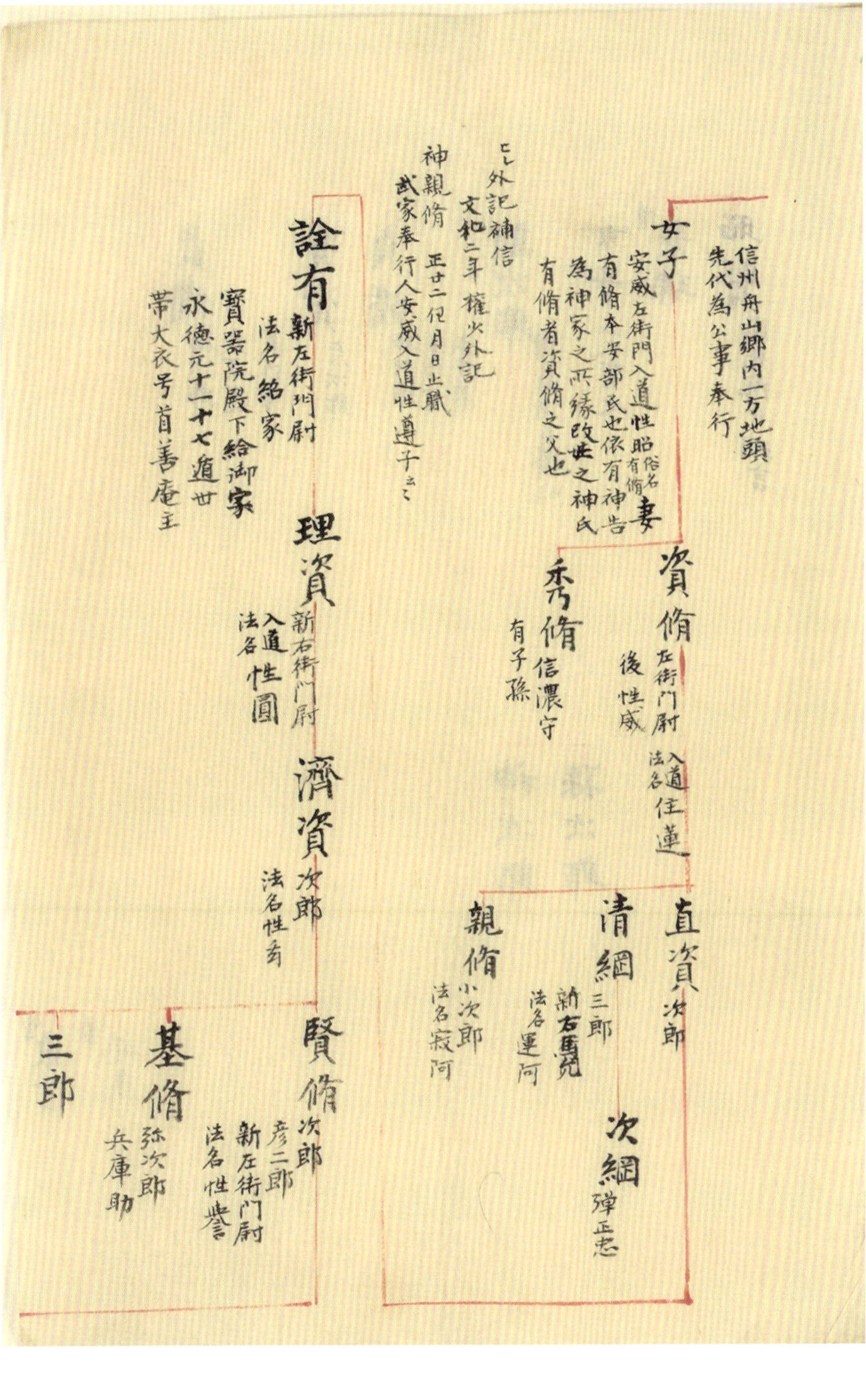

信州舟山郷内一方地頭
先代為公事奉行

女子
安威左衛門入道性昭俗名有脩妻
有脩本安部氏也依有神告
為神家之所縁改姓之神氏
有脩者資脩之父也

已上外記補信
文和二年権少外記
神親脩　正廿二伍月日止職
武家奉行人安威入道性遵子云々

資脩
左衛門尉
後性威
入道法名住蓮

秀脩
信濃守
有子孫

直資
次郎

清綱
三郎
新右馬允
法名運阿

次綱
弾正忠

親脩
小次郎
法名寂阿

詮有
新左衛門尉
法名絡家
寳器院殿下給御家
永徳元十一十七遁世
帯大衣号首善庵主

理資
新右衛門尉
入道法名性圓

濟資
次郎
法名性秀

賢脩
次郎
彦二郎
新左衛門尉
法名性誉

基脩
弥次郎
兵庫助

三郎

貞脩
孫次郎
左京亮
美作守

有資
彦次郎

貞脩
孫次郎
美作守
左京亮

新次郎
僧落法名濟川

女子
三人有之

僧
景瑞

昭賢
南光院中納言

神次郎

孫次郎

僧
東官

僧
正允

あとがき

二〇一三年九月、伝承文学研究会による「諏訪信仰と伝承文学」と題したシンポジウムが長野県短期大学（当時）を会場として開催された。それは我々が目指した新しい「諏訪学」への、はじまりの一歩であった。そして、まずはそのシンポジウムの成果として、二年後の二〇一五年九月に『諏訪信仰の中世—神話・伝承・歴史—』（福田晃・徳田和夫・二本松康宏編、三弥井書店）と題した論集を刊行した。本書とは事実上の姉妹編といってよい。本書をお読みくださる方は、できれば同書もあわせてお読みいただきたい。

件のシンポジウムが終わった時点から、『諏訪信仰の中世』の編集とは別に、私の中にもう一つの企てが芽生えていた。新たな「諏訪学」の烽火を一過性のものとはしない。受け継ぎ、そしてさらに切り拓く。しかし悔しいことに私一人にはその力量も才覚もない。それが可能だとすれば、学際性と機動力を備えたチームである。参加を呼びかけるメンバーは最初から決まっていた。

狩猟民俗のエキスパートである永松敦氏は私の憧れの研究者だった。私がまだ大学院生の頃、永松氏の『狩猟民俗と修験道』（白水社、一九九三年）はそれこそ付箋を貼りまくって読んだ。宮崎の椎葉や諸塚をフィールドとした一連の論考を読み耽り、「いつか自分もこういう調査ができるようになりたい」と夢見た。

中澤克昭氏は私と同郷であり、年齢も一緒である。私が明日の見えない研究に迷い喘いでいる頃、中澤氏はすでに中世の城郭研究で頭角を現し、『中世の武力と城郭』（吉川弘文館、一九九九年）を刊行していた。狩猟文化や諏訪神党の研究でも華々しく活躍していた。憧れや尊敬どころではない。ほとんど嫉妬の対象でさえあった。

三人目は二本松泰子氏。実は私の妻である。一五年ほど前、突然、それまでの研究と業績をすべて棄てて「鷹書」の研究を始めた。家族のことであるから書きづらいが、その執念というか何かの妄念に取り憑かれたかのような学問への姿勢は、もはや尊敬を通り越して、畏怖の念さえ禁じ得ない。

憧憬、嫉妬、畏怖。私にとってこれほど頼りになる言葉はない。その秋、私たちは「中世前期諏訪信仰の総合的研究」をテーマとして科研費を申請した。翌年四月に採択され、その活動および執行のため「中世前期諏訪信仰研究会」が発足。

研究会として顔を合わせるのは年に数回程度である。きちんとした研究発表ではない。その都度の話題提供者が簡単なプレゼンをして、あとはその話題について自由に懇談する。言いっ放しや思い付きでかまわない。いわゆるブレスト（Brainstorming）である。当初に予定されていた『諏訪上社物忌令』『諏訪信重解状』などに留まらず、中澤氏は『広疑瑞決集』を俎上に載せてきた。ときにゲスト・スピーカーも招聘した。京都諏訪氏の動向については おそらく誰よりも詳しい村石正行氏。『諏訪大明神画詞』の研究では新進気鋭の石井裕一朗氏。諏訪地方の中世考古学の成果と現状は柳川英司氏から学んだ。いずれも本書に収められている。本書へのご寄稿はかなわなかったが、中澤氏に先駆けて『広疑瑞決集』に注目されていた祢津宗伸氏、鎌倉北条氏についてはひょっとしたら日本で一番詳しいのではないかと思われる細川重男氏にもご参加いただいた。まさに精鋭無比の顔ぶれである。

中世神話の奔流の中から新たなる「諏訪学」を世に問う。しかし、その思いは本書をもってしても、なお果たし得ない。途は半ばどころか、ようやくスタート地点に立ったばかりである。しかも五里霧中。そうこうしているうちに山本ひろ子氏のグループは、その名も『諏訪学』（二〇一八年、国書刊行会）と題した論集を刊行された。諏訪信仰の研究を互いに研鑽しあえる相手がいることは喜ばしく、嬉しい脅威でもある。読者の皆様には、ぜひとも『諏訪学』と本書とを読み比べていただきたい。きっと「諏訪」の研究がもっと楽しくなるはずである。

末筆になったが、本書の刊行をご快諾いただいた三弥井書店の吉田栄治社長と吉田智恵氏には心より御礼を申し上げたい。私も含めていささか自由な執筆陣が多く、入稿の遅れや校正戻しの遅れなどが続き、多大なご迷惑をおかけした。お詫びのしるしに、せめて本書が売れることを我が諏訪大明神に祈念し続けます。

二〇一八年一一月

二本松　康宏

追記

本書の刊行を目前にした一二月二四日、三弥井書店の吉田栄治社長がご逝去されました。吉田社長には、これまでずっと言葉では言い尽くせないほどのお世話になりました。心から感謝申し上げ、ご冥福をお祈りいたします。

執筆者一覧（論文掲載順）

柳川　英司（やながわ・えいじ）
1968年生まれ　茅野市八ヶ岳総合博物館・神長官守矢史料館学芸員
主要論文：「諏訪社関連遺跡の貿易陶磁」（『貿易陶磁研究』31、日本貿易陶磁研究会、2011年）、「出土遺物から見た茅野市域における中世遺跡の性格」（『茅野市尖石縄文考古館開館10周年記念論文集』所収、茅野市尖石縄文考古館、2012年）

中澤　克昭（なかざわ・かつあき）
1966年生まれ　上智大学教授　博士（歴史学）
主要著書・論文：『肉食の社会史』（山川出版社、2018年）、「持明院基春考―公家の家業と『尊卑分脈』の注記―」（『中世人の軌跡を歩く』所収、藤原良章編、高志書院、2014年）

村石　正行（むらいし・まさゆき）
1971年生まれ　長野県立歴史館専門主事・学芸員　博士（史学）
主要著書・論文：『中世の契約社会と文書』（思文閣、2013年）、「諏方氏の一族分業と諏訪信仰」（『諏訪信仰の中世―神話・伝承・歴史―』所収、福田晃・徳田和夫・二本松康宏編、三弥井書店、2015年）

石井裕一朗（いしい・ゆういちろう）
1982年生まれ　法政大学大学院博士後期課程・大学院生
主要論文：「中世における『諏訪大明神絵詞』と『絵詞』関係史料群の形成」（『法政史論』42、2015年）、「松梅院禅予殺害事件と殿原衆の行動」（『変貌する北野天満宮―中世後期の神仏の世界―』所収、瀬田勝哉編、平凡社、2015年）

二本松泰子（にほんまつ・やすこ）
1968年生まれ　長野県立大学准教授　博士（文学）
主要著書：『中世鷹書の文化伝承』（三弥井書店、2011年）、『鷹書と鷹術流派の系譜』（三弥井書店、2018年）

二本松康宏（にほんまつ・やすひろ）
1966年生まれ　静岡文化芸術大学教授　博士（文学）
主要論文：「諏訪縁起と「諏訪の本地」―甲賀三郎の子どもたちの風景―」（『中世の社寺縁起と参詣』所収、徳田和夫編、竹林舎、2013年）、「諏訪縁起の―陬波大王から甲賀三郎へ―」（『諏訪信仰の中世―神話・伝承・歴史―』所収、福田晃・徳田和夫・二本松康宏編、三弥井書店、2015年）

永松　　敦（ながまつ・あつし）
1958年生まれ　宮崎公立大学教授　博士（学術）
主要論文：「中世諏訪の狩猟神事―稲と鹿・葦と薄―」（『諏訪信仰の中世―神話・伝承・歴史―』所収、福田晃・徳田和夫・二本松康宏編、三弥井書店、2015年）、「日本人と杜―山の聖地が生み出す生物文化多様性―」（『森林環境 2017』所収、森林環境研究会編、公益財団法人森林文化協会、2017年）

諏訪信仰の歴史と伝承

平成31年１月17日　初版発行

定価はカバーに表示してあります。

編　者　　二本松康宏

発行者　　吉 田 敬 弥

発行所　　株式会社 三 弥 井 書 店

〒108-0073東京都港区三田3-2-39
電話03-3452-8069
振替00190-8-21125

ISBN978-4-8382-3344-1　C0021　　製版・印刷　亜細亜印刷